복 있는 사람

오직 하나님 말씀에 사로잡혀 밤낮 성경말씀 곱씹는 그대!
에덴에 다시 심긴 나무, 달마다 신선한 과실 맺고 잎사귀 하나 지는 일 없이,
늘 꽃 만발한 나무라네.(시편 1:2-3, 메시지)

메시지 365 통독성경 | 2월

THE ONE YEAR BIBLE The Message

February

THE MESSAGE 365

복 있는 사람

메시지 365 통독성경 | 2월

2015년 11월 23일 완역본 1쇄 발행
2025년 10월 24일 365 통독성경 1쇄 발행
2025년 12월 10일 365 통독성경 2쇄 발행

지은이 유진 피터슨
옮긴이 김순현 윤종석 이종태 홍종락
감수자 김회권 김영봉
펴낸이 박종현

(주) 복 있는 사람
주소 서울특별시 마포구 연남동 246-21(성미산로23길 26-6)
전화 02-723-7183(편집), 7734(영업·마케팅), 팩스 02-723-7184
이메일 hismessage@naver.com
등록 1998년 1월 19일 제1-2280호

ISBN 979-11-7083-291-1 04230
979-11-7083-289-8 04230 (세트)

The One Year Bible The Message: February
by Eugene H. Peterson

차례

일러두기

- 유진 피터슨의 『메시지』 영어 원문을 번역하면서, 한국 교회의 실정과 환경을 고려하여 『메시지』 한글 번역본의 극히 일부분을 의역하거나 문장과 용어를 바꾸었다.
- 유진 피터슨은 『메시지』 영어 원문에서, 유일무이한 하나님의 인격적 이름을 주(LORD) 대신에 대문자 GOD로 번역했다. 따라서 『메시지』 한국어판은 많은 논의와 신학 감수를 거쳐, 원저자의 의도를 반영해 '주'(LORD) 대신에 강조체 **'하나님'**(GOD)으로 표기했다.
- 『메시지』 한국어판의 도량형(길이, 무게, 부피)은 『메시지』 영어 원문을 기초로 하여, 오늘날 우리나라에서 일반적으로 통용되는 단위로 환산해 표기했다.
- 지명, 인명은 대한성서공회에서 발행한 「개역개정」「새번역」 성경의 원칙을 따랐다.

『메시지 365 통독성경』 사용법

『메시지 365 통독성경』은 매일 말씀을 정해진 분량만큼 꾸준히 읽기 원하는 이들을 위한 성경입니다. 하루에 구약과 신약, 시편과 잠언에서 각각 한 부분씩 읽도록 구성되어 있으며, 네 본문이 연속된 페이지에 배치되어 있습니다. 이러한 구성은 성경 통독에 신선함과 풍성함을 더해 주는 동시에, 이 책을 다양한 방식으로 활용할 수 있도록 돕습니다.

이미 수많은 독자들이 『메시지 365 통독성경』을 통해 1년 동안 성경을 완독했습니다. 그러나 반드시 1년에 맞출 필요는 없습니다. 2년, 3년 혹은 그 이상으로 나누어 읽어도 좋으며, 상황과 필요에 따라 계획을 조정할 수 있습니다. 매일의 본문을 더 깊이 읽고 싶다면, 다음의 읽기 계획을 참고하시기 바랍니다. 이 계획들을 출발점으로, 각자의 삶과 영적 리듬에 맞는 나만의 성경 읽기 계획을 자유롭게 세워 가시기를 바랍니다.

아침 · 저녁 1년 계획

아침에는 신약과 시편을, 저녁에는 구약과 잠언을 읽습니다.

시편 · 잠언 1년 계획

매일 시편과 잠언만 읽습니다. 그러면 한 해 동안 시편은 두 번,
잠언은 한 번 읽게 되어 날마다 찬양과 지혜의 말씀을 깊이 새길 수 있습니다.

2년 계획

첫해에는 구약과 잠언을, 둘째 해에는 신약과 시편을 읽습니다.

3년 계획

첫해에는 구약, 둘째 해에는 신약, 셋째 해에는 시편과 잠언을 읽습니다.

『메시지』를 읽는 독자에게

『메시지』에 독특한 점이 있다면, 현직 목사가 그 본문을 다듬었기 때문일 것이다. 나는 성경의 메시지를 내가 섬기는 사람들의 삶 속에 들여놓는 것을 내게 주어진 일차적 책임으로 받아들이고 성인 인생의 대부분을 살아왔다. 강단과 교단, 가정 성경공부와 산상수련회에서 그 일을 했고, 병원과 양로원에서 대화하면서, 주방에서 커피를 마시고 바닷가를 거닐면서 그 일을 했다. 『메시지』는 40년간의 목회 사역이라는 토양에서 자라난 열매다.

인간의 삶을 만들고 변화시키는 하나님의 말씀은, 내가 『메시지』 작업을 하는 동안 정말로 사람들의 삶을 만들고 변화시켰다. 우리 교회와 공동체라는 토양에 심겨진 말씀의 씨앗은, 싹을 틔우고 자라서 열매를 맺었다. 현재의 『메시지』를 작업할 무렵에는, 내가 수확기의 과수원을 누비며 무성한 가지에서 잘 영근 사과며 복숭아며 자두를 따고 있다는 기분이 들곤 했다. 놀랍게도 성경에는, 내가 목회하는 성도며 죄인인 사람들이 살아 낼 수 없는 말씀, 이 나라와 문화 속에서 진리로 확증되지 않는 말씀이 단 한 페이지도 없었다.

내가 처음부터 목사였던 것은 아니다. 원래 나는 교사의 길에 들어서서, 몇 년간 신학교에서 성경 원어인 히브리어와 그리스어를 가르쳤다. 남은 평생을 교수와 학자로 가르치고 집필하고 연구하며 살겠거니 생각했었다. 그러다 갑자기 직업을 바꾸어 교회 목회를 맡게 되었다.

뛰어들고 보니, 교회는 전혀 다른 세계였다. 제일 먼저 눈에 띈 차이는, 아무도 성경에 별로 관심이 없어 보인다는 점이었다. 얼마 전까지만 해도, 사람들은 내게 돈을 내면서까지 성경을 가르쳐 달라고 했는데 말이다. 내가 새로 섬기게 된 사람들 중 다수는, 사실 성경에 대해 아무것도 몰랐다. 성경을 읽은 적도 없었고, 배우려는 마음조차 없었다. 성경을 몇 년씩 읽어 온 사람들도 많았지만, 그들에게 성경은 너무 익숙해서 무미건조하고 진부한 말로 전락해 있었다. 그들은 지루함을 느낀 나머지 성경을 제쳐 둔 상태였다. 그 양쪽 사이에 있는 사람은 많지 않았다. 내가 가장 중요하게 여긴 일은, 성경 말씀을 그 사람들의 머리와 가슴 속에 들여놓아서, 성경의 메시지가 그들의 삶이 되게 하는 것이었다. 그러나 거기에 관심을 갖는 사람은 거의 없었다. 신문과 잡지, 영화와 소설이 그들 입맛에 더 맞았다.

결국 나는, 바로 그 사람들에게 성경의 메시지를 듣게—정말로 듣게—해주는 일을 내 평생의 본분으로 삼게 되었다. 그것이야말로 확실히 나를 위해 예비된 일이었다.

나는 성경의 세계와 오늘의 세계라는 두 언어 세계에 살고 있었다. 나는 언제나 그 두 세계가 같은 세계인 줄 알았다. 그러나 사람들은 그렇게 보지 않았다. 나는 어쩔 수 없이 "번역가"(당시에는 그런 표현을 쓰지 않았지만)가 되었다. 날마다 그 두 세계의 접경에 서서, 하나님이 우리를 창조하시고 구원하시고 치유하시고 복 주시고 심판하시고 다스리실 때 쓰시는 성경의 언어를, 우리가 잡담하고 이야기하고 길을 알려 주고 사업하고 노래 부르고 자녀에게 말할 때 쓰는 오늘의 언어로 옮긴 것이다.

그렇게 하는 동안, 성경의 원어—강력하고 생생한 히브리어와 그리스어—는 끊임없이 내 설교의 물밑에서 작용했다. 성경의 원어는 단어와 문장을 힘 있고 예리하게 해주고, 내가 섬기는 사람들의 상상력을 넓혀 주었다. 그래서 오늘의 언어 속에서 성경의 언어를 듣고, 성경의 언어 속에서 오늘의 언어를 들을 수 있게 해주었다.

나는 30년간 한 교회에서 그 일을 했다. 그러던 어느 날(1990년 4월 30일이었다), 한 편집자가 내게 편지를 보내 왔다. 그동안 내가 목사로서 해온 일의 연장선에서 새로운 성경 번역본을 집필해 달라는 청탁의 편지였다. 나는 수락했다. 그 후 10년은 수확기였다. 그 열매가 바로 『메시지』다.

『메시지』는 읽는 성경이다. 기존의 탁월한 주석성경을 대체하기 위한 것이 아니다. 내 취지는 간단하다. (일찍이 우리 교회와 공동체에서도 그랬듯이) 성경이 충분히 읽을 수 있는 책이라는 사실을 모르는 사람들에게 성경을 읽게 해주고, 성경에 관심을 잃은 지 오래된 사람들에게 성경을 다시 읽게 해주는 것이다. 그렇다고 굳이 내용을 쉽게 하지는 않았다. 성경에는 이해하기 어려운 부분도 많이 있다. 그래서 『메시지』를 읽다 보면, 더 깊은 연구에 도움이 될 주석성경을 구하는 일이 조만간 중요하게 여겨질 것이다. 그때까지는, 일상을 살기 위해 읽으라. 읽으면서 이렇게 기도하라. "하나님, 말씀하신 대로 내게 이루어지기를 원합니다."

유진 피터슨

『메시지』 머리말

읽는 것이 먼저다. 일단 성경을 읽는 것이 중요하다. 읽다 보면, 어느새 우리는 새로운 말의 세계에 들어가 대화를 나누게 된다. 하나님께서 시작과 끝을 쥐고 계신 그 대화에 우리도 참여하고 있음을 곧 알게 된다. 이것은 우리가 예상치 못한 일이다. 하지만 어느 시대를 막론하고 성경을 읽는 사람들은, 성경이 우리에 관해서 기록된 책일 뿐 아니라 우리를 향해 기록된 책이라는 사실을 알고 있었다. 성경 속에서 우리는 대화의 참여자가 된다. 그 대화를 통해, 하나님은 말씀으로 우리를 만드시고 복 주시고 가르치시고 인도하시고 용서하시고 구원하신다.

우리는 이런 일에 익숙하지 못하다. 반면에, 설명이나 지시나 감동이나 즐거움을 주는 책을 읽는 데는 익숙하다. 하지만 성경은 다르다. 성경은 계시의 세계다. 하나님은 바로 우리 같은 사람들—하나님 형상대로 지음받은 남녀들—에게, 그분이 일하시는 방식과 우리가 살고 있는 세계의 실상을 계시해 주신다. 동시에 하나님은 우리를 이끌어 그분의 일하시는 삶에 동참하도록 초청하고 명령하신다. 우리 시대의 가장 중요한 일은 하나님께서 (하늘에서와 같이) 이 땅에 사랑과 정의의 위대한 통치를 세우시는 것이다. 우리가 그 일의 주체임을, 우리는 서서히 (혹은 갑자기) 깨닫는다. '계시'란 우리 스스로는 알아내지 못할 일, 짐작하지도 못할 내용을 읽고 있다는 뜻이다. 성경의 독특성은 바로 계시에 있다.

『메시지』 성경도, 일단 읽고 귀 기울여 듣는 것이 중요하다. 공부할 시간은 나중에 얼마든지 있을 것이다. 우선은 그냥 읽는 것이 중요하다. 서두르지 말고 생각하면서 읽어야 한다. 성경의 이야기와 노래, 기도와 대화, 설교와 환상이 우리를 보다 큰 세계로 초청하는 방식을 느낄 수 있어야 한다. 하나님께서는 그 큰 세계에 계시면서 우리 눈에 보이는 모든 것에 개입하신다. 이 땅에 산다는 것—그냥 왔다 가는 것이 아니라 정말로 산다는 것—의 의미를 일깨워 주신다. 읽다 보면, 우리는 "알아듣기" 시작한다. 읽으면 읽을수록, 더욱 그렇다. 우리는 하나님과 대화를 나누고 있다. 우리에게 가장 중요한 사안들에 관해서 어느새 듣고 대답하고 있다. 우리는 누구인가, 어디서 와서 어디로 가는가, 무엇이 우리를 움직이는가, 우리가 사는 세계와 공동체의 원리는 무엇인가, 무엇보다도 우리 가운데 계시면서 우리 힘으로 할 수 없는 일들을 대신 해주시는 하나님의 신기한 사랑에 관해 대화하게 된다.

성경을 읽으면서 우리는, 이 세상에 더 큰 의미가 있음을 알게 된다. 인간이라는 존재에도, 보이는 세계에도, 보이지 않는 세계에도 더 큰 의미가 있다. 모든 것에 더 큰 의미가 있다! 그리고 그 의미는 하나님과 관계가 있다.

많은 사람들에게 성경은 새로운 책, 전혀 다른 종류의 책이다. 성경은 우리가 읽는 책이지만, 우리를 읽는 책이기도 하다. 우리는 뭔가 얻어 낼 수 있는 책을 찾아 읽는 데 익숙하다. 이를테면, 유용한 정보나 기운을 북돋아 주는 감동적인 이야기, 온갖 일의 방법론, 비오는 날 시간을 때울 오락물, 더 행복한 삶으로 이끌어 줄 지혜 같은 것을 찾는다. 성경 읽기에도 그런 유익이 있을 수 있고, 실제로 있기도 하다. 하지만 하나님께서 우리에게 성경을 주신 본래 목적은, 단순히 우리를 초청하시기 위해서다. 하나님의 세계와 하나님의 말씀을 내 집처럼 느끼도록, 하나님이 말씀하시는 방식과 우리가 삶으로 그분께 응답하는 방식에 익숙해지도록 하려는 것이다.

성경을 읽다 보면, 몇 가지 놀라운 일이 있다. 가장 놀랄 만한 일은, 성경은 일단 펼쳐서 읽어 보면 참으로 다가가기 쉬운 책이라는 점이다. 성경은 사실 누구나 읽고 이해할 수 있는 책이다. 두어 세대마다 새로운 번역본이 나오는 이유는, 성경의 언어를 우리가 현재 쓰는 일상어, 성경이 맨 처음 기록된 바로 그 언어로 유지하기 위해서다. 똑똑하지 않은 사람, 교육을 많이 받지 못한 사람도 성경을 이해할 수 있다. 성경은 우리가 시장과 놀이터와 저녁식탁에서 흔히 듣는 단어와 문장들로 기록되었기 때문이다. 성경이 워낙 유명하고 높여지다 보니, 반드시 전문가들이 설명하고 해석해 주어야 한다고 생각하는 사람들이 많다. 물론 설명이 필요한 부분도 있다. 하지만 성경에 기록된 말을 처음 들은 사람들은 평범한 노동자 계층이었다. 성경을 영어로 옮긴 초기의 최고 번역가 중 한 사람인 윌리엄 틴데일이 한 말이 있다. 그는 "쟁기로 밭을 가는 소년"이 읽을 수 있도록 성경을 번역하고 있다고 말했다.

교육을 많이 받은 아프리카인 어거스틴은 나중에 역사상 가장 영향력 있는 성경 교사가 되었지만, 성경을 처음 읽었을 때는 큰 반감을 가졌다. 문학적으로 세련되고 깔끔한 책을 극찬했던 그가 보기에, 성경은 평범하고 시시한 사람들의 투박하고 촌스러운 이야기로 가득했던 것이다. 그가 읽은 라틴어역 성경에는 속어와 은어가 수두룩했다. 많은 등장인물이 "속되고" 예수는 평범해 보여서, 그는 성경을 한 번 보고는 경멸하며 내던졌다. 그러나 하나님은 세련된 지성인의 몸을 입고 오지 않으셨고, 그분의 고상한 세계를 터득하도록 우리에게 수준 높은 지식인 문화를 가르치지도 않으셨다. 어거스틴은 세월이 흐른 뒤에야 그것을 깨달았다. 하나님이 우리를 구원하기 위해 유대인 종의 모습으로 인간의 삶에 들어오셨다는 것을 알게 되면서부터, 그는 감사하고 믿는 마음으로 성경을 읽기 시작했다.

성경을 읽어도 세상이 "더 나아지지" 않는다며 놀라는 사람들도 있다. 성경의 세계는 결코 여행사의 안내 책자에 나오는 그런 이상적인 세계가 아니다. 하나님께서 이 세계 속에서 일하시고 사랑하시고 구원하시지만, 그렇다고 해서 고난과 불의와 악이 말끔히 사라지지는 않는다. 그렇게 간단한 문제가 아니다. 하나님은 죄로 물든 우리의 본성과 역사 속에서 끈기 있고 깊이 있게 일하시지만, 종종 은밀하게 일하신다. 이 세계는 깔끔하고 단정한 곳이 못되며, 우리가 모든 일을 통제할 수 있다는 보장도 없다. 이런 현실에 익숙해져야 한다. 어디에나 신비가 있다. 성경이 우리에게 제시하는 세계는, 우리의 직업을 계획하여 미래를 보장받을 수 있는 세계, 인과법칙에 따라 움직이는 예측 가능한 세계가 아니다. 모든 일이 우리의 미숙한 바람대로 이루어지는 꿈의 세계도 아니다. 고통과 가난과 학대가 있다. 그 앞에서 우리는 분개하여 "어떻게 이러실 수 있습니까!" 하고 부르짖는다. 대다수 사람들의 경우, 우리의 꿈의 세계가 성경이 제시하는 실제 세계로 바뀌기까지, 길고 긴 세월이 걸린다. 그 실제 세계는 은혜와 자비, 희생과 사랑, 자유와 기쁨의 세계다. 하나님께 구원받은 세계다.

놀라운 사실이 하나 더 있다. 성경은 우리의 기분을 맞추려고 하지 않는다는 것이다. 성경은 더 쉬운 삶을 약속하는 어떤 것도 우리에게 팔려고 하지 않는다. 성경은 우리가 흔히 생각하는 형통이나 쾌락이나 짜릿한 모험의 비결을 내놓지 않는다. 성경을 읽으면서 뚜렷이 부각되는 실체는, 하나님께서 구원을 위해 사랑으로 행하시는 일이다. 우리와, 우리가 하는 모든 일이 그 하나님의 일에 포함되어 있다. 이것은 죄와 문화 속에서 위축되고 너저분해진 우리가 상상하던 것과는 사뭇 다르다. 성경을 읽는 것은, 여러 우상을 소개하는 우편주문용 카탈로그에서 우상 하나를 골라서 우리의 환상을 채우는 것이 아니다. 성경은 하나님께서 말씀으로 만물과 우리를 창조하시는 것에서 시작한다. 그리고 하나님께서 우리 각 사람과의 복잡한 관계 속으로 들어오셔서, 우리를 도우시고 복 주시고 가르치시고 훈련하시고 책망하시고 징계하시고 사랑하시고 구원하시는 이야기를 들려준다. 이것은 현실 도피가 아니라, 오히려 더 큰 현실 속으로 뛰어드는 것이다. 희생이 따르지만, 시종 훨씬 더 나은 삶으로 말이다.

하나님은 이 가운데 어느 것도 우리에게 강요하지 않으신다. 하나님의 말씀은 인격적인 부름이기 때문에, 초청하고 명령하고 도전하고 책망하고 심판하고 위로하고 지도하지만, 절대로 강요하지는 않는다. 결코 억지로 시키지 않는다. 대화에 참여해서 응답할 자유와 여지가 우리에게 주어져 있다. 무엇보다도 성경은 하나님의 일과 언어에 동참하도록 우리를 초청하는 책이다.

읽으면서 우리는, 말씀을 읽는 일과 말씀대로 사는 삶이 연관되어 있음을 알게 된다. 성경의 모든 말씀은 삶으로 살아 낼 수 있다. 많은 사람들이 발견하듯이, 성경을 읽으면서 가장 중요한 질문은 '이것이 무슨 의미인가'가 아니라 '어떻게 이대로 살 수 있는가'이다. 그래서 우리는 성경을 비인격적으로 읽지 않고 인격적으로 읽는다. 우리의 참 자아로 살기 위해서 읽는다. 그저 생활수준을 높이는 데 유용한 정보를 얻기 위해 읽는 것이 아니다. 성경 읽기는 하나님의 음성을 듣고 순종하기 위한 방편이지, 종교 자료를 수집해서 우리 스스로 신이 되기 위한 수단이 아니다.

지금부터 당신은 성경의 이야기를 듣게 될 것이다. 그 이야기들은 당신을 자신에게 몰입된 상태에서 이끌어 내어, 세상의 구원을 이루고 계신 하나님의 드넓은 자유 속으로 데려갈 것이다. 거기서 만나게 될 단어와 문장들이, 당신을 비수처럼 찔러 아름다움과 희망에 눈뜨게 할 것이다. 그것이 당신을 참된 삶과 연결해 줄 것이다.

그 메시지에 꼭 응답하기 바란다.

THE
one year™
BIBLE

1

출애굽기 13:17 – 15:18

17 바로가 백성을 내보낸 뒤의 상황은
이러하다. 블레셋 사람의 땅을 통과해
가는 길이 가장 가까운 길인데도, 하나
님께서는 백성을 그 길로 인도하지 않
으셨다. "백성이 전쟁을 만나면 마음
이 바뀌어 이집트로 되돌아갈 것이다"
하고 생각하셨기 때문이다.
18 그래서 하나님께서는, 백성을 홍해
로 가는 광야길로 돌아가도록 인도하
셨다. 이스라엘 자손은 군대식으로 대
열을 갖춰 이집트를 떠났다.
19 모세는 요셉의 유골을 가지고 떠났
다. 요셉이 전에 말하기를 "하나님께
서 틀림없이 여러분을 책임지실 것입
니다. 그때 여기서 내 유골을 가지고
가겠다고 다짐하십시오" 하고 이스라
엘 자손에게 엄숙히 맹세시켰기 때문
이다.
20-22 그들은 숙곳을 떠나서 광야 끝에
있는 에담에 진을 쳤다. **하나님**께서 그
들보다 앞서 가시며 낮에는 구름기둥
으로 길을 인도하시고, 밤에는 불기둥
으로 그들을 비추어 주셨다. 그들은 낮
에도 밤에도 이동할 수 있었다. 낮에는
구름기둥이, 밤에는 불기둥이 그 백성
을 떠나지 않았다.

하나님께서 행하시는 구원

14 1-2 **하나님**께서 모세에게 말씀하셨
다. "너는 이스라엘 자손에게 말하여,
오던 길로 되돌아가서 믹돌과 바다 사
이에 있는 비하히롯, 곧 바알스본 맞은
편 바닷가에 진을 치라고 하여라.
3-4 바로는 '이스라엘 자손이 길을 잃고
서 헤매고 있다. 저들이 광야에 꼼짝없
이 갇혔다'고 생각할 것이다. 그때 내
가 바로의 마음을 다시 고집스럽게 하
여, 그가 너희를 뒤쫓아 오게 할 것이
다. 내가 바로와 그의 군대를 사용하여
나의 영광을 드러내겠다. 그러면 이집
트 사람들이 내가 **하나님**인 것을 깨닫
게 될 것이다."
이스라엘 자손이 그대로 행했다.
5-7 이집트 왕이 이스라엘 백성이 떠났
다는 소식을 전해 들었다. 바로와 그의
신하들이 마음이 변하여 말했다. "우
리에게 종살이하던 이스라엘을 놓아
주다니, 우리가 대체 무슨 짓을 한 건
가?" 바로는 전차를 준비시키고 군대
를 소집했다. 그는 최정예 전차 육백
대와 그 밖의 이집트 전차들과 전차를
모는 기병들을 거느리고 나섰다.
8-9 **하나님**께서 이집트 왕 바로의 마음
을 완강하게 하셨다. 바로는 이스라엘
자손이 뒤도 돌아보지 않고 떠나가자,
그들의 뒤를 쫓기로 결심했다. 이집트
사람들이 추격하여 바닷가에 진을 치
고 있던 이스라엘 자손을 바짝 따라붙
었다. 바로의 말이 끄는 전차들과 전
차를 모는 기병들과 바로의 모든 군사
가 바알스본 맞은편 비하히롯에 집결
했다.
10-12 바로가 접근해 오자, 이스라엘 자
손이 고개를 들어 그들을 보았다. 이집
트 사람들이었다! 금방이라도 그들을
덮칠 태세였다!
그들은 몹시 두려웠다. 그들은 무서워
서 **하나님**께 부르짖었다. 그들이 모세
에게 말했다. "이집트에 넓은 매장지
가 없어서 이곳 광야에서 죽게 하려고
우리를 데려왔단 말입니까? 왜 우리
를 이집트에서 이끌고 나와서 이 같은
일을 당하게 하는 겁니까? 전에 이집
트에 있을 때 우리가 이런 일이 일어날
거라고 하지 않았습니까? '광야에서
죽는 것보다 차라리 이집트에서 종으
로 사는 것이 더 나으니, 우리를 이집
트에 그대로 내버려 두라'고 우리가 말
하지 않았습니까?"
13 모세가 백성에게 말했다. "두려워하
지 마십시오. 굳게 서서, **하나님**께서
오늘 여러분을 위해 행하시는 구원을
지켜보십시오. 오늘 저 이집트 사람들
을 똑똑히 보아 두십시오. 다시는 여러
분이 저들을 볼 일이 없을 것입니다.

14 **하나님**께서 여러분을 위해 싸우실
것입니다.
여러분은 잠자코 가만히 있기만 하면
됩니다!"

15-16 **하나님**께서 모세에게 말씀하셨
다. "너는 왜 내게 부르짖느냐? 이스
라엘 자손에게 말하여라. 계속해서 전

진하라고 명령하여라. 지팡이를 높이 들고 바다 위로 네 손을 뻗어, 바다를 갈라지게 하여라! 이스라엘 자손이 바다 한가운데로 마른 땅을 밟고 지나가게 될 것이다.

17-18 내가 이집트 사람들이 너희를 집요하게 추격하도록 하겠다. 내가 바로와 그의 모든 군대와 그의 전차와 기병들을 사용하여 나의 영광을 드러내고, 내가 **하나님**인 것을 이집트 사람들이 깨닫게 하겠다."

19-20 이스라엘 진을 이끌고 가던 하나님의 천사가 그들 뒤로 자리를 옮겼다. 앞에 있던 구름기둥도 뒤로 자리를 옮겼다. 이제 구름이 이집트 진과 이스라엘 진 사이를 막아섰다. 구름이 한쪽 진은 어둠으로 덮어 버리고 다른 쪽 진은 빛으로 환하게 밝혀 주었다. 두 진이 밤새도록 서로 가까이 가지 못했다.

21 모세가 바다 위로 손을 뻗자, **하나님**께서 밤새도록 강한 동풍으로 바닷물을 물러가게 하셨다. **하나님**께서 바다를 마른 땅으로 만드셨다. 바닷물이 갈라졌다.

22-25 물이 갈라져 좌우에 벽이 되자, 이스라엘 자손이 바다 한가운데로 마른 땅을 밟고 지나갔다. 이집트 사람들이 그들을 맹렬히 추격하여 쫓아왔다. 바로의 모든 말과 전차와 기병들이 바다 한가운데로 달려 들어왔다. 새벽녘이 되자, **하나님**께서 불기둥과 구름기둥에서 이집트 군대를 내려다보시고, 그들을 공포 속으로 몰아넣으셨다. **하나님**께서 그들의 전차 바퀴를 움직이지 못하게 하시니, 전차 바퀴가 진창에 박혀 옴짝달싹하지 못했다.

이집트 사람들이 말했다. "이스라엘에게서 도망쳐라! **하나님**이 그들 편이 되어 이집트와 싸우고 있다!"

26 **하나님**께서 모세에게 말씀하셨다. "네 손을 바다 위로 뻗어라. 그러면 바닷물이, 이집트 사람들과 그들의 전차와 기병들 위로 다시 덮칠 것이다."

27-28 모세가 바다 위로 손을 뻗었다. 날이 밝으면서 바닷물이 원래 있던 자리로 되돌아왔다. 이집트 사람들이 달아나려고 했으나, **하나님**께서 이집트 사람들을 바다 한가운데에 처넣어 버리셨다. 바닷물이 다시 돌아와서, 전차와 기병들을 덮어 버렸다. 이스라엘을 추격하여 바다로 들어온 바로의 군대 가운데 살아남은 사람이 하나도 없었다.

29-31 그러나 이스라엘 자손은 바다 한가운데로 마른 땅을 밟고 지나갔다. 바닷물이 그들의 좌우에서 벽이 되어 주었다. 그날 **하나님**께서 이스라엘 자손을 이집트 사람들의 압제에서 구원해 주셨다. 이스라엘 자손은 이집트 사람들이 죽어서 바닷가로 밀려오는 것을 보고, **하나님**께서 이집트 사람들에 맞서 행하신 큰 권능을 깨닫게 되었다. 백성이 **하나님** 앞에서 그분을 경외하며, **하나님**과 그분의 종 모세를 믿었다.

구원의 노래

15 1-8 그때에 모세와 이스라엘 자손
이 목소리를 합하여 **하나님**께 이 노래
를 불러 드렸다.
내 마음 다해 **하나님**께 노래하리라, 이
놀라운 승리를!
그분께서 말과 기병을 바다에 던지
셨네.
하나님은 나의 힘, **하나님**은 나의 노래
오, **하나님**은 나의 구원!
그분은 내가 모시는 하나님
나 세상에 알리리라!
그분은 내 아버지의 하나님
나 그 소식 널리 전하리라!
하나님은 용사,
순전하심이 한결같으신 **하나님**.
바로의 전차와 군대를
바다에 내던지시고
그의 정예 장교들을
홍해에 수장시키셨네.
사나운 바닷물이 그들 위에 덮치니
그들 깊고 푸른 바다에 바위처럼 가라
앉았네.
하나님,
주의 강한 오른손은 권능으로 빛나고
주의 강한 오른손은 원수를 산산이
부수십니다.
주의 강력한 위엄으로
교만한 원수들을 박살내시고
주의 진노를 풀어 놓으셔서,
그들을 바삭 태워 버리셨습니다.
주께서 콧김을 한 번 부시니
물이 쌓여 일어서고
일렁이는 물결이 둑처럼 일어서며
사나운 바다가 엉기어 늪이 되었습
니다.

9 원수가 말합니다.
"내가 쫓아가서 붙잡고
노획물을 나누어서
물리도록 먹으리라.
내가 칼을 뽑아 들고
주먹으로 그들을 비틀거리게 하리라."

10-11 주께서 힘껏 바람을 일으키시니
바다가 그들을 덮쳤습니다.
그들은 거대한 물속에
납덩이처럼 가라앉아 버렸습니다.
오 **하나님**, 신들 가운데
누가 주와 견주겠습니까?
권능과 거룩하신 위엄,
찬양받으실 하나님
이적을 행하시는 하나님
누가 주와 견줄 수 있겠습니까?

12-13 주께서 오른손을 내미시니
땅이 그들을 삼켰습니다.
그러나 주께서는 친히 구원하신
백성을 자비로운 사랑으로 이끄시고
주의 보호 아래 두시며
주의 거룩한 초장으로 인도하셨습
니다.

14-18 사람들이 듣고서 겁을 먹었고
블레셋 사람들이 몸부림치며 두려워
떨었습니다.
에돔의 지도자들도
모압의 우두머리들마저도, 벌벌 떨었

습니다.
가나안의 모든 사람도
당황하여 정신을 잃었습니다.
불안과 공포가
그들을 비틀거리게 했습니다.
주께서 오른손을 휘두르시자
그들이 그 앞에서 돌처럼 굳어졌습니다,
오 **하나님**, 주의 백성이 다 건너가서 뭍에 오를 때까지
주께서 지으신 백성이 다 건너가서 뭍에 오를 때까지, 그리하셨습니다.
주께서 그들을 데려다가
주님 기업의 산에 심으셨습니다.
그곳은 주께서 거하시는 곳
그곳은 주께서 지으신 곳
주님, 그곳은
주께서 손수 세우신 주님의 성소입니다.
하나님께서
영원무궁토록 다스리소서!

마태복음 21:23-46

누구에게서 온 권한인가

23 이후에 예수께서 다시 성전에서 가
르치고 계셨다. 대제사장과 백성의 지
도자들이 다가와서 따졌다. "당신의
신임장을 보여주시오. 누구의 권한으
로 여기서 가르치는 겁니까?"
24-25 예수께서 대답하셨다. "먼저 한
가지 묻겠다. 너희가 내 물음에 답하면
나도 너희 물음에 답하겠다. 요한의 세
례에 관한 것인데, 그것이 누구에게서
온 권한이냐? 하늘이냐, 사람이냐?"
25-27 그들은 자기들이 궁지에 몰린 것
을 알아차리고는, 뒤로 물러나와 모여
서 수군거렸다. "하늘이라고 하면 왜
요한을 믿지 않았느냐고 물을 것이고,
사람이라고 하면 온 백성이 요한을 예
언자로 떠받드니 우리가 백성 앞에서
몹시 난처해진다." 그들은 이번은 예
수께 양보하기로 했다. "우리는 모르
오." 그들이 대답했다.
예수께서 말씀하셨다. "그렇다면 나도
너희의 물음에 대답하지 않겠다."

두 아들 이야기

28 "이 이야기를 듣고 너희 생각을 말
해 보아라. 어떤 사람에게 두 아들이
있었다. 그가 큰아들한테 가서 말했
다. '얘야, 오늘 포도원에 가서 일하
여라.'
29 아들은 '싫습니다' 하고 대답했다.
그러나 나중에 생각을 고쳐먹고 포도
원으로 갔다.
30 아버지가 작은아들에게도 똑같이
명했다. 그 아들이, 대답은 '그럼요, 가
고 말고요' 해놓고 실제로는 가지 않
았다.
31-32 두 아들 가운데 아버지가 하라는
대로 한 사람은 누구냐?"
그들이 말했다. "큰아들입니다."
예수께서 말씀하셨다. "맞다. 내가 너
희에게 말한다. 사기꾼과 매춘부들이
너희보다 먼저 하나님 나라에 들어갈
것이다. 요한이 와서 너희에게 바른 길
을 보여주었다. 너희는 그에게 코웃음

을 쳤으나, 사기꾼과 매춘부들은 그를
믿었다. 그들의 달라진 삶을 보았으면
서도, 너희는 도무지 그를 믿고 달라질
생각이 없었다."

욕심 가득한 소작농들 이야기

33-34 "여기 다른 이야기가 있다. 잘 들
어라. 어떤 부자 농부가 포도원을 세웠
다. 그는 포도원에 울타리를 치고 포
도즙 짜는 틀을 파고 망대를 세운 다음
에, 소작농들에게 맡기고 먼 길을 떠났
다. 포도를 수확할 때가 되자, 그는 수
익을 거두려고 자기 종들을 보냈다.
35-37 소작농들은 종 하나를 잡아서 마
구 때렸고, 다른 종은 죽였고, 또 다른
종을 돌로 쳤으나, 그는 겨우 도망쳤
다. 주인은 다시 종들을 더 많이 보냈
다. 그들도 똑같은 대우를 받았다. 주
인은 속수무책이었다. 그는 자기 아
들을 보내기로 했다. '저들이 내 아들
만큼은 존중하겠지' 하고 생각했던 것
이다.
38-39 그러나 아들이 오는 것을 본 소작
농들은, 욕심이 가득하여 두 손을 비볐
다. '이 자는 상속자다! 그를 죽이고 우
리가 재산을 다 차지하자.' 그들은 그
아들을 잡아서 밖으로 내쫓고는, 죽여
버렸다.
40 자, 포도원 주인이 먼 길에서 돌아
오면, 이 소작농들에게 어떻게 할 것
같으냐?"
41 "그 못된 일당을 죽일 것입니다. 죽
어 마땅한 자들입니다." 그들이 대답
했다. "그리고 포도원은 제때에 수익
을 바칠 만한 소작농들한테 맡길 것입
니다."
42-44 예수께서 말씀하셨다. "맞다. 너
희가 성경을 직접 읽어 보면 알 것
이다.

석공들이 내버린 돌이
이제 모퉁잇돌이 되었다.
이것은 하나님께서 행하신 일,
눈을 씻고 보아도 신기할 따름이다!

너희한테도 똑같다. 하나님 나라를 너
희에게서 빼앗아, 그 나라의 삶을 살아
갈 사람들한테 넘겨줄 것이다. 누구든
지 이 돌에 걸려 넘어지는 사람은 부서
질 것이요, 이 돌이 그 사람 위에 떨어
지면 그는 완전히 가루가 될 것이다."
45-46 종교 지도자들은 이 이야기를 듣
고서, 그것이 자기들을 두고 한 말임을
알았다. 그들은 예수를 체포해 감옥에
가두고 싶었으나, 여론이 두려워 참았
다. 대부분의 사람들이 예수를 하나님
의 예언자로 알았던 것이다.

시편 26:1 – 12

다윗의 시

26 1 **하나님**, 내 무고함을 밝혀 주소서.
이 몸, 정직을 신조로 삼고 살아왔습
니다.
하나님, 주께 내 운명을 걸었고
그 마음, 지금도 변함이 없습니다.

2 **하나님**, 머리부터 발끝까지 나를 살

피시고
샅샅이 시험해 보소서.
내게 흠잡을 곳 있는지 안팎으로
확인해 보소서.

3 이 몸, 주님의 사랑
한시도 잊은 적 없고,
주님과 보조를 맞춰 걸으며
한 박자도 놓친 적 없습니다.

4-5 사기꾼들과 어울리지 않고
조폭들과도 사귀지 않습니다.
불량배 무리를 미워하고
겉과 속이 다른 자들을 상대하지 않습니다.

6-7 **하나님**, 가장 깨끗한 비누로 내 손을 씻고
다른 이들과 손잡고 빙 둘러서서
주님의 제단을 돌며 춤을 춥니다.
하나님의 노래 목청껏 부르며
하나님의 이야기를 전합니다.

8-10 **하나님**, 주님의 집이 주님의 영광으로 빛나기에
이 몸, 주님과 함께 사는 것이 참으로 좋습니다.
봄맞이 대청소를 할 때가 되었으니
나를 사기꾼, 악당들과 함께 쓸어 내지 마시고,
더러운 속임수 가방을 둘러멘 남자들,
뇌물 가득한 지갑 든 여자들만 쓸어버리소서.

11-12 내가 주님 앞에서 떳떳한 것 아시니,
이제 주께서 나를 떳떳이 대해 주소서.
하나님, 내가 주께 부끄럽지 않으니,
기회 있을 때마다 내가 주님을 찬양하겠습니다.

잠언 6:16-19

하나님이 미워하시는 일곱 가지

16-19 여기 **하나님**이 미워하시는 여섯 가지가 있고,
그분이 몹시 싫어하시는 한 가지가 더 있다.

거만한 눈
거짓말하는 혀
죄 없는 사람을 살해하는 손
흉계를 꾸미는 마음
악한 길로 급히 달려가는 발
거짓 증언하는 증인의 입
집안에서 분쟁을 일으키는 자.

2

출애굽기 15:19 – 17:7

19 정말로 그랬다. 바로의 말과 전차와
기병들이 바다에 들어서자, **하나님**께
서 바닷물을 되돌려서 그들을 덮어 버
리셨다. 그러나 이스라엘 자손은 바다
한가운데로 마른 땅을 밟고 지나갔다.

20-21 아론의 누이이며 예언자인 미리
암이 탬버린을 들자, 모든 여인이 그
녀를 따라 탬버린을 들고 춤을 추었
다. 미리암이 노래를 부르며 그들을
이끌었다.

하나님께 노래하리라,
이 놀라운 승리를!
그분께서 말과 기병을
바다에 던지셨네!

마라에서 백성이 불평하다

22-24 모세가 이스라엘을 인도하여 홍
해에서 수르 광야로 들어갔다. 그들이
사흘 동안 광야를 다녔지만 물을 찾지
못했다. 그들이 마라에 이르렀는데,
마라의 물은 써서 마실 수가 없었다.
그래서 그들은 그곳을 마라(쓰다)라고
했다. 백성이 모세에게 불평했다. "우
리더러 무엇을 마시라는 말입니까?"
25 모세가 기도하며 **하나님**께 부르짖

었다. **하나님**께서 그에게 나뭇가지 하
나를 가리키셨다. 모세가 그 가지를 가
져다가 물에 던져 넣자, 물이 단물로
변했다.
26 **하나님**께서 법도와 율례를 세우시
고, 그들을 시험하기 시작하신 곳이 바
로 그곳이다.
하나님께서 말씀하셨다. "너희가 **하나
님** 앞에서 제대로 살고 순종하여 내 말
을 잘 들으며, 내 계명을 따르고 내 모
든 법을 지키면, 내가 이집트 사람들에
게 내린 그 모든 질병으로 너희를 치지
않을 것이다. 나는 너희를 치료하는 **하
나님**이다."
27 그들이 엘림에 이르렀다. 그곳에
는 샘이 열두 개, 종려나무가 일흔 그
루 있었다. 그들은 그곳 물가에 진을
쳤다.

하나님께서 만나와 메추라기를 보내 주시다

16 1-3 이집트를 떠난 뒤 둘째 달 십오
일에, 이스라엘 온 무리가 엘림을 떠나
엘림과 시내 사이에 있는 신 광야로 이
동했다. 이스라엘 온 무리가 그 광야에
서 모세와 아론에게 불평했다. 이스라
엘 자손이 말했다. "**하나님**께서는 왜
우리를 이집트에서 편안히 죽게 내버
려 두지 않으셨는지 모르겠습니다. 거
기에는 우리가 먹을 수 있는 양고기 요
리와 빵이 잔뜩 있는데 말입니다. 당신
들이 우리 이스라엘 온 무리를 이 광야
로 끌고 와서 굶겨 죽이고 있는 것 아
닙니까!"
4-5 **하나님**께서 모세에게 말씀하셨다.
"내가 하늘에서 너희에게 양식을 비처
럼 내려 주겠다. 백성이 날마다 나가
서 그날 먹을 양만큼 거두어들이게 하
여라. 그들이 나의 가르침대로 사는지
살지 않는지, 내가 그들을 시험해 보겠
다. 여섯째 날에는, 거두어들인 것으
로 음식을 준비하다 보면, 날마다 거두
던 양의 두 배가 될 것이다."
6-7 모세와 아론이 이스라엘 백성에게
말했다. "오늘 저녁에 여러분은 이집
트에서 여러분을 이끌어 내신 분이 **하
나님**이신 것을 알게 될 것입니다. 그리
고 아침에는 여러분이 **하나님**의 영광
을 보게 될 것입니다. 여러분이 불평하
는 소리를 하나님께서 들으셨습니다.
여러분도 알다시피, 여러분이 불평한
것은 우리에게 한 것이 아니라, **하나님**
께 한 것입니다."
8 모세가 말했다. "**하나님**께서 저녁에
는 여러분에게 고기를 주셔서 먹이시
고, 아침에는 여러분에게 빵을 주셔서
배불리 먹이실 것입니다. 여러분이 불
평하는 소리를 **하나님**께서 들으신 것
입니다. 도대체 우리가 누구이기에 이
렇게 불평하는 것입니까? 여러분이
불평한 것은 우리에게 한 것이 아니라
하나님께 한 것입니다!"
9 모세가 아론에게 지시했다. "이스라
엘 온 무리에게 '**하나님**께 가까이 나아
오십시오. 그분께서 여러분이 불평하
는 소리를 들으셨습니다' 하고 전해 주
십시오."
10 아론이 이스라엘 온 무리에게 지시
를 내릴 때, 그들이 광야를 바라보았

다. 그곳에서 **하나님**의 영광이 구름 속
에 분명하게 드러났다.
11-12 **하나님**께서 모세에게 말씀하셨
다. "이스라엘 자손이 불평하는 소리
를 내가 들었다. 이제 그들에게 이렇게
알려라. '해가 질 때는 너희가 고기를
먹을 것이고, 동이 틀 무렵에는 양식을
배불리 먹을 것이다. 너희는 내가 **하
나님** 너희 하나님인 것을 깨닫게 될 것
이다.'"
13-15 그날 저녁에 메추라기가 날아와
진을 덮었고, 아침에는 온 진에 이슬
이 맺혔다. 이슬이 걷히자, 광야의 지
면에 마치 땅 위에 맺힌 서리처럼 가는
것이 널려 있었다. 이스라엘 자손이 그
것을 보고 서로 '만-후'(이게 뭐지?) 하
고 물었다. 그들은 그것이 무엇인지 몰
랐다.
15-16 모세가 그들에게 말했다. "이것은
하나님께서 여러분에게 먹으라고 주
신 양식입니다. **하나님**께서 이렇게 지
시하셨습니다. '각자 자기가 먹을 만큼
한 사람에 2리터씩 거두어들여라. 각
자 자기 장막에 있는 모든 사람이 먹을
만큼 거두어들여라.'"
17-18 이스라엘 백성이 광야로 나가 거
두어들이기 시작했다. 더러는 조금 많
게, 더러는 조금 적게 거두어들였다.
그러나 거두어들인 것의 양을 달아 보
니, 조금 많이 거둔 사람도 남지 않고,
조금 적게 거둔 사람도 모자라지 않았
다. 각 사람이 필요한 만큼만 거두어들
인 것이다.
19 모세가 그들에게 말했다. "거둔 것
을 아침까지 남겨 두지 마십시오."
20 그러나 그들은 모세의 말을 듣지 않
았다. 몇몇 사람이, 거둔 것 가운데 일
부를 아침까지 따로 남겨 두었다. 그
러자 거기서 벌레가 생기고 악취가 났
다. 모세가 그들에게 크게 화를 냈다.
21-22 아침마다 사람들이 저마다 필요
한 만큼 그것을 거두어들였다. 해가 뜨
거워지면, 그것은 녹아서 사라져 버렸
다. 여섯째 날에는 한 사람에 4리터씩,
두 배로 양식을 거두어들였다.
무리의 지도자들이 모세에게 와서 이
일을 보고했다.
23-24 모세가 말했다. "**하나님**께서 말씀
하셨습니다. '내일은 안식의 날, 곧 **하
나님**의 거룩한 안식일이다. 무엇이든
구울 것이 있거든 오늘 굽고, 삶을 것
이 있거든 오늘 삶아라. 남은 것은 아
침까지 따로 챙겨 두어라.'" 그들은 모
세가 지시한 대로 남은 것을 아침까지
따로 챙겨 두었다. 거기서는 악취가 나
지 않았고 벌레도 생기지 않았다.
25-26 모세가 말했다. "오늘은 그것을
먹으십시오. 오늘이 바로 그날, 곧 **하
나님**께 드리는 안식일입니다. 오늘은
지면에서 그것을 얻지 못할 것입니다.
육 일 동안은 날마다 그것을 거두어들
이십시오. 그러나 일곱째 날은 안식일
이니, 그것을 거두어들이지 못할 것입
니다."
27 일곱째 날에 백성 가운데 몇몇 사람
이 그것을 거두어들이려고 나갔으나,
아무것도 얻지 못했다.
28-29 **하나님**께서 모세에게 말씀하셨

다. "너희가 언제까지 내 명령을 어기고, 내 지시를 따르지 않으려느냐? **하나님**이 너희에게 안식일을 주었다는 것을 모르겠느냐? 그래서 내가 여섯째 날에 너희에게 이틀치 양식을 주는 것이다. 그러니 일곱째 날에 너희는 각자 자기 집에 머물고 집 밖으로 나가지 마라."

30 백성이 일곱째 날에는 일을 하지 않고 쉬었다.

31 이스라엘 자손이 그것의 이름을 만나(이게 뭐지?)라고 했다. 그것은 고수씨같이 희고, 꿀을 섞은 과자 같은 맛이 났다.

32 모세가 말했다. "이것은 **하나님**의 명령입니다. '너희는 이것을 일 오멜, 곧 2리터들이 단지에 담아 다음 세대를 위해 보관해 두어라. 그렇게 해서, 내가 너희를 이집트에서 이끌어 낸 뒤에 광야에서 너희를 먹여 살린 양식을 그들이 볼 수 있게 하여라.'"

33 모세가 아론에게 말했다. "단지 하나를 가져다가 그 속에 만나 2리터를 채우십시오. 그것을 **하나님** 앞에 두고, 다음 세대를 위해 잘 보관하십시오."

34 아론은 **하나님**께서 모세에게 지시하신 대로, 그것을 챙겨 증거판 앞에 두고 보관했다.

35 이스라엘 자손은 장차 정착하여 살게 될 땅에 이를 때까지 사십 년 동안 만나를 먹었다. 그들은 가나안으로 들어가는 경계에 이를 때까지 만나를 먹었다.

36 고대 도량형에 따르면, 일 오멜은 십분의 일 에바다.

백성이 하나님을 시험하다

17 1-2 이스라엘 온 무리가 **하나님**의 인도하심에 따라 신 광야에서 서서히 앞으로 나아갔다. 그들이 르비딤에 진을 쳤으나, 거기에는 백성이 마실 물이 없었다. 백성이 모세를 비난하며 말했다. "우리에게 마실 물을 주십시오." 그러자 모세가 말했다. "어찌하여 나를 괴롭힙니까? 여러분은 어찌하여 **하나님**을 시험합니까?"

3 그러나 백성은 목이 말랐으므로, 모세에게 불평했다. "어쩌자고 우리를 이집트에서 데리고 나왔습니까? 어쩌자고 우리와 우리 자녀와 짐승들을 이곳으로 끌고 와서 목말라 죽게 하는 겁니까?"

4 모세가 기도로 **하나님**께 부르짖었다. "이 사람들을 제가 어떻게 해야 하겠습니까? 이제 조금 있으면 이들이 저를 죽이려 들 것입니다!"

5-6 **하나님**께서 모세에게 말씀하셨다. "너는 이스라엘의 장로들 가운데 몇 사람을 데리고 백성보다 앞서 가거라. 나일 강을 칠 때 썼던 지팡이를 가지고 가거라. 내가 저기 호렙 산 바위 위에서 네 앞에 있겠다. 너는 그 바위를 쳐라. 그러면 거기서 물이 솟구쳐 나와, 백성이 마실 수 있게 될 것이다."

6-7 모세는 이스라엘의 장로들이 지켜보는 앞에서 하나님의 말씀대로 행했

다. 모세가 그곳의 이름을 맛사(시험한 곳)라고도 하고 므리바(다툼)라고도 했다. 이는 이스라엘 자손이 다투었기 때문이며, "**하나님**께서 이곳에 우리와 함께 계신가, 계시지 않는가?" 하고 **하나님**을 시험했기 때문이다.

마태복음 22:1-33

결혼잔치 이야기

22 1-3 예수께서 이야기를 더 들려주
시면서 대답하셨다. "하나님 나라는
자기 아들을 위해 결혼잔치를 베푼 어
떤 왕과 같다. 왕은 종들을 보내 초대
받은 손님들을 모두 부르게 했다. 그런
데 손님들이 오려고 하지 않았다!
4 왕은 다시 종들을 보내며, 손님들에
게 이렇게 말하라고 지시했다. '식탁
에 진수성찬을 차려 놓았으니, 오셔
서 드시기만 하면 됩니다. 잔치에 오십
시오!'
5-7 그러나 사람들은 무시하고 가 버렸
다. 한 사람은 밭에 김매러 갔고, 또 다
른 사람은 가게에 일하러 갔다. 딱히
할 일도 없었던 나머지는, 그 심부름꾼
들을 두들겨 패서 죽였다. 왕은 격노하
여 군인들을 보내서, 그 살인자들을 죽
이고 도시를 쓸어버렸다.
8-10 그러고 나서 왕이 종들에게 말했
다. '결혼잔치는 다 준비되었는데 손님
이 없구나. 내가 초대했던 사람들은 자
격이 없다. 시내에서 가장 번잡한 거리
로 나가, 아무나 만나는 대로 잔치에
초대하여라.' 종들은 거리로 나가 착한
사람, 못된 사람 할 것 없이 아무나 보
이는 대로 사람들을 모아 왔다. 드디어
자리가 다 차서, 잔치가 시작되었다.
11-13 왕이 들어와 장내를 둘러보니, 예
복을 입지 않은 사람이 눈에 띄었다.
왕이 그에게 말했다. '친구여, 감히 어
떻게 그런 모습으로 여기에 들어왔느
냐!' 그 사람은 아무 말도 못했다. 그러
자 왕이 종들에게 명했다. '이 사람을
여기서 당장 끌어내라. 묶어서 지옥으
로 보내라. 절대로 다시 오지 못하게
하여라.'
14 '초대받은 사람은 많지만, 오는 사람
은 얼마 되지 않는다'는 내 말이 바로
이런 뜻이다."

황제의 것, 하나님의 것

15-17 그때에 바리새인들이 예수로 하
여금 뭔가 불리한 발언을 하게 해서 그
를 올무에 걸리게 할 방도를 의논했
다. 그들은 자기네 제자들을 헤롯의 당
원 몇 사람과 함께 보내어 물었다. "선
생님, 우리가 알기로 당신은 진실하
고, 하나님의 도를 정확히 가르치고,
여론에 개의치 않으며, 배우는 사람들
의 비위를 맞추지 않습니다. 그러니 우
리한테 솔직히 말해 주십시오. 황제에
게 세금을 내는 것이 옳습니까, 옳지
않습니까?"
18-19 예수께서 그들이 수작을 부리고
있음을 아시고 말씀하셨다. "왜 나를
속이려고 드느냐? 왜 나를 함정에 빠
뜨리려고 하느냐? 너희에게 동전이
있느냐? 내게 보여라." 그들이 그분께

은화 하나를 건넸다.
20 “여기 새겨진 얼굴이 누구의 얼굴이
냐? 그리고 이 위에 있는 것이 누구
이름이냐?”
21 그들이 말했다. “황제입니다.”
“그렇다면 황제의 것은 황제에게 주
고, 하나님의 것은 하나님께 드려라.”
22 바리새인들은 말문이 막혔다. 그
들은 고개를 절레절레 흔들며 가 버
렸다.

부활에 관한 가르침

23-28 같은 날, 부활의 가능성을 일절
부인하는 사두개파 사람들이 예수께
다가와서 물었다. “선생님, 모세는 말
하기를, 남자가 자식 없이 죽으면 그
동생이 형수와 결혼해서 자식을 낳아
줄 의무가 있다고 했습니다. 여기 일
곱 형제의 사례가 있습니다. 맏이가 결
혼했는데, 자식 없이 죽어서 그 아내
가 동생에게 넘어갔습니다. 둘째도 자
식 없이 죽었고, 셋째부터 일곱째까지
다 그러했습니다. 마지막에는 여자도
죽었습니다. 우리의 질문은 이것입니
다. 이 여자는 일곱 형제 모두의 아내
였는데, 부활 때에는 누구의 아내가 됩
니까?”
29-33 예수께서 대답하셨다. “너희는 두
가지를 크게 잘못 생각하고 있다. 너희
는 성경을 모르고, 하나님께서 일하시
는 방식을 모른다. 부활 때에는 결혼할
일이 없다. 그때 사람들은 천사들처럼
되어서, 하나님과 최고의 기쁨과 친밀
감을 나눌 것이다. 그리고 죽은 사람의
부활 여부를 둘러싼 너희 추측에 관한
것인데, 너희는 성경도 읽지 않느냐?
하나님께서는 분명히 현재 시제로 ‘나
는 아브라함의 하나님, 이삭의 하나
님, 야곱의 하나님이다’라고 말씀하셨
다. ‘이었다’라고 말씀하지 않으셨다.
살아 계신 하나님은, 자신을 죽은 자의
하나님이 아니라 산 자의 하나님으로
정의하신다.” 이 대화를 듣던 무리가
깊은 감동을 받았다.

시편 27:1-6

다윗의 시

27 1 **하나님**은 빛, 공간, 열정.
하나님은 바로 그런 분!
그분이 내 편이시니, 나 두렵지 않다.
그 누구도, 그 무엇도 겁나지 않다.

2 말 탄 야만족이 달려들어
나를 산 채로 집어삼키려 해도,
그 악당과 불량배들
꼴사납게 고꾸라지리라.

3 사방으로 포위당해도
나 아기처럼 고요하며,
큰 혼란이 일어도
나 침착하고 냉정하리라.

4 **하나님**께 구하는 것은
오직 한 가지.
내 평생 그분의 집에서
그분과 함께 살며,
그분의 아름다우심 묵상하고

그분의 발치에서 전심으로 배우는 것.

5 떠들썩한 세상 한가운데서
고요하고 안전한 곳은, 오직 주님의
집뿐.
시끌벅적한 도로에서 멀찌감치
물러선 완벽한 은신처.

6 나를 끌어내리려는 모든 자들 위로
하나님께서 내 머리와 어깨를 들어 올리
시리니,
나, 그분의 처소로 나아가
지붕이 들썩이도록 찬양하리라!
나, 하나님의 노래를 부르며
하나님께 드릴 음악을 연주하리라.

잠언 6:20-23

부도덕에 대한 경고

20-23 착한 친구여, 아버지의 유익한 훈
계를 따르고
어머니의 가르침에서 벗어나지 마라.
그것을 머리에서 발끝까지 휘감고
스카프처럼 목에 둘러라.
네가 어디로 가든지 그것이 너를 안내
하고 어디서 자든지 너를 지켜 주며,
잠에서 깨면 다음에 할 일을 알려 줄
것이다.
건전한 훈계는 횃불이고
유익한 가르침은 빛이다.
도덕적 훈계는 생명의 길이다.

3

출애굽기 17:8 – 19:15

8-9 아말렉이 와서, 르비딤에서 이스라
엘을 공격했다. 모세가 여호수아에게
명령했다. “우리를 위해 장정들을 뽑
아서 아말렉과 싸우러 나가거라. 내가
내일 하나님의 지팡이를 잡고 산꼭대
기에 서 있겠다.”
10-13 여호수아는 모세가 지시한 대로
아말렉과 싸우러 나갔다. 모세와 아론
과 훌은 산꼭대기로 올라갔다. 모세가
두 손을 들면 이스라엘이 이기고, 모세
가 두 손을 내리면 아말렉이 이겼다.
모세의 두 팔이 아프기 시작했다. 그
래서 그들은 돌을 가져다가 모세의 아
래에 두었다. 모세가 그 돌 위에 앉자,
아론과 훌이 각자 양옆에서 그의 두 팔
을 받쳐 주었다. 그리하여 그의 두 손
이 해가 질 때까지 내려오지 않았다.
여호수아는 전투에서 아말렉과 그 군
대를 무찔렀다.
14 **하나님**께서 모세에게 말씀하셨다.
“너는 이 일을 기념으로 삼고 기록하
여, 그 기록한 것을 여호수아에게 맡겨
라. 내가 아말렉에 대한 기억을 이 세
상에서 완전히 지워 버릴 것이다.”

15-16 모세가 제단을 쌓고, 그 이름을 '**하나님**은 나의 깃발'이라고 했다. 그가 말했다.

> **하나님**의 통치 앞에 무릎을 꿇어라!
> **하나님**께서 영원토록
> 아말렉과 싸우실 것이다!

이드로가 모세를 찾아오다

18 1-4 미디안의 제사장이며 모세의 장인인 이드로가, 하나님께서 모세와 그분의 백성 이스라엘에게 행하신 모든 일, 곧 **하나님**께서 이스라엘을 이집트에서 건져 내셨다는 소식을 들었다. 모세의 장인 이드로는, 모세가 친정으로 돌려보냈던 십보라와 그녀의 두 아들을 데리고 있었다. 한 아이의 이름은 게르솜(나그네)인데, 이는 모세가 "내가 낯선 땅에서 나그네가 되었다"고 한 데서 붙여진 이름이다. 다른 아이의 이름은 엘리에셀(하나님의 도우심)인데, 이는 모세가 "내 아버지의 하나님께서 나의 도움이 되셔서, 바로의 살해 위협으로부터 나를 건져 주셨다"고 한 데서 붙여진 이름이다.

5-6 모세의 장인 이드로가 모세의 두 아들과 아내를 데리고 광야에 있는 모세에게 왔다. 모세는 하나님의 산에 진을 치고 있었다. 이드로는 앞서 모세에게 다음과 같은 전갈을 보냈다. "자네의 장인인 내가 자네의 아내와 두 아들을 데리고 가고 있네."

7-8 모세가 장인을 맞으러 나가서, 엎드려 절하고 그에게 입을 맞추었다. 그들은 서로 안부를 묻고 나서 함께 장막으로 들어갔다. 모세는 **하나님**께서 이스라엘을 도우셔서 바로와 이집트 사람들에게 행하신 모든 일과, 오는 길에 겪은 온갖 고생과, **하나님**께서 그들을 어떻게 구원하셨는지를, 장인에게 모두 들려주었다.

9-11 이드로는 **하나님**께서 이스라엘을 이집트 사람들의 압제에서 건져 내시면서 이스라엘에게 행하신 온갖 선한 일을 듣고 기뻐하며 이렇게 말했다. "이스라엘을 이집트와 바로의 권력에서 구원하시고, 자기 백성을 이집트의 압제에서 건져 내신 **하나님**은 찬양을 받으소서. **하나님**께서 다른 모든 신들보다 크시다는 것을 이제 내가 알았네. 그분께서 이스라엘에게 오만하게 굴던 모든 자들에게 이 같은 일을 행하셨으니 말일세."

12 모세의 장인 이드로가 번제물과 희생 제물을 하나님께 바쳤다. 아론과 이스라엘의 장로들이 와서 모세의 장인과 함께 하나님 앞에서 음식을 먹었다.

13-14 이튿날 모세가 백성을 재판하려고 자리에 앉았다. 백성은 아침부터 저녁까지 하루 종일 모세 앞에 줄지어 서 있었다. 모세의 장인은 그가 백성을 위해 하는 모든 일을 보고 말했다. "이게 무슨 일인가? 어찌하여 모든 사람을 아침부터 저녁까지 자네 앞에 세워 두고 자네 혼자서 이 모든 일을 처리하는가?"

15-16 모세가 장인에게 대답했다. "백성

이 하나님에 관한 문제들을 가지고 저에게 오기 때문입니다. 그들은 무슨 일이 생길 때마다 저에게 옵니다. 저는 이웃 간의 문제를 재판하고, 하나님의 법도와 규례를 그들에게 가르쳐 줍니다."

17-23 모세의 장인이 말했다. "그런 식으로 일하지 말게. 그러다가는 자네도 탈진하고 백성도 자네와 함께 탈진하고 말 걸세. 이 일은 너무 과중해서 자네 혼자서는 할 수 없네. 내 말을 들어 보게. 자네가 이 일을 어떻게 처리해야 하는지 내가 알려 주겠네. 하나님께서 이 일에 자네와 함께하실 걸세. 자네는 백성을 위해 하나님 앞에 나아가되, 중요한 문제를 하나님께 내어드리게. 자네가 할 일은 그들에게 법도와 규례를 가르쳐서, 그들이 어떻게 살고 무엇을 해야 하는지 보여주는 것이네. 그런 다음에 유능한 사람들, 곧 하나님을 경외하고 참되며 청렴한 사람들을 눈여겨보았다가 그들을 천 명, 백 명, 오십 명, 열 명으로 조직된 사람들의 지도자로 세우게. 백성 사이의 문제를 재판하는 일상적인 일은 그들이 책임지도록 맡기게. 판결하기 어려운 사안은 자네에게 가져오게 하되, 일상적인 소송은 그들이 재판하도록 하게. 그들이 자네의 짐을 나누어 지면 자네의 일이 훨씬 가벼워질 걸세. 자네가 이렇게 일을 처리하면 자네는 하나님께서 명령하시는 것은 무엇이든 수행할 능력을 갖추게 될 테고, 백성도 각자 자기 자리에서 번성할 것이네."

24-27 모세가 장인의 조언을 듣고, 그가 말한 대로 모든 일을 처리했다. 모세는 온 이스라엘에서 능력 있는 사람들을 뽑아, 그들을 천 명, 백 명, 오십 명, 열 명으로 조직된 사람들의 지도자로 세웠다. 그들은 백성 사이의 문제를 재판하는 일상적인 일을 맡았다. 그들은 자신들이 판결하기 어려운 사안은 모세에게 가져왔고, 일상적인 문제는 자신들이 재판했다. 얼마 후에 모세는 장인을 떠나보냈다. 모세의 장인은 자기 고향으로 돌아갔다.

시내 산

19 1-2 이집트를 떠난 지 세 달이 지난 뒤에 이스라엘 자손은 시내 광야로 들어갔다. 그들은 르비딤을 떠나 시내 광야에 이르렀다. 이스라엘은 그곳 산 앞에 진을 쳤다.

3-6 모세가 하나님을 뵈러 올라가자, **하나님**께서 산에서 그를 불러 말씀하셨다. "너는 야곱의 집에 말하고, 이스라엘 백성에게 전하여라. '너희는 내가 이집트 사람들에게 한 일을 보았고, 내가 어떻게 너희를 독수리 날개에 태워 내게 데려왔는지도 보았다. 너희가 내 말을 순종하는 마음으로 듣고 내 언약을 지키면, 너희는 모든 민족 가운데서 나의 특별한 보배가 될 것이다. 온 세상이 나의 것이지만, 너희는 내가 특별히 선택한 민족이다. 너희는 제사장 나라, 거룩한 민족이다.'

너는 이 말을 이스라엘 백성에게 꼭 전하여라."

7 모세가 돌아와서 이스라엘의 장로들을 불러 모으고, **하나님**께서 그에게 명령하신 모든 말씀을 그들 앞에 전했다.

8 백성이 한목소리로 이렇게 응답했다. "**하나님**께서 말씀하시는 모든 것을 우리가 다 행하겠습니다." 모세는 백성이 한 말을 **하나님**께 전했다.

9 **하나님**께서 모세에게 말씀하셨다. "준비하여라. 내가 짙은 구름 속에서 네게 나타나겠다. 그러면 내가 너와 이야기하는 것을 백성이 듣고 너를 온전히 신뢰하게 될 것이다." 모세가 백성이 한 말을 다시 한번 **하나님**께 전했다.

10-13 **하나님**께서 모세에게 말씀하셨다. "너는 백성에게 가서, 거룩한 **하나님**을 뵐 수 있도록 앞으로 이틀 동안 그들을 준비시켜라. 그들에게 옷을 깨끗이 빨게 하여, 셋째 날에는 준비를 다 마치게 하여라. 이는 셋째 날에 **하나님**이 시내 산에 내려가서, 온 백성 앞에 나의 존재를 알릴 것이기 때문이다. 너는 백성을 위해 산 모든 주위에 경계선을 정하고, 이렇게 일러 주어라. '경고한다! 산에 오르지 마라. 산에 한 발짝도 들여놓지 마라. 누구든지 산에 접근하는 자는 반드시 죽음을 면치 못할 것이다. 이 명령을 어긴 그 자에게 아무도 손대지 말고, 돌로 쳐서 죽여야 한다. 아니면 화살을 쏘아 죽여야 한다. 짐승이든 사람이든, 반드시 죽여야 한다.'

뿔나팔소리가 길게 울리면, 그것은 백성이 산에 올라와도 좋다는 신호다."

14-15 모세가 산에서 내려와 백성에게 거룩한 만남을 준비하게 하니, 그들이 저마다 자기 옷을 깨끗이 빨았다. 모세가 백성에게 말했다. "셋째 날을 준비하고, 여자와 잠자리를 같이하지 마십시오."

마태복음 22:34 – 23:12

가장 중요한 계명

34-36 예수께서 사두개인들을 압도하셨다는 말을 들은 바리새인들이, 힘을 모아 공격에 나섰다. 그중에 한 종교 학자가 대표로 나서서, 그분을 무안하게 할 만하다고 여긴 질문을 던졌다. "선생님, 하나님의 율법에서 어느 계명이 가장 중요합니까?"

37-40 예수께서 말씀하셨다. "'네 열정과 간구와 지성을 다해 주 너의 하나님을 사랑하라.' 이것이 가장 중요하고, 으뜸가는 계명이다. 그리고 그 옆에 나란히 두어야 할 두 번째 계명이 있다. '네 자신을 사랑하는 것같이 다른 사람을 사랑하라.' 이 두 계명은 쐐기못과 같다. 하나님의 율법과 예언서의 모든 것이 이 두 계명에 달려 있다."

그리스도가 다윗의 자손인가

41-42 바리새인들이 다시 모이자, 이번에는 예수께서 시험하는 질문으로 그들의 허를 찌르셨다. "너희는 그리스

도를 어떻게 생각하느냐? 그가 누구의 자손이냐?" 그들이 "다윗의 자손입니다" 하고 말했다.

43-45 예수께서 되받으셨다. "그리스도가 다윗의 자손이라면, 다윗이 영감을 받아서 그리스도를 자신의 '주님'이라고 부른 사실을 너희는 어떻게 설명하겠느냐?

> 하나님께서 내 주님께 말씀하셨다.
> "내가 네 원수들을 네 발판으로 삼을 때까지 너는 여기 내 오른편에 앉아 있어라."

다윗이 그를 '주님'이라고 부르는데, 그가 어떻게 동시에 다윗의 자손이 될 수 있느냐?"

46 문자주의자인 그들은 거기서 막혔다. 그들은 남들이 보는 변론에서 또다시 체면을 잃기 싫어, 아예 질문하는 것을 그만두었다.

종교의 패션쇼

23 1-3 이제 예수께서 제자들과 그 곁에 함께 모인 무리를 보시며 말씀하셨다. "종교 학자와 바리새인들은 하나님의 율법에 관해서라면 유능한 교사들이다. 모세에 관한 그들의 가르침을 따른다면 너희는 잘못될 일이 없을 것이다. 그러나 그들을 따르는 것은 조심하여라. 그들이 말은 잘하지만, 그 말대로 살지는 않는다. 그들은 그것을 마음에 새겨 행동으로 옮기지 않는다. 모두 겉만 번지르르한 가식이다.

4-7 그들은 하나님의 율법을 하나님의 잔칫상에서 먹고 마시는 양식과 음료로 제시하지 않고 규칙 다발로 묶어서는, 마치 말이나 소에게 하듯 너희에게 잔뜩 짐을 지운다. 그들은 너희가 그 짐을 지고 비틀거리는 모습을 보면서 즐거워하는 것 같고, 손가락 하나라도 까딱하여 도와줄 생각은 하지 않는다. 그들의 삶은 끝없는 패션쇼다. 오늘은 수놓은 기도 숄을 두르고, 내일은 현란한 기도를 올린다. 그들은 교회 식사 때 상석에 앉고 가장 중요한 자리를 차지하며, 사람들의 치켜세우는 말에 우쭐하면서 명예학위를 받고 '박사님'과 '목사님'으로 불리기를 좋아한다.

8-10 너희는 사람들에게 그런 대접을 받지 않도록 하여라. 사람들이 너희를 우러러보지 말게 하여라. 너희 모두에게 스승은 한분이시며, 너희는 다 동급생이다. 사람들을 너희 삶의 전문가로 여긴 나머지, 그들이 시키는 대로 하지 마라. 그 권위는 하나님의 몫으로 남겨 두고, 그분이 명하시는 대로 하여라. 어느 누구도 '아버지'로 불려서는 안된다. 너희 아버지는 오직 한분이시며, 그분은 하늘에 계신다. 또 사람들의 술책에 넘어가 그들의 지도자가 되지 마라. 너희에게나 그들에게나 인생의 스승은 오직 한분, 그리스도뿐이시다.

11-12 돋보이고 싶으냐? 그러면 내려서서, 종이 되어라. 목에 너무 힘을 주면, 결국 숨이 턱에 차서 쓰러지고 만다. 그러나 너희가 너희 있는 모습 그대로

를 기꺼이 인정하면, 너희 삶은 더욱
가치 있게 될 것이다."

시편 27:7-14

7-9 **하나님**, 들으소서. 내가 목청껏 부
르짖습니다.
"나를 보아 주소서! 내게 응답하소서!"
내 마음이 "하나님을 찾으라" 하고 속
삭이면,
내 온몸이 "지금 그분을 찾고 있다!"
하고 대답합니다.
그러니 내게서 숨지 마소서!

9-10 주님은 줄곧 내게 힘이 되어 주셨
으니
이제 와서 나를 못 본 체하지 마소서.
주님은 줄곧 나를 위해 문을 열어 놓으
셨으니
나를 쫓아내지도, 버리지도 마소서.
내 아버지와 어머니는 나를 버리고 떠
났지만
하나님께서는 나를 맞아들이셨습
니다.

11-12 **하나님**, 주님의 큰길을 내게 가르
쳐 주시고
불빛 환한 길을 따라 나를 인도하
소서,
주께서 누구 편이신지 내 원수들에게 보
여주소서.
나를 개들에게 던지지 마소서.
저들은 나를 잡으려고
쉴 새 없이 으름장 놓는 거짓말쟁이들
입니다.

13-14 내가 풍요의 땅에서
하나님의 선하심을 보게 될 것을 확신
합니다.
하나님 곁에 머물러라!
용기를 내어라. 포기하지 마라.
거듭 말하노니,
하나님 곁에 머물러라.

잠언 6:24-35

24-35 그것이 네가 방탕한 여인들에게
빠지지 않고
유혹하는 여자의 호리는 말에 넘어가
지 않게 지켜 줄 것이다.
그런 여자의 아름다움을 탐내지 말고
욕정 어린 눈길에 홀리지 마라.
빵 한 덩이로 매춘부와 한 시간을 보낼
수 있지만
방탕한 여자는 너를 산 채로 삼킬 수
있다.
무릎 위에서 불을 지피는데
바지가 타지 않을 도리가 있느냐?
활활 타는 숯불 위를 맨발로 걷는데
물집이 생기지 않을 재간이 있겠
느냐?
이웃의 아내와 잠자리를 같이하는 사
람의 처지가 이와 같다.
그는 대가를 치르게 될 것이다. 어떤
핑계도 통하지 않을 것이다.
배고픔은
도둑질의 구실이 될 수 없다.
훔치다 걸리면 전 재산이 들더라도

훔친 것을 갚아야 한다.
간통은 정신 나간 짓이다.
영혼을 파괴하고 자기를 망가뜨리는 짓이다.
코피가 나고 눈은 멍들고
체면이 땅에 떨어진 네 모습을 생각해 보아라.
배신당한 남편은 질투에 사로잡혀 분노를 터뜨릴 것이다.
복수하겠다고 날뛰면서 조금도 사정을 봐주지 않을 것이다.
무슨 말을 해도, 어떤 보상을 해도 소용이 없다.
뇌물도 설득도 통하지 않을 것이다.

4

출애굽기 19:16-21:21

16 셋째 날 새벽녘에, 천둥소리가 크게
울리고 번개가 치고 짙은 구름이 산을
뒤덮었다. 귀청을 찢는 듯한 나팔소리
가 울려 퍼졌다. 진 안에 있던 모든 백
성이 두려워 떨었다.
17 모세는 백성이 하나님을 만날 수 있
도록, 그들을 이끌고 진 밖으로 나왔
다. 그들은 긴장하며 산기슭에 섰다.
18-20 **하나님**께서 불 가운데 그곳으로
내려오시니, 시내 산에 연기가 자욱했
다. 마치 용광로에서 나오는 것처럼 연
기가 뿜어져 나왔다. 산 전체가 크게
흔들리며 진동했다. 나팔소리가 점점
크게 울려 퍼졌다. 모세가 아뢰자, **하
나님**께서 천둥소리로 응답하셨다. 하
나님께서 시내 산 꼭대기로 내려오셨
다. **하나님**께서 모세를 산꼭대기로 부
르시니, 모세가 올라갔다.
21-22 **하나님**께서 모세에게 말씀하셨
다. "너는 내려가서, 백성에게 경고하
여라. **하나님**을 보겠다고 경계선을 넘
어 들어오다가 많은 사람들이 죽는 일
이 없게 하여라. 제사장들에게도 경고
하여, 거룩한 만남을 준비하게 하여
라. 그렇게 하지 않으면 **하나님**이 그들
을 칠 것이다."
23 모세가 **하나님**께 아뢰었다. "백성
은 시내 산에 올라올 수 없습니다. 하

나님께서 '산 주위에 경계선을 정해서,
거룩한 산 앞에서 경외심을 가져라' 하
고 우리에게 이미 경고하셨기 때문입
니다."
24 **하나님**께서 모세에게 말씀하셨다.
"내려가서 아론을 데리고 다시 올라오
너라. 그러나 제사장들과 백성이 경계
선을 넘어 **하나님**에게 올라오는 일이
없게 하여라. 경계선을 넘으면, **하나**
님이 그들을 칠 것이다."
25 모세가 백성에게 내려가서, 그들에
게 전했다.

십계명

20 1-2 **하나님**께서 이 모든 말씀을 하
셨다.
"나는 너희를 이집트 땅,
종살이에서 이끌어 낸
하나님 너희 하나님이다.
3 나 외에, 다른 신을 섬기지 마라.
4-6 날아다니는 것이나 걸어 다니는 것
이나 헤엄쳐 다니는 것이나, 크기와 모
양과 형상이 어떠하든지, 신상들을 새
겨 만들지 마라. 그것들에게 절하거나
그것들을 섬기지 마라. 나는 **하나님** 너
희 하나님이며, 몹시도 질투하는 하나
님이다. 나를 미워하는 사람에게는,
내가 그들의 죄를 자녀들에게 넘겨줄
뿐 아니라, 삼사 대 자손에 이르기까지
그 죄를 벌할 것이다. 그러나 나를 사
랑하고 내 계명을 지키는 사람에게는,
내가 천 대에 이르기까지 한결같은 성
실로 대한다.
7 **하나님** 너희 하나님의 이름을, 저주
하거나 실없이 농담을 하는 데 사용하
지 마라. 나 **하나님**은, 그 이름을 경건
하지 못한 일에 사용하는 것을 참지 않
을 것이다.
8-11 안식일을 기억하여 거룩하게 지켜
라. 육 일 동안 일하면서 네 할 일을 다
하여라. 그러나 일곱째 날은 **하나님** 너
희 하나님의 안식일이다. 그날에는 아
무 일도 하지 마라. 너희와 너희 아들
딸, 너희 남종과 여종, 너희 집짐승, 심
지어 너희 마을을 방문한 손님도 일을
해서는 안된다. **하나님**이 육 일 동안
하늘과 땅과 바다와 그 안에 있는 모든
것을 만들고, 일곱째 날에 쉬었기 때문
이다. 그러므로 **하나님**이 안식일을 복
되게 하고, 그날을 구별하여 거룩한 날
로 삼은 것이다.
12 너희 부모를 공경하여라. 그러면 **하**
나님 너희 하나님이 너희에게 주는 땅
에서 오래도록 살 것이다.
13 살인하지 마라.
14 간음하지 마라.
15 도둑질하지 마라.
16 너희 이웃에 대해 거짓말하지 마라.
17 너희 이웃의 집이나 그 아내, 남종
이나 여종, 소나 나귀를 탐내지 마라.
너희 이웃의 소유는 무엇이든 너희 마
음에 두지 마라."

18-19 온 백성이 천둥소리와 번개와 나
팔소리와 연기 자욱한 산을 보고 두려
워하며 뒤로 멀찍이 물러섰다. 그들이
모세에게 말했다. "당신이 우리에게

말씀하십시오. 우리가 듣겠습니다. 하나님께서 우리에게 말씀하시지 않게 해주십시오. 하나님께서 직접 말씀하시면, 우리는 죽습니다."
20 모세가 백성에게 말했다. "두려워하지 마십시오. 하나님께서 오신 것은, 여러분을 시험하고 여러분 안에 깊은 경외심을 심어 주어, 여러분이 죄짓지 않게 하시려는 것입니다."
21 모세가 하나님이 계신 짙은 구름 쪽으로 가까이 나아가는 동안, 백성은 멀리 떨어져 서 있었다.

22-26 **하나님**께서 모세에게 말씀하셨다. "너는 이 **메시지**를 이스라엘 백성에게 전하여라. '내가 하늘에서부터 너희와 이야기하는 것을 너희는 직접 경험했다. 너희는 은이나 금으로 신상들을 만들어서 내 옆에 두지 마라. 너희는 나를 위해 흙으로 제단을 만들고, 그 위에 너희의 양과 소를 번제물과 화목 제물로 바쳐라. 내가 내 이름을 존귀하게 여겨 예배하도록 한 곳이면 어디든지 함께 있어 너희에게 복을 주겠다. 너희가 나를 위해 돌로 제단을 만들려거든, 다듬은 돌은 쓰지 마라. 돌에 정을 대는 것은 제단을 더럽히는 짓이다. 계단을 이용해 내 제단에 오르지 마라. 그러면 너희 벌거벗은 몸이 드러나기 때문이다.'"

여러 가지 규례와 법도

21 1 "네가 백성 앞에서 제시할 규례와 법도는 이러하다.
2-6 너희가 히브리 종을 산 경우, 그는 여섯 해 동안을 종으로 섬기고, 일곱째 해에는 몸값을 치르지 않고도 자유의 몸이 된다. 그가 혼자 몸으로 들어왔으면 혼자 몸으로 나가고, 결혼한 몸으로 들어왔으면 아내를 데리고 나갈 수 있다. 주인이 그에게 아내를 얻어 주어서 그 아내가 아들딸을 낳았으면, 그의 아내와 아이들은 주인의 집에 머무르고 그 혼자서만 떠날 수 있다. 그러나 그 종이 '저는 주인님과 제 아내와 아이들을 사랑합니다. 저는 자유를 원하지 않습니다' 하고 말하면, 주인은 그를 하나님 앞으로 데리고 가서 그의 귀를 문이나 문기둥에 대고 송곳으로 뚫는다. 이것은 그가 평생 동안 종이 되었다는 표시다.
7-11 어떤 사람이 자기 딸을 종으로 판 경우, 그녀는 여섯 해가 지나도 남자처럼 자유의 몸이 될 수 없다. 주인이 그녀를 마음에 들어 하지 않으면, 그녀의 가족은 그녀를 다시 사 와야 한다. 그녀의 주인은 약속을 어겼으므로, 그녀를 외국인에게 팔 권리가 없다. 그녀를 자기 아들에게 양도하기로 했으면, 주인은 그녀를 딸처럼 대해 주어야 한다. 주인이 다른 여인을 아내로 맞아들이더라도, 음식과 의복과 부부관계에 대한 그녀의 권리는 온전히 유지해 주어야 한다. 주인이 이 세 가지 의무 가운데 어느 하나라도 이행하지 않으면, 그녀는 몸값을 치르지 않고도 자유의 몸이 된다.
12-14 사람을 때려서 죽게 한 자는 사형

에 처해야 한다. 그러나 고의로 죽인 것이 아니라 불가항력적으로 발생한 우발적 사고라면, 그 살인한 자가 도망하여 은신할 곳을 내가 따로 정해 주겠다. 그러나 계획적이고 교활한 흉계에 의한 살인이라면, 설령 그가 내 제단에 있더라도 끌어내어 사형에 처해야 한다.

15 부모를 때린 자는 사형에 처해야 한다.

16 사람을 유괴한 자는, 그 사람을 팔았든 데리고 있든 상관없이 사형에 처해야 한다.

17 부모를 저주한 자는 사형에 처해야 한다.

18-19 사람들이 서로 싸우다가 한 사람이 다른 사람을 돌이나 주먹으로 때려서 상처를 입혔는데, 맞은 사람이 죽지 않고 자리에 누웠다가 나중에 나아서 목발을 짚고 다닐 수 있게 되었으면, 때린 사람은 형벌을 받지 않는다. 하지만 그동안 입은 손해를 보상하고 다친 사람이 완전히 회복될 때까지 책임을 져야 한다.

20-21 어떤 주인이 남종이나 여종을 몽둥이로 때려 그 종이 그 자리에서 죽으면, 그 종의 억울함을 갚아 주어야 한다. 그러나 그 종이 하루나 이틀을 더 살면, 그의 억울함을 갚아 주지 않아도 된다. 종은 주인의 재산이기 때문이다.

마태복음 23:13–39

사기꾼들아!

13 "나는 이제 너희라면 지긋지긋하다! 너희 종교 학자들아, 바리새인들아, 사기꾼들아! 너희는 도무지 구제 불능이구나! 너희 삶은 하나님 나라의 길을 막는 장애물이다. 너희도 들어가지 않으면서, 다른 누구도 들어가지 못하게 하는구나.

15 너희 종교 학자들아, 바리새인들아, 사기꾼들아! 너희는 도무지 구제 불능이구나! 너희는 회심자 하나를 얻으려고 세상을 반 바퀴나 돌다가 일단 얻으면, 그를 너희 복제품으로 만들어서 갑절로 저주받게 하는구나.

16-22 너희는 도무지 구제 불능이구나! 얼마나 교만하고 미련하냐! 너희는 '새끼 손가락 걸고 약속하면 아무것도 아니지만 성경책에 손을 얹고 맹세하면 중요하다'고 말한다. 이 무슨 무식한 소리냐! 성경책 가죽이 네 손의 살가죽보다 더 중요하단 말이냐? 또 '악수하면서 약속하면 아무것도 아니지만, 하나님을 증인 삼아 손을 들면 중요하다'는 말 같지도 않은 말은 어떠냐? 이런 하찮은 것이나 따지고 있으니 얼마나 우스우냐! 악수를 하든 손을 들든, 무엇이 다르단 말이냐? 약속은 약속이다. 예배당 안에서 하든 밖에서 하든, 무엇이 다르단 말이냐? 약속은 약속이다. 하나님은 언제나 그 자리에 계셔서, 너희를 지켜보시며 너희에게 책임을 물으신다.

23-24 너희 종교 학자들아, 바리새인들
아, 사기꾼들아! 너희는 도무지 구제
불능이구나! 너희는 꼼꼼히 장부를 적
어 가며 동전 하나까지 십일조를 내지
만, 하나님 율법의 알맹이인 공평과 긍
휼과 헌신과 같은 절대적인 기초는 이
래도 그만 저래도 그만, 안중에도 없
다. 정성스런 장부 정리도 좋다만, 기
초는 반드시 필요하다. 처음부터 끝까
지 다 틀려먹은 인생 이야기를 쓰면서
시시콜콜 맞춤법과 구두점을 따지고
있으니, 너희 꼴이 얼마나 우스운지 알
기나 하느냐?
25-26 너희 종교 학자들아, 바리새인들
아, 사기꾼들아! 너희는 도무지 구제
불능이구나! 너희는 햇빛에 반짝이도
록 컵과 그릇의 겉에 광을 내지만, 그
속에는 너희의 탐욕과 탐심이 득실거
린다. 미련한 바리새인들아! 속을 깨
끗이 닦아라. 그래야 반짝이는 겉도 의
미 있을 것이다.
27-28 너희 종교 학자들아, 바리새인들
아, 사기꾼들아! 너희는 도무지 구제
불능이구나! 너희는 잘 가꾼 묘지처럼
잔디도 가지런하고 꽃도 화사하다만,
2미터 아래 땅속에는 온통 썩어 가는
뼈와 벌레가 파먹은 살뿐이다. 사람들
은 너희를 보며 거룩한 사람인 줄 알지
만, 속을 들여다보면 너희는 완전히 사
기꾼이다.
29-32 너희 종교 학자들아, 바리새인들
아, 사기꾼들아! 너희는 도무지 구제
불능이구나! 너희는 예언자들을 위해
화강암 무덤을 쌓고, 성인들을 위해 대
리석 기념비를 세운다. 그러고는 만일
너희가 너희 조상들의 시대에 살았더
라면, 손에 피를 묻히지 않았을 것이라
고 말한다. 말이 지나치다! 너희도 그
살인자들과 근본이 똑같다. 그래서 죽
은 사람들의 수가 날마다 늘어나는 것
이다.
33-34 뱀들아! 비열한 뱀들아! 너희가
여기서 벗어날 수 있을 것 같으냐? 벌
을 받지 않아도 될 성 싶으냐? 바로
너희 같은 사람들 때문에 내가 예언자
와 지혜로운 길잡이와 학자들을 대대
로 보냈건만, 너희는 대대로 그들을 업
신여기고 폭력배들을 보내 그들을 구
박하며 쫓아낸다.
35-36 너희가 아무리 발버둥쳐도 여기
서 빠져나갈 수 없다. 선한 사람 아벨
의 피에서부터 기도중에 너희에게 죽
임을 당한 바라갸의 아들 사가랴의 피
까지, 이 땅에 흘린 의로운 피 한 방울
한 방울이 다 너희 책임이다. 내가 너
희에게 말한다. 이 모두가 너희에게,
너희 세대에게 돌아갈 것이다.
37-39 예루살렘아! 예루살렘아! 예언자
들을 죽인 너희여! 하나님의 소식을
가져온 이들을 죽인 너희여! 암탉이
제 새끼를 날개 아래 모으듯이 내가 너
희 자녀를 애써 품으려 했건만, 너희가
거절한 적이 얼마나 많으냐? 이제 너
희는 황폐할 대로 황폐해져서 한갓 유
령 도시가 되고 말았다. 무슨 말을 더
하겠느냐? 내가 곧 여기를 떠나겠다
는 이 말뿐이다. 다음번에 나를 볼 때
에 너희는 '오, 하나님의 복되신 분! 그

가 하나님의 통치를 가지고 오셨다!'
하고 말하게 될 것이다."

시편 28:1 – 9

다윗의 시

28 1 **하나님**, 내가 주께 부르짖을 때
못 들은 체하지 마소서.
주께 얻는 것이 귀를 먹먹하게 하는 침묵뿐이라면,
차라리 블랙홀 속으로 빠져드는 편이
낫겠습니다.

2 내게 필요한 것을 주께 알리며
도움을 구합니다.
주님의 은밀한 성소를 향해
내 두 손을 듭니다.

3-4 나를 저 악한 자들과 함께
한 감방에 밀어 넣지 마소서.
보란 듯이 악을 저지르는 자들과
같이 가두지 마소서.
저들은 그럴싸하게 '평화'를 말하지만
은밀하게 악마를 위해 일합니다.

저들이 행한 그대로,
저들이 저지른 악 그대로 되갚으소서.
저들이 악마의 일터에서 보낸
기나긴 시간만큼 되갚으시고,
거기에 두둑한 보너스까지 얹어 주소서.

5 하나님께서 어찌 일하시는지
무엇을 꾀하시는지 알지 못하는 저들,
하나님께서 저들을 산산이 부수시고
폐허로 만들어 버리실 것입니다.

6-7 **하나님**을 찬양하여라.
주께서 내 기도를 들어주셨다.
주께서 내 편이심을 증명해 주셨으니,
나는 주님과 운명을 같이할 것이다.

나, 이제 기뻐 뛰고 소리 높여 감사하며 그분을 찬양하리라.

8-9 **하나님**은 자기 백성에게 최고의 힘,
택하신 지도자에게 드넓은 은신처가
되십니다.
주님의 백성을 구원하시고, 주님 소유된 자들에게 복을 내리소서.
그들을 보살피시고 선한 목자와 같이
그들을 이끌어 주소서.

잠언 7:1 – 5

유혹하는 여자에게서 벗어나라

7 1-5 친구여, 내 말을 따르고
내 신중한 가르침을 간직하여라.
내 말대로 행하면 잘살게 될 것이다.
내 가르침은 네 시력만큼 귀하니 잘 지켜라!
그것을 네 손바닥에 적고
심장의 두 심실에 새겨라.
누이를 대하듯 지혜에게 말을 걸고
동무를 대하듯 통찰력을 대하여라.
그것이 유혹하는 여자를 막아 주고
달콤한 말로 나긋나긋 호리는 여자에게서 벗어나게 할 것이다.

5

출애굽기 21:22 – 23:13

22-25 사람들이 서로 싸우다가 임신한
여자를 쳐서 유산하게 했으나 상처
를 입히지 않았으면, 가해자는 무엇이
든 그 여자의 남편이 요구하는 것으로
변상해야 한다. 그러나 그 이상의 해
를 입힌 경우에는, 목숨에는 목숨으
로, 눈에는 눈으로, 이에는 이로, 손에
는 손으로, 발에는 발로, 화상에는 화
상으로, 상처에는 상처로, 타박상에는
타박상으로 갚아야 한다.
26-27 어떤 주인이 남종이나 여종의 눈
을 때려서 멀게 했으면, 주인은 그 눈
으로 인해 그 종을 자유의 몸으로 내보
내야 한다. 주인이 남종이나 여종의 이
를 쳐서 부러뜨렸으면, 주인은 그 이로
인해 그 종을 풀어 주고 자유의 몸으로
내보내야 한다.
28-32 소가 남자나 여자를 들이받아 죽
게 했으면, 그 소는 돌로 쳐서 죽여야
한다. 그 고기는 먹어서는 안되며, 이
경우에 소의 주인은 벌을 받지 않는
다. 그러나 그 소가 들이받은 적이 있
고 주인이 그것을 알고도 미리 조치
를 취하지 않아 소가 남자나 여자를 죽
인 경우에는, 그 소는 돌로 쳐서 죽이
고 그 주인도 사형에 처해야 한다. 만
일 사형을 받는 대신에 배상금을 주기
로 합의했으면, 그는 자기 목숨을 되

찾기 위해 배상금을 충분히 치러야 한다. 소가 남의 아들이나 딸을 들이받은 경우에도, 동일한 판결이 적용된다. 소가 남의 남종이나 여종을 들이받은 경우에는, 종의 주인에게 은 삼십 세겔을 지불하고 그 소는 돌로 쳐서 죽여야 한다.

33-34 어떤 사람이 구덩이의 덮개를 열어 놓거나 구덩이를 파고 덮개를 덮지 않아서 소나 나귀가 거기에 빠졌으면, 구덩이 주인은 짐승의 주인에게 짐승의 값을 치러 배상해야 한다. 그러나 죽은 짐승은 구덩이 주인의 차지가 된다.

35-36 어떤 사람의 소가 이웃의 소를 다치게 하여 죽게 했으면, 살아 있는 소를 팔아서 그 돈을 나누어 갖고 죽은 소도 나누어 가져야 한다. 그러나 그 소가 들이받은 적이 있고 주인이 그것을 알고도 미리 조치를 취하지 않은 경우에는, 소의 주인은 살아 있는 소로 배상하고 죽은 소를 차지한다."

22 1-3 "어떤 사람이 소나 양을 훔쳐서 그것을 잡거나 팔았으면, 그는 훔친 소 대신에 소 다섯 마리를, 훔친 양 대신에 양 네 마리를 배상해야 한다. 도둑이 어느 집에 침입하다가 붙잡혀서 맞아 죽었으면, 살인죄가 성립되지 않는다. 그러나 그것이 날이 밝은 후에 일어난 일이면, 살인죄가 성립된다.

3-4 도둑은 자신이 훔친 것에 대해 충분히 배상해야 한다. 갚을 능력이 없는 사람은 자기 몸을 팔아 종이 되어서라도 훔친 것을 갚아야 한다. 그가 현장에서 잡혔을 경우, 훔친 소나 나귀나 양이 아직 살아 있으면, 그는 두 배로 갚아야 한다.

5 어떤 사람이 자기 밭이나 포도밭에서 가축을 풀어 놓아 먹이다가, 그 가축이 다른 사람의 밭에 들어가서 뜯어 먹었으면, 가축의 주인은 자기 밭이나 포도밭에서 난 가장 좋은 것으로 배상해야 한다.

6 불이 나서 덤불로 번져 낟가리나 아직 거두지 않은 곡식이나 밭 전체를 태워 버렸으면, 불을 놓은 사람이 그 피해를 배상해야 한다.

7-8 어떤 사람이 이웃에게 돈이나 물건을 보관해 달라고 맡겼는데 그 맡은 사람의 집에 도둑이 든 경우, 도둑이 잡히면 그 도둑은 두 배로 배상해야 한다. 도둑이 잡히지 않으면, 그 집의 주인을 하나님 앞으로 데려가서, 그가 이웃의 물건에 손을 댔는지 안 댔는지 여부를 판결받아야 한다.

9 소나 나귀나 양이나 의복이나 그 밖의 어떤 유실물이든지, 도난당했다가 찾은 물건을 두고 서로 자기 것이라고 주장하는 경우에는, 두 당사자가 재판관 앞으로 가야 한다. 재판관에게 유죄 판결을 받은 사람은 상대방에게 두 배로 배상해야 한다.

10-13 어떤 사람이 나귀나 소나 양이나 그 밖의 짐승을 보호해 달라고 다른 사람에게 맡겼는데, 그 짐승이 죽거나 다치거나 없어졌지만 이를 목격한 사람이 없는 경우, 그 맡았던 사람은 하나

님 앞에서 맹세하여 자신이 상대방의
재산에 손을 대지 않았음을 밝혀야 한
다. 짐승의 주인은 그 맹세를 받아들이
고 배상을 요구해서는 안된다. 그러나
그것이 도둑맞은 것으로 밝혀지면, 그
주인은 배상받을 수 있다. 그것이 들짐
승에게 찢겨 죽었으면, 찢겨 죽은 짐승
을 증거물로 제시하고 배상금은 지불
하지 않아도 된다.
14-15 어떤 사람이 이웃에게서 짐승을
빌렸는데, 주인이 없는 사이에 그 짐승
이 상처를 입거나 죽은 경우, 그는 그
것에 대해 배상해야 한다. 그러나 주인
이 그 자리에 함께 있었으면, 배상하지
않아도 된다. 그 짐승이 세를 내고 빌
려 온 것이면, 그 세를 내는 것으로 배
상해야 한다."

16-17 "어떤 사람이 약혼하지 않은 처
녀를 꾀어 잠자리를 같이했으면, 그는
결혼 비용을 주고 그녀와 결혼해야 한
다. 그녀의 아버지가 그녀를 절대 주지
않겠다고 하더라도, 그 사람은 처녀의
결혼 비용을 물어야 한다.
18 마술을 부리는 여자는 살려 두지
마라.
19 짐승과 교접하는 자는 사형에 처해
야 한다.
20 **하나님** 한분 외에 다른 신에게 제사
를 드리는 자는 사형에 처해야 한다.
21 나그네를 학대하거나 착취하지 마
라. 너희도 한때 이집트에서 나그네였
음을 기억하여라.
22-24 과부나 고아를 학대하지 마라. 너
희가 그들을 학대해서 그들이 내게 부
르짖으면, 내가 그 부르짖음을 반드시
귀 기울여 들을 것이다. 내가 몹시 진
노를 드러내어, 칼을 들고 맹렬히 너희
가운데로 갈 것이다. 그러면 너희 아내
는 과부가 되고 너희 자녀는 고아가 될
것이다.
25 너희 가운데서 아무것도 가진 것 없
는 내 백성에게 돈을 꾸어 주었으면,
심하게 독촉하지 말고 이자도 받지
마라.
26-27 너희가 이웃의 겉옷을 담보물로
잡았으면, 해가 지기 전에 돌려주어
라. 그에게 덮을 것이라고는 그것뿐인
데, 그가 무엇을 덮고 자겠느냐? 네
이웃이 추워서 부르짖으면, 내가 직
접 나설 것이다. 나는 자비로운 하나님
이다.
28 하나님에게 욕이 되는 말을 하지
말고, 너희의 지도자들을 저주하지
마라.
29-30 너희의 포도주 통이 가득 차거든
내게 바치는 것을 아까워하지 마라.
너희의 맏아들은 내게 바쳐라. 너희의
소와 양도 처음 태어난 것은 내게 바쳐
라. 칠 일 동안은 어미와 함께 있게 하
고, 그 후에 내게 바쳐라.
31 너희는 나를 위해 거룩하여라.
들에서 찢겨 죽은 짐승을 발견하거든,
그 고기를 먹지 마라. 그것은 개에게나
던져 주어라."

23 1-3 “악의에 찬 소문을 옮기지
마라.
악인과 어울려 불의한 증언을 하지 마
라. 다수의 사람이 악을 행하더라도 그
들을 따라가지 말고, 다수의 마음에 들
려고 거짓으로 증언하지 마라. 또 어떤
사람이 가난하다고 해서, 소송에서 그
를 편들지도 마라.
4-5 너희 원수의 소나 나귀가 돌아다니
는 것을 보거든, 그 주인에게 데려다
주어라. 너희를 미워하는 자의 나귀가
짐에 눌려 힘없이 쓰러져 있는 것을 보
거든, 그냥 지나치지 말고 가서 일으켜
주어라.
6 가난한 사람들과 관련된 소송이 일
어나거든, 그들에게 돌아가야 할 마땅
한 권리를 조작하지 마라.
7 거짓 고발을 멀리하여라. 죄 없는 사
람과 선한 사람을 죽이는 일에 끼어들
지 마라. 나는 악인의 죄를 눈감아 주
지 않는다.
8 뇌물을 받지 마라. 뇌물은 선한 사람
의 눈을 멀게 하고 선한 사람의 말을
왜곡시킨다.
9 나그네를 착취하지 마라. 너희가 나
그네의 처지를 잘 알지 않느냐. 너희도
한때 이집트 땅에서 나그네였다.
10-11 너희는 여섯 해 동안 땅에 씨를 뿌
리고 그 농작물을 거두어들여라. 그러
나 일곱째 해에는 그 땅을 묵히고 놀려
서, 가난한 사람들이 그 땅에서 나는
것을 먹게 하여라. 그들이 남긴 것은
들짐승이 먹게 하여라. 너희의 포도밭
과 올리브밭도 그렇게 해야 한다.
12 너희는 육 일 동안 일하고 일곱째
날에는 쉬어야 한다. 그래야 너희의 소
와 나귀도 쉬고, 너희의 종과 이주 노
동자들도 쉴 시간을 얻게 될 것이다.
13 내가 너희에게 하는 모든 말을 잘
들어라. 다른 신들은 거들떠보지도 말
고, 그 이름을 입에 담지도 마라.”

마태복음 24:1 – 28

사이비 종말론자들

24 1-2 예수께서 성전을 떠나셨다. 예
수께서 가시는데, 제자들이 성전 건물
이 얼마나 장관인지 가리켜 보였다. 그
러자 예수께서 말씀하셨다. “너희가
고작 이 모든 규모에 감동하느냐? 사
실을 말하면, 저 성전의 돌 하나하나가
결국 잔해 더미가 되고 말 것이다.”
3 나중에 예수께서 올리브 산에 앉으
셨을 때에 제자들이 다가와 물었다.
“우리에게 말씀해 주십시오. 그런 일
이 언제 일어나겠습니까? 주님이 오
실 때에 어떤 징조가 있겠습니까?”
4-8 예수께서 말씀하셨다. “사이비 종
말론자들을 조심하여라. 많은 지도자
들이 정체를 숨기고 나타나서, ‘내가
그리스도다, 메시아다’ 하고 주장할 것
이다. 그들이 많은 사람들을 현혹할 것
이다. 전쟁 소식을 듣거나 전쟁이 일어
나리라는 소문을 듣거든, 당황하지 말
고 침착하여라. 그것은 역사에 늘 반복
되는 일일 뿐, 아직 종말의 징조는 아
니다. 나라와 나라가 싸우고 통치자와
통치자가 싸우는 일이 계속될 것이다.

곳곳마다 기근과 지진이 있을 것이다. 그러나 이것은 앞으로 닥칠 일에 비하면 아무것도 아니다.
9-10 사람들이 너희를 이리 떼에게 던져 죽일 것이며, 내 이름을 전한다는 이유로 모두가 너희를 미워할 것이다. 거기다 세상이 살벌해져서, 모두가 서로 물고 뜯으며 미워할 것이다.
11-12 그 혼란을 틈타 거짓 설교자들이 나와서 많은 사람들을 속일 것이다. 걷잡을 수 없이 퍼져 나가는 악이 또 다른 많은 사람들을 파멸에 빠뜨려서, 사랑은 간 곳 없고 잿더미만 남을 것이다.
13-14 그대로 견뎌라. 그것이 하나님께서 바라시는 일이다. 끝까지 견뎌라. 그러면 너희는 절대 후회하지 않을 것이고, 결국 구원을 받을 것이다. 그 모든 시간 동안 복된 소식, 곧 천국의 **메시지**가 온 세상에 전파되고, 나라마다 증인이 파견될 것이다. 그러고 나서야 끝이 올 것이다."

큰 환난의 날

15-20 "그러나 거룩한 것을 더럽히는 괴물이 성전 성소에 세워진 것을 보거든, 얼른 달아나거라. 예언자 다니엘이 이것을 말했다. 너희가 다니엘서를 읽으면, 내가 무슨 말을 하는지 알 것이다. 그때에 너희가 유대에 살고 있거든, 산으로 달아나거라. 마당에서 일하고 있거든, 무엇을 가지러 집으로 돌아가지 마라. 밭에 나가 있거든, 겉옷을 가지러 돌아가지 마라. 특히 임신부와 젖 먹이는 어머니들이 힘들 것이다. 이 일이 겨울이나 안식일에 일어나지 않기를 바라고 기도하여라.
21-22 이렇게 큰 환난은, 이 세상 전에도 없었고 앞으로도 없을 것이다. 이 환난의 날들을 갈 데까지 가게 둔다면, 아무도 견딜 수 없을 것이다. 그러나 하나님께서 택하신 백성을 위해 환난을 덜어 주실 것이다."

그날과 그때는 아무도 모른다

23-25 "누가 너희를 막아서서 '메시아가 여기 있다!' 소리치거나, '그분이 저기 있다!'고 가리켜도 속지 마라. 가짜 메시아와 거짓 설교자들이 곳곳에서 출현할 것이다. 그들은 대단한 이력과 현란한 업적으로, 알 만한 사람들의 눈까지 속일 것이다. 그러나 내가 너희에게 충분히 경고했다.
26-28 그러니 사람들이 말하기를, '시골로 달려가자. 그분이 오신다!' 하거나 '서둘러 시내로 가자. 그분이 오신다!' 고 해도 거들떠보지 마라. 너희가 보러 간다고 해서 인자의 오심을 볼 수 있는 것이 아니다. 인자는 번개처럼 눈 깜짝할 순간에 너희에게 오신다! 사람들이 떼를 지어 모여드는 것을 볼 때마다, 너희는 썩어 가는 시체 위에 날아와 빙빙 맴도는 독수리를 생각하여라. 그 무리를 끌어 모으는 것이 살아 계신 인자가 아님을 얼마든지 확신해도 좋다.

시편 29:1 – 11

다윗의 시

29 1-2 만세, **하나님** 만세!
신들과 천사들이 환호성을 올린다.
두려운 마음으로 하나님의 영광을 마주하고
떨리는 마음으로 하나님의 능력을 목도하여라.
주의하여 서 있거라!
가장 좋은 옷을 차려 입고 그분께 예를 갖추어라!

3 **하나님**께서 천둥소리 내시며 물 위를 질주하신다.
찬란한 그분 목소리, 광채를 발하는 그 얼굴.
하나님께서 큰물을 가로질러 오신다.

4 **하나님**의 우렛소리는 북소리 같고
하나님의 천둥소리는 교향악 같다.

5 **하나님**의 우렛소리가 백향목을 박살낸다.
하나님께서 북쪽의 백향목을 쓰러뜨리신다.

6 산맥들이 봄철 망아지처럼 뛰놀고
산마루들이 야생 새끼염소처럼 날뛴다.

7-8 **하나님**의 우렛소리에 불꽃이 튀긴다.
하나님의 천둥소리에 광야가 흔들린다.
그분께서 가데스 광야를 뒤흔드신다.

9 **하나님**의 우렛소리에 참나무들이 춤춘다.
억수 같은 비가 가지들을 벌거숭이로 만든다.
온몸을 뒤흔드는 격렬한 저 춤.
모두가 무릎 꿇고 외친다. "영광!"

10 큰물 위에 **하나님**의 보좌 있으니
거기서 그분의 능력 흘러나오고,
그분께서 세상을 다스리신다.

11 **하나님**께서 자기 백성을 강하게 하신다.
하나님께서 자기 백성에게 평화를 주신다.

잠언 7:6 – 23

6-12 나는 우리 집 창가에서
덧문 사이로 내다보았다.
무심한 군중 사이로
정신 나간 젊은이 하나가 보였다.
그는 그 여자가 사는 거리 모퉁이에 이르더니
그 집으로 가는 길로 접어들었다.
저녁이 깊어 땅거미가 내리고
어둠이 짙어져 밤이 되었다.
바로 그때, 한 여자가 그에게 다가왔다.
그 여자는 유혹하는 옷차림을 하고서
그를 기다리고 있었다.

뻔뻔하고 자신만만한 그 여자는
차분하게 집에 붙어 있지 못하고 늘
돌아다녔다.
거리를 다니고 시장을 다니고
시내의 골목이란 골목을 모두 누볐다.

13-20 그 여자는 그를 부둥켜안고 입 맞추더니
대담하게 그의 팔을 붙잡고 말했다.
"잔치에 필요한 물건을 다 마련해 놓았어요.
오늘 나는 제물을 바쳤고 서원한 것을
모두 이행했어요.
그래서 당신 얼굴이라도 볼 수 있을까 싶어
나왔는데, 여기 계셨군요!
내 침대에는 새로 산 깔끔한 요와
외국에서 들여온 화려한 이불을 깔아 놓았어요.
향수를 뿌려 놓아
좋은 향기가 가득해요.
자, 어서 가서 밤새 사랑을 나누어요.
황홀한 밤이 될 거예요!
남편은 집에 없어요. 출장을 갔거든요.
한 달 뒤에나 돌아올 거예요."

21-23 젊은이는 그 여자의 달콤한 말에
홀려 버렸다.
어느새 여자 꽁무니를 뒤쫓는데,
그 모습이 도살장으로 끌려가는 송아지 같았다.
숨어 있던 사냥꾼의 유인에 걸려들어
화살을 맞은 수사슴이요,
하늘과 작별인사도 못한 채
무작정 그물로 날아드는 새 같았다.

6

출애굽기 23:14 - 25:40

지켜야 할 세 가지 절기

14 "너희는 일 년에 세 차례, 나를 위해
절기를 지켜야 한다.
15 내가 너희에게 명령한 대로, 너희는
아빕월 정한 때에 칠 일 동안 누룩을
넣지 않은 빵을 먹으며 봄의 절기인 무
교절을 지켜라. 그달에 너희가 이집트
에서 나왔기 때문이다. 아무도 내 앞에
빈손으로 나와서는 안된다.
16 밭에서 수고하여 얻은 첫 열매를 거
두어들일 때에 여름 절기인 맥추절을
지켜라.
일 년 농사를 거두어들이는 한 해의 끝
에 가을 절기인 수장절을 지켜라.
17 너희의 모든 남자는 일 년에 세 차
례, 주 **하나님** 앞에 나와야 한다."

18 "내게 바치는 희생 제물의 피를 누
룩을 넣은 것과 함께 바치지 마라.
절기 때 내게 바친 제물의 지방을 아침
까지 남겨 두지 마라.
19 한 해의 첫 열매 가운데 가장 좋은
것을 너희 **하나님**의 집으로 가져오
너라.
새끼 염소를 그 어미의 젖에 삶지
마라."

20-24 "이제 마음을 가다듬고 준비하여
라. 내가 너희 앞에 천사를 보내어 너
희 가는 길에서 너희를 지키고, 내가
예비해 둔 곳으로 너희를 인도하도록
하겠다. 너희는 그에게 세심한 주의를
기울여, 그의 말에 순종하고 그를 거역
하지 마라. 그가 나의 권한으로 행동
하는 까닭에, 너희의 반역을 참지 않을
것이다. 그러나 너희가 그의 말에 순종
하고 내가 너희에게 이르는 모든 것을
행하면, 내가 너희 원수들에게 원수가
되고 너희 적들과 맞서 싸우겠다. 내가
보낸 천사가 너희보다 앞서 가서 너희
를 아모리 사람과 헷 사람과 브리스 사
람과 가나안 사람과 히위 사람과 여부
스 사람의 땅으로 인도할 때에, 내가
그 민족들을 깨끗이 없애 버리겠다. 그
러니 그들의 신들을 숭배하지도 말고
섬기지도 마라. 내가 그들을 지면에서
쓸어버리고, 그들이 신성하게 여기는
남근 모양의 기둥들을 산산이 부수어
버릴 것이니, 너희는 그들이 하는 짓을
조금도 따라 하지 마라."

25-26 "너희는 너희 **하나님**을 섬겨라.
그러면 내가 너희의 음식과 물에 복을
줄 것이다. 내가 너희 중에서 병을 제
거할 것이니, 너희 땅에서는 유산하는
일도 없고 임신하지 못하는 여인도 없
을 것이다. 내가 반드시 너희가 풍족하
고 흠잡을 데 없는 삶을 살게 하겠다.
27 내가 공포를 너희 앞에 보내어, 너
희가 맞서야 할 민족들을 혼란에 빠뜨
리겠다. 너희는 너희 원수들의 뒤통수
만 보게 될 것이다.
28-31 또한 내가 절망을 너희 앞에 보내
어, 히위 사람과 가나안 사람과 헷 사
람을 너희 앞에서 몰아내겠다. 내가 그
들을 단번에 없애 버리지는 않을 것이
다. 이는 그 땅이 잡초로 무성해지고
들짐승들이 그 땅을 차지하는 일을 막
으려는 것이다. 내가 그들을 그 땅에
서 서서히 몰아내겠다. 그동안에 너희
는 너희의 곡물을 잘 자라게 할 기회를
얻고 그 땅을 너희 소유로 삼게 될 것
이다. 나는 너희의 경계를 홍해에서 지
중해까지 그리고 광야에서 유프라테
스 강까지 뻗어 가게 하고, 그 땅에 살
고 있는 모든 사람을 너희 손에 넘겨주
겠다. 그러니 어서 가서 그들을 쫓아내
어라.
32-33 그들이나 그들의 신들과 타협하
지 마라. 그들이 그 땅에서 너희와 함
께 머물지 못하게 해야 한다. 그러지
않으면, 그들이 너희를 꾀어 죄짓게 하
고 그들의 신들을 섬기게 할 것이다.
조심하여라. 그것은 대단히 위험한 일
이다."

시내 산에서 언약을 맺다

24 1-2 **하나님**께서 모세에게 말씀하셨
다. "너는 아론과 나답과 아비후와 이
스라엘의 장로 칠십 명과 함께 산에 올
라 **하나님**에게 오너라. 그들은 멀찍이
서서 경배하고, 모세 너는 **하나님**에게
가까이 오너라. 나머지 사람들은 가까

이 와서는 안된다. 백성은 결코 산에
올라와서는 안된다."
3 모세가 백성에게 가서 **하나님**께서
말씀하신 모든 것, 곧 모든 법도와 규
례를 말해 주었다. 그들이 한목소리로
대답했다. "**하나님**께서 말씀하신 모든
것을 우리가 행하겠습니다."
4-6 모세는 **하나님**께서 말씀하신 모든
것을 기록했다. 그는 이튿날 아침 일
찍 일어나, 이스라엘 열두 지파를 상징
하는 열두 개의 돌기둥을 사용하여 산
기슭에 제단을 쌓았다. 그런 다음 이스
라엘의 젊은이들에게 지시하여, 소를
잡아 번제물과 화목 제물을 드리게 했
다. 모세는 그 피의 절반을 가져다가
그릇에 담고, 나머지 절반은 제단에 뿌
렸다.
7 모세가 언약의 책을 들고 낭독하니,
백성이 귀 기울여 들었다. 그들은 "**하
나님**께서 말씀하신 모든 것을 우리가
행하겠습니다. 우리가 순종하겠습니
다" 하고 말했다.
8 모세가 남은 피를 가져다가 백성에
게 뿌리며 말했다. "이것은 내가 전한
이 모든 말씀에 따라 **하나님**께서 여러
분과 맺으신 언약의 피입니다."

9-11 그 후에 모세와 아론과 나답과 아
비후와 이스라엘의 장로 칠십 명이 산
으로 올라가서 이스라엘의 하나님을
뵈었다. 하나님께서는 청보석을 깔아
놓은 것 같은, 하늘빛처럼 맑고 깨끗한
곳에 서 계셨다. 하나님께서 이스라엘
자손의 기둥 같은 이 지도자들을 치지
않으셨다. 그들은 하나님을 뵙고서,
먹고 마셨다.

12-13 **하나님**께서 모세에게 말씀하셨
다. "산의 더 높은 곳으로 올라와서, 거
기서 나를 기다려라. 내가 그들을 가르
치려고 교훈과 계명을 기록한 두 돌판
을 네게 주겠다." 모세가 자신의 부관
여호수아와 함께 일어나 하나님의 산
으로 올라갔다.
14 모세가 이스라엘의 장로들에게 말
했다. "우리가 돌아올 때까지 여기서
우리를 기다리십시오. 아론과 훌이 여
러분과 함께 있으니, 무슨 문제가 생기
면 그들에게 가십시오."
15-17 모세가 산에 오르자, 구름이 산을
덮었다. **하나님**의 영광이 시내 산 위에
머무르고, 육 일 동안 구름이 산을 뒤
덮었다. 일곱째 날에 **하나님**께서 구름
속에서 모세를 부르셨다. 산 밑에 있던
이스라엘 자손의 눈에는 **하나님**의 영
광이 산꼭대기에서 맹렬히 타는 불처
럼 보였다.
18 모세는 구름 속으로 들어가 산으로
올라갔다. 모세는 밤낮으로 사십 일을
그 산에 있었다.

성소를 지을 예물

25 1-9 **하나님**께서 모세에게 말씀하셨
다. "너는 이스라엘 자손에게 말하여,
나를 위해 예물을 마련하게 하여라. 자
원하는 마음으로 바치는 모든 사람의
예물을 받아라. 그들에게서 받을 예물

은 이러하다. 금과 은과 청동, 청색 실
과 자주색 실과 주홍색 실, 가는 모시
실, 염소 털, 가공한 숫양 가죽, 돌고래
가죽, 아카시아나무, 등잔에 쓸 기름,
거룩하게 구별하는 기름에 넣는 향료
와 분향할 향에 넣는 향료, 에봇과 가
슴받이에 박을 마노와 그 밖의 보석들
이다. 내가 그들 가운데 머물 수 있도
록 그들에게 나를 위한 성소를 지으라
고 하여라. 너는 내가 네게 준 설계대
로, 곧 성막의 도안과 거기서 쓸 모든
기구의 도안대로 지어야 한다."

언약궤

10-15 "먼저 그들을 시켜 아카시아나무
로 궤를 만들어라. 길이 1.12미터, 너
비와 높이는 67.5센티미터가 되게 하
고, 궤의 안과 밖에 순금을 입히고 그
둘레에는 금테를 둘러라. 금고리 네 개
를 주조하여 궤의 네 다리에 달되, 한
쪽에 고리 두 개, 다른 한쪽에 고리 두
개를 달아라. 아카시아나무로 채를 만
들어 금을 입히고, 그 채를 궤 양쪽에
달린 고리에 끼워서 궤를 들 수 있게
하여라. 채는 고리에 끼워 두고 빼내지
마라.
16 내가 네게 줄 증거판을 그 궤 속에
넣어 두어라.
17 그 궤의 덮개, 곧 속죄판을 순금으로
만들되, 길이 1.12미터, 너비 67.5센
티미터가 되게 하여라.
18-22 두들겨 편 금으로 날개 달린 천사
둘을 조각하여, 속죄판의 양쪽 끝에 자
리 잡게 하여라. 천사 하나는 이쪽 끝
에, 다른 하나는 저쪽 끝에 자리 잡게
하되, 천사들과 속죄판이 하나로 이어
지게 하여라. 천사들은 날개를 활짝 펴
서 속죄판 위에 머물게 하고, 서로 마
주 보며 속죄판을 내려다보게 하여라.
속죄판을 덮개로 삼아 궤 위에 얹고,
궤 안에는 내가 네게 줄 증거판을 넣
어 두어라. 내가 정한 때에 거기서 너
를 만날 것이다. 속죄판 위, 곧 증거궤
위에 있는 두 천사 사이에서 내가 너와
이야기하고, 내가 이스라엘 자손에게
내릴 명령들을 네게 말해 주겠다."

임재의 빵을 차려 놓는 상

23-28 "다음으로 아카시아나무로 상
을 만들어라. 길이 90센티미터, 너비
45센티미터, 높이 67.5센티미터가 되
게 하고, 그 위에 순금을 입히고, 그 둘
레에는 금테를 둘러라. 상 둘레에 손바
닥 너비만한 턱을 만들고, 그 턱의 둘
레에도 금테를 둘러라. 금고리 네 개를
만들어, 상의 네 다리에 달되, 상의 윗
면과 평행이 되게 하여라. 그 고리들은
상을 나를 때 쓰는 채를 끼우는 데 사
용될 것이다. 채는 아카시아나무로 만
들고 거기에 금을 입혀서, 상을 나를
때 사용하여라.
29 접시와 대접과 단지, 그리고 부어
드리는 제물을 담는 주전자를 만들어
라. 이것들은 순금으로 만들어라.
30 갓 구운 임재의 빵을 그 상 위에, 곧
내 앞에 항상 놓아두어라."

등잔대

31-36 "두들겨 편 순금으로 등잔대를 만
들어라. 등잔대의 줄기와 가지와 잔과
꽃받침과 꽃잎이 모두 하나로 이어지
게 하여라. 등잔대의 줄기 양쪽에 가지
여섯 개를 내되, 한쪽에 세 개, 다른 한
쪽에 세 개를 내어라. 가지에는 꽃받침
과 꽃잎이 달린 감복숭아꽃 모양의 잔
세 개를 얹어라. 줄기에서 나온 가지
여섯 개를 모두 그렇게 만들어라. 등잔
대의 줄기에는 꽃받침과 꽃잎이 달린
감복숭아꽃 모양의 잔 네 개를 만들어
달되, 줄기에서 양쪽으로 갈라져 나온
가지 한 쌍마다 그 아래에 꽃받침을 하
나씩 달아라. 두들겨 편 순금으로 등잔
대를 만들되, 전체가 하나로 이어지게
만들어라.
37-38 등잔 일곱 개를 만들어 상 앞쪽을
비추게 하여라. 심지 자르는 가위와 재
를 담는 접시도 순금으로 만들어라.
39-40 순금 약 34킬로그램을 사용하여
등잔대와 그 부속 기구들을 만들어라.
내가 산에서 네게 준 도안을 잘 살펴
서, 모든 것을 그대로 만들어라."

마태복음 24:29 – 51

29 그 괴로운 시간들이 지나면,

해는 어두워지고
달은 흐려지고
별들은 하늘에서 떨어지고
우주의 세력들은 떨 것이다.

30-31 그때에야, 인자가 올 것이다! 인
자가 오는 것이 온 하늘에 가득하여,
보지 못할 사람이 아무도 없을 것이
다. 준비되지 못한 온 세상 사람들, 영
광과 권능 바깥에 있는 사람들은, 하늘
에서 빛을 발하는 인자를 보며 크게 통
곡할 것이다. 바로 그 순간에, 인자는
울려 퍼지는 나팔소리와 함께 천사들
을 보내어, 하나님께서 택하신 사람들
을 이 끝에서 저 끝까지 사방에서 불러
들일 것이다.
32-35 무화과나무에서 교훈을 얻어라.
싹이 나서 초록빛이 살짝만 내비쳐도,
너희는 여름이 가까이 다가온 줄 안
다. 너희도 마찬가지다. 이 모든 일을
보거든 인자가 문 앞에 온 줄 알아라.
이것은 가볍게 여길 일이 아니다. 내가
지금 하는 말은, 어느 훗날의 세대에
게만 주는 말이 아니라 너희 모두에게
도 주는 말이다. 이런 일들이 다 일어
나지 않고서는, 이 시대가 끝나지 않는
다. 하늘과 땅은 닳아 없어져도, 내 말
은 닳아 없어지지 않을 것이다.
36 그렇다면 정확한 날짜와 시간은 언
제인가? 그것은 아무도 모른다. 하늘
의 천사들도 모르고, 아들인 나도 모른
다. 오직 아버지만 아신다.
37-39 인자가 오는 것도 노아의 때와 같
을 것이다. 대홍수 전에, 노아가 방주
에 오르던 그날까지도 사람들은 모두
평소처럼 지내며 시시덕거리고 즐겼
다. 홍수가 나서 모든 것을 쓸어버릴
때까지, 그들은 아무것도 몰랐다.
39-44 인자가 오는 것도 그와 같을 것이

다. 두 남자가 밭에서 일하는데, 한 사
람은 데려가고 다른 한 사람은 남겨질
것이다. 두 여자가 맷돌을 갈고 있는
데, 한 사람은 데려가고 다른 한 사람
은 남겨질 것이다. 그러니 정신 차리고
깨어 있어라. 너희 주님께서 어느 날에
오실지 모른다. 그러나 너희는 반드시
알아 두어라. 만일 집주인이 밤 몇 시
에 도둑이 들지 미리 알았다면, 개들을
데리고 있다가 침입을 막았을 것이다.
너희도 그렇게 대비하고 있어라. 인자
가 언제 나타날지 너희는 모른다.
45-47 주방을 책임질 자격을 갖춘 사람
이 누구냐? 날마다 제때에 일꾼들에
게 음식을 내는, 주인이 믿을 만한 사
람이다. 주인이 불시에 들이닥쳐도 늘
제 본분을 다하고 있는 사람이다. 내
가 너희에게 말한다. 그런 사람은 하나
님께 복 받은 사람이다. 머잖아 주인이
온 집안을 그 사람에게 맡길 것이다.
48-51 그러나 그 사람이 자기밖에 모른
채, 주인이 나가자마자 제멋대로 하고
일꾼들을 학대하고 친구들을 데려다
가 술판을 벌인다면, 생각지도 못한 때
에 주인이 나타나서 그를 엄벌에 처할
것이다. 그는 결국 위선자들과 함께 쓰
레기 더미에 나앉아, 바깥 추운 데서
떨며 이를 덜덜거릴 것이다."

시편 30:1 – 12

다윗의 시

30 1 **하나님**, 나는 오직 주님만 신뢰
합니다.
주님은 나를 궁지에서 건져 내셔서,
원수들의 조롱거리가 되지 않게 하셨
습니다.

2-3 **하나님**, 나의 하나님, 내가 도와 달
라고 외칠 때
주께서 나를 회복시켜 주셨습니다.
하나님, 주께서 이 몸을 무덤에서 끌어
내셨고,
내가 더없이 막막한 신세가 되었을 때
다시 살 기회를 주셨습니다.

4-5 너희 모든 성도들아! 마음을 다해
하나님을 찬양하여라!
그분의 얼굴을 바라며 감사하여라!
이따금 그분께서 노하실지라도,
평생 변함없는 것은 오직 그분의 사
랑뿐.
밤에 하염없이 울다가도
낮이 되면 환히 웃게 되리라.

6-7 모든 일이 순조로울 때 나, 이렇게
외쳤습니다.
"나는 확실히 성공했어.
나는 **하나님**의 총애를 받는 사람이야.
하나님이 나를 산의 왕이 되게 해주
셨어."
그러자 주께서 고개를 돌리셨고
나는 산산이 무너지고 말았습니다.

8-10 **하나님**, 내가 주님을 큰소리로 부
르며,
내 사정을 주님 앞에 다 털어놓았습
니다.

"내가 죽어 나를 내다 파신들,
묘지에 장을 열고 나를 경매로 넘기신들,
주께 무슨 이득이 되겠습니까?
내가 한 줌 먼지가 되어 사라지면,
주님 기리는 나의 노래와 이야기를
아무도 거들떠보지 않을 것입니다.
그러니 들으소서! 이 몸을 돌아보소서!
나를 도우셔서 이 곤경에서 건져 내소서!"

11-12 주께서 내 하소연을 들으시고
내 격한 탄식을 소용돌이 춤으로 바꾸셨습니다.
내 검은 상장(喪章)을 떼어 내시고
들꽃으로 나를 꾸며 주셨습니다.
내 안에 노래가 차올라, 가슴이 터질 것만 같습니다.
도저히 잠잠할 수 없습니다.
하나님, 나의 하나님,
감사한 이 마음, 어찌 다 전할지 모르겠습니다.

잠언 7:24-27

24-27 친구여, 내 말을 명심하고
단단히 새겨들어라.
그런 여자와 놀아나지 마라.
그 집 근처에는 얼씬도 마라.
그 여자에게 홀려 희생된 사람이 셀 수 없이 많다.
그 여자는 가엾은 남자들을 수없이 죽였다.
그 여자는 지옥으로 가는 길 중간에 살면서, 네 몫의 수의와 관을 마련한다.

7

출애굽기 26:1 – 27:21

성막

26 1-6 “성막을 만들되, 가늘게 꼰 모
시실과 청색 실과 자주색 실과 주홍색
실로 짜서 그룹 천사 문양을 수놓은 열
폭의 천으로 만들어라. 이 일은 숙련된
장인이 맡아야 한다. 열 폭의 천은 각
각 길이 12.6미터, 너비 1.8미터로 하
되, 다섯 폭을 옆으로 나란히 이어 한
벌이 되게 하고, 나머지 다섯 폭도 옆
으로 나란히 이어 한 벌이 되게 하여
라. 나란히 이은 한 벌의 한쪽 가장자
리를 따라 청색 실로 고리를 만들고,
나란히 이은 다른 벌의 한쪽 가장자리
에도 그렇게 하여, 두 벌의 마지막 폭
에 각각 오십 개의 고리를 만들어라.
금으로 갈고리 오십 개를 만들고, 그것
으로 두 벌의 천을 서로 연결하여 하나
의 온전한 성막이 되게 하여라.
7-11 그런 다음 염소 털로 짜서 만든 열
한 폭의 천으로 성막을 덮을 천막을 만
들어라. 천 한 폭의 길이는 13.5미터,
너비는 1.8미터로 하되, 천 다섯 폭을
나란히 이어 연결하고, 나머지 여섯 폭
도 그렇게 연결하여라. 여섯 번째 폭은
반으로 접어 성막 앞쪽으로 걸치게 하
여라. 나란히 이은 천의 한쪽 가장자리
를 따라 고리 오십 개를 만들고, 맞물

릴 쪽의 가장자리에도 고리 오십 개를 만들어라. 청동으로 갈고리 오십 개를 만들고, 그것을 양쪽 고리에 걸어 하나의 천막이 되게 하여라.

12-14 여분으로 남은 천막의 반 폭은 성막의 뒤로 늘어뜨려라. 천막에서 양쪽으로 45센티미터씩 남는 부분은 성막 양옆으로 늘어뜨려 성막을 덮게 하여라. 마지막으로, 붉게 물들인 가공한 숫양 가죽으로 천막 덮개를 만들고, 돌고래 가죽으로 그 위에 덮을 덮개를 만들어라.

15-25 아카시아나무 널판으로 성막의 뼈대를 세워라. 각 널판은 길이 4.5미터, 너비 67.5센티미터로 하고, 널판마다 촉꽂이 두 개를 만들어 널판을 고정시킬 수 있게 하여라. 모든 널판을 똑같이 만들어라. 남쪽에 세울 널판 스무 개와 은밑받침 마흔 개를 만들어, 널판마다 두 개씩 달려 있는 촉꽂이를 꽂을 수 있게 하여라. 성막의 북쪽도 같은 구조로 만들어라. 서쪽을 바라보는 성막의 뒤쪽에 세울 널판을 여섯 개 만들고, 성막 뒤쪽 두 모퉁이에 세울 널판을 추가로 두 개 더 만들어라. 두 모퉁이에 세울 널판은 두께가 위에서 아래까지 두 겹이 되게 하고, 하나의 고리에 끼워 맞추도록 하여라. 널판이 여덟 개이고, 각 널판에 밑받침이 두 개씩 있어, 은밑받침이 열여섯 개가 된다.

26-30 아카시아나무로 가로다지를 만들어라. 성막 한쪽 옆면 널판들에 다섯 개, 다른 쪽 옆면 널판들에도 다섯 개, 서쪽을 바라보는 성막 뒤쪽에도 다섯 개를 만들어라. 널판들의 가운데에 끼울 중간 가로다지는 이쪽 끝에서 저쪽 끝까지 이어지게 해야 한다. 널판에는 금을 입히고 가로다지를 꿸 금고리를 만들어라. 그리고 가로다지에도 금을 입혀라. 그런 다음 내가 산에서 네게 보여준 도안대로 성막을 세워라.

31-35 청색 실과 자주색 실과 주홍색 실과 가늘게 꼰 모시실로 휘장을 만들어라. 숙련된 장인을 시켜 휘장에 그룹 천사 문양을 짜 넣게 하여라. 그 휘장을 금갈고리에 걸어 아카시아나무로 만든 네 기둥에 드리워라. 네 기둥에는 금을 입히고, 은으로 만든 네 개의 밑받침 위에 그 기둥들을 세워라. 휘장을 갈고리에 걸어 드리우고 나서, 휘장 안쪽에 증거궤를 들여놓아라. 이 휘장이 성소와 지성소를 구분해 줄 것이다. 속죄판으로 지성소에 있는 증거궤를 덮어라. 상과 등잔대는 휘장 바깥쪽에 놓되, 등잔대는 성막 남쪽에 놓고 상은 맞은편 북쪽에 놓아라.

36-37 성막 문을 가리는 막을 만들어라. 청색 실과 자주색 실과 주홍색 실과 가늘게 꼰 모시실로 짜서 만들어라. 아카시아나무로 기둥 다섯 개를 만들고 금을 입혀서 그 막의 뼈대로 세우고, 막을 칠 수 있게 금갈고리도 만들어라. 그리고 기둥을 받치는 데 쓸 밑받침 다섯 개는 청동으로 주조하여라."

제단

27 1-8 "아카시아나무로 제단을 만

들어라. 가로와 세로가 2.25미터의 정사각형 모양이 되게 하고, 높이는 1.35미터로 하여라. 네 귀퉁이에는 뿔을 하나씩 만들어 달되, 네 개의 뿔이 제단과 하나로 이어지게 하고 그 위에 청동을 입혀라. 재를 담는 통과 부삽, 대야, 고기 집게, 화로를 만들어라. 이 모든 기구는 청동으로 만들어라. 청동으로 그물 모양의 석쇠를 만들고 석쇠의 네 귀퉁이에 고리를 만들어 달아라. 그 석쇠를 제단 가장자리 밑에 달아 제단 중간에 자리하게 하여라. 제단을 드는 데 쓸 채는 아카시아나무로 만들고 거기에 청동을 입혀라. 제단 양쪽에 달린 고리에 그 채를 꿰어 제단을 나를 수 있게 하여라. 제단은 널판으로 만들되, 속이 비게 만들어라."

성막 뜰

9-11 "성막 뜰을 만들어라. 뜰의 남쪽 면은 길이가 45미터여야 한다. 성막 뜰을 두를 휘장은 가늘게 꼰 모시실로 짜고, 휘장을 칠 기둥 스무 개와 청동으로 만든 밑받침 스무 개, 은으로 만든 갈고리와 줄도 만들어라. 뜰의 북쪽 면도 남쪽 면과 똑같이 만들어라.

12-19 뜰의 서쪽 끝에는 길이 22.5미터 되는 휘장을 치고, 휘장을 칠 기둥 열 개와 밑받침 열 개를 만들어라. 뜰의 앞쪽, 곧 뜰의 동쪽 끝의 길이도 22.5미터로 하고, 한쪽에 기둥 세 개와 밑받침 세 개를 세우고, 길이 6.75미터 되는 휘장을 쳐라. 다른 한쪽도 똑같이 하여라. 뜰의 정문에는 청색 실과 자주색 실과 주홍색 실과 가늘게 꼰 모시실로 짜서 장인이 수를 놓은 9미터 길이의 막을 쳐라. 밑받침 네 개에 기둥 네 개를 세우고 그 위에 막을 쳐라. 뜰 사방에 세울 기둥은 은줄로 묶고, 은갈고리를 달고, 청동밑받침으로 받쳐야 한다. 뜰의 길이는 45미터, 너비는 22.5미터여야 한다. 가늘게 꼰 모시실로 짜서 청동밑받침 위에 설치할 휘장의 높이는 2.25미터여야 한다. 성막의 말뚝과 뜰에 박을 말뚝을 비롯해 성막을 세우는 데 쓰는 모든 기구는 청동으로 만들어야 한다."

20-21 "이스라엘 자손에게 등불에 쓸 맑고 깨끗한 올리브기름을 가져오게 하여, 등불이 끊임없이 타오르게 하여라. 아론과 그의 아들들은 이 등불을 회막 안, 증거궤를 가리는 휘장 바깥쪽에 항상 켜 두어, 저녁부터 아침까지 **하나님** 앞에서 타오르게 해야 한다. 이것은 이스라엘 자손이 대대로 지켜야 할 영원한 규례다."

마태복음 25:1-30

열 처녀 이야기

25 1-5 "하나님 나라는 등잔을 들고 신랑을 맞으러 나간 열 처녀와 같다. 다섯은 미련하고 다섯은 똑똑했다. 미련한 처녀들은 여분의 기름 없이 등잔만 가져갔다. 똑똑한 처녀들은 등잔에 넣을 기름을 병에 담아 가져갔다. 예정된 시간에 신랑이 오지 않자, 그들은 모두

잠이 들었다.
6 한밤중에 누군가 소리쳤다. '그가
왔다! 신랑이 왔다! 나가서 그를 맞
아라!'
7-8 열 처녀는 일어나 등잔을 준비했
다. 미련한 처녀들이 똑똑한 처녀들에
게 말했다. '우리 등잔이 꺼지려고 하
니 기름을 좀 빌려다오.'
9 똑똑한 처녀들이 대답했다. '다 같이
쓰기에는 부족할 것 같으니, 가서 사
거라.'
10 미련한 처녀들이 기름을 사러 나갔
다. 그런데 그 사이에 신랑이 온 것이
다. 신랑을 맞으려고 그곳에 있던 사람
들은 모두 결혼잔치에 들어갔고, 문이
잠겼다.
11 한참 후에 미련한 처녀들이 와서 문
을 두드리며 말했다. '주님, 우리가 왔
습니다. 들여보내 주십시오.'
12 그가 대답했다. '너희가 나를 아느
냐? 나는 너희를 모른다.'
13 그러니 깨어 있어라. 그가 언제 올
지 모른다."

투자금 이야기

14-18 "천국은 또 장시간 여행을 떠나
는 어떤 사람과 같다. 그는 종들을 한
데 불러서 책임을 맡겼다. 그는 각자
의 능력에 따라 한 종에게는 오천만 원
을, 다른 종에게는 이천만 원을, 세 번
째 종에게는 천만 원을 주고 떠났다.
첫 번째 종은 즉시 가서 일하여 주인의
투자금을 두 배로 늘렸다. 두 번째 종
도 똑같이 했다. 그러나 천만 원을 받
은 종은 구덩이를 파고 그 속에 주인의
돈을 잘 묻어 두었다.
19-21 오래 자리를 비운 끝에, 세 종의
주인이 돌아와서 그들과 계산을 했다.
오천만 원을 받은 종은 투자금을 어떻
게 두 배로 늘렸는지 주인에게 설명했
다. 주인이 그를 칭찬했다. '수고했다!
일을 잘했구나! 지금부터 내 동업자가
되어라.'
22-23 이천만 원을 받은 종도 주인의 투
자금을 어떻게 두 배로 늘렸는지 설명
했다. 주인이 그를 칭찬했다. '수고했
다! 일을 잘했구나! 지금부터 내 동업
자가 되어라.'
24-25 천만 원을 받은 종이 말했다. '주
인님, 제가 알기로 당신은 기준이 높고
경거망동을 싫어하며 최선을 요구하
고 실수를 용납하지 않습니다. 저는 당
신을 실망시킬까 봐 두려워서, 숨겨 두
기 적당한 곳을 찾아 돈을 잘 보관했습
니다. 여기, 일 원 한푼 축내지 않고 고
스란히 가져왔습니다.'
26-27 주인은 격노했다. '그것은 비참하
게 사는 길이다! 그렇게 조심조심 살
다니 한심하다! 내가 최선을 요구하는
줄 안다면서, 어째서 너는 최소한에도
못 미치는 행동을 했느냐? 적어도 그
돈을 은행에라도 맡겼더라면, 내가 약
간의 이자라도 받았을 게 아니냐.
28-30 천만 원을 빼앗아서, 모험을 가장
많이 한 사람에게 주어라. 그리고 위험
한 상황을 피해 안전에만 급급한 이 사
람을 내쫓아라. 칠흑 같은 어둠 속에
던져라.'"

시편 31:1-5

다윗의 시

31 [1-2] 하나님, 내가 주께 도망칩니다.
죽을힘 다해 주께로 달아납니다.
나를 못 본 체하지 마소서!
이번만은 내 말을 진지하게 들어주소서!
내 눈높이로 내려오셔서 들어주소서!
부디 지체하지 마소서!
주님의 견고한 동굴은 나의 은신처,
주님의 높다란 절벽 요새는 나의 피난처입니다.

[3-5] 주님은 내가 숨어드는 동굴,
내가 기어오르는 절벽.
나의 든든한 인도자,
나의 진정한 길 안내자가 되어 주소서.
숨겨진 덫에서 나를 빼내소서.
주께로 숨어들고 싶습니다.
내 목숨을 주님 손에 맡겼습니다.
주께서는 나를 떨어뜨리지도,
버리지도 않으시겠지요.

잠언 8:1-11

지혜가 큰소리로 외친다

8 [1-11] 지혜가 부르는 소리가 들리느냐?
통찰력의 외침이 들리느냐?
가장 번화한 교차로
중심가에 자리 잡고 서 있구나.
교통량이 가장 많은
도시의 광장에서 외치는구나!
"거리에 나온 너희에게,
너희 모두에게 말한다!
잘 들어라, 미련한 자들아.
건전한 상식을 배워라!
어리석은 자들아,
신을 똑바로 하여라!
제대로 사는 법, 최상의 모습으로 사는 법을 일러 줄 테니 한 마디도 놓치지 마라.
내 입은 진실만 씹고 맛보고 즐긴다.
악의 맛은 참을 수가 없다!
내 입에는 참되고 바른 말만 있다.
왜곡되거나 비뚤어진 말은 한 마디도 없다.
마음을 열고 들으면 내 말이 참되다는 것을 알게 될 것이다.
진실을 받아들일 준비가 된 사람은 단번에 알아볼 것이다.
돈보다 나의 생생한 훈계를 택하고
벌이가 좋은 직업보다 하나님을 아는 지식을 택하여라.
지혜는 온갖 화려한 장신구보다 낫고
너희가 바라는 그 어떤 것보다 귀하다.

8

출애굽기 28:1 – 43

제사장의 예복

28 1-5 "너는 이스라엘 자손 가운데
서 네 형 아론과 그의 아들들, 곧 나답
과 아비후와 엘르아살과 이다말을 데
려다가 나를 섬기는 제사장 일을 맡겨
라. 네 형 아론을 위해 거룩한 예복을
지어 영광과 아름다움을 상징하게 하
여라. 숙련된 장인들, 곧 내가 이 일에
재능을 부여한 사람들과 상의하고, 그
들을 준비시켜 아론의 예복을 만들게
하여라. 이는 그를 거룩하게 구별하여
나를 섬기는 제사장으로 일하게 하려
는 것이다. 그들이 지어야 할 옷은 가
슴받이와 에봇과 겉옷과 속옷과 두건
과 허리띠다. 네 형 아론과 그의 아들
들에게 거룩한 예복을 만들어 주어, 그
들이 나를 위해 제사장으로 일하게 하
여라. 예복을 만드는 이들은 금실과 청
색 실과 자주색 실과 주홍색 실과 가는
모시실로 만들어야 한다."

에봇

6-14 "숙련된 장인을 시켜, 금실과 청색
실과 자주색 실과 주홍색 실과 가늘게
꼰 모시실로 에봇을 만들게 하여라. 에
봇은 양쪽 끝에 멜빵을 달아서 조일 수
있게 만들어라. 에봇 위에 매는 장식

허리띠는 에봇과 같은 재질로 만들되, 금실과 청색 실과 자주색 실과 주홍색 실과 가늘게 꼰 모시실로 만들고, 에봇에 이어 붙여 하나가 되게 해야 한다. 마노 보석 두 개를 가져다가 거기에 이스라엘의 아들들 이름을 태어난 순서에 따라 새겨 넣어라. 보석 하나에 여섯 명의 이름을 새기고, 다른 보석에 나머지 여섯 명의 이름을 새겨라. 보석 세공사가 인장을 새기듯이, 두 보석에 이스라엘의 아들들 이름을 새겨 넣어라. 그런 다음 그 두 보석을 세공한 금테에 물려라. 그 두 보석은 이스라엘 자손을 기념하는 보석이니 에봇의 양쪽 멜빵에 달아라. 아론이 이 이름들을 양 어깨에 짊어지고 **하나님** 앞에서 기념이 되게 할 것이다. 또 세공한 금테를 만들어라. 순금으로 사슬 두 개를 만들어 새끼줄처럼 꼰 다음, 그 꼰 사슬을 그 테에 달아라."

가슴받이

15-20 "이제 에봇을 만들 때와 마찬가지로, 숙련된 장인들을 동원하여 판결 가슴받이를 만들어라. 금실과 청색 실과 자주색 실과 주홍색 실과 가늘게 꼰 모시실을 사용하여 가로와 세로가 23센티미터인 정사각형 모양으로 두 겹이 되게 만들어라. 거기에 값진 보석을 네 줄로 박아 넣어라.

첫째 줄에는
홍옥수와 황옥과 취옥을
둘째 줄에는
홍옥과 청보석과 수정을
셋째 줄에는
청옥과 마노와 자수정을
넷째 줄에는 녹주석과 얼룩 마노와
벽옥을 박아 넣어라.

20-21 이 보석들을 세공한 금테에 물려라. 열두 보석은 이스라엘의 아들들의 수대로 열둘이다. 인장을 새기듯이 보석마다 각 사람의 이름을 새겨 넣어 열두 지파를 나타내게 하여라.

22-28 가슴받이를 매달 사슬은 순금으로 새끼줄처럼 꼬아서 만들어라. 금고리 두 개를 만들어 가슴받이 양쪽 끝에 달고, 금줄 두 개를 가슴받이 양쪽 끝에 달려 있는 고리에 매어라. 그런 다음 그 금줄의 다른 두 끝을 두 개의 테에 매고, 그것들을 에봇 멜빵 앞에 달아라. 또 금고리 두 개를 만들어서 가슴받이 양 끝, 곧 에봇과 만나는 가슴받이 안쪽 가장자리에 달아라. 그런 다음 금고리 두 개를 더 만들어서 에봇의 앞쪽 두 멜빵 아랫부분, 곧 장식 허리띠 위쪽 이음매 곁에 달아라. 청색 줄로 가슴받이 고리와 에봇 고리를 이어 가슴받이를 고정시켜서, 가슴받이가 에봇의 장식 허리띠 위에 튼튼하게 붙어 늘어지지 않게 하여라.

29-30 아론이 성소에 들어갈 때마다 판결 가슴받이에 새긴 이스라엘의 아들들 이름을 가슴에 달고 **하나님** 앞으로 들어가 기념이 되게 하여라. 판결 가슴받이 안에 우림과 둠밈을 넣어라. 아론이 **하나님** 앞으로 들어갈 때, 그것들이

그의 가슴에 있어야 한다. 이렇게 아론은 늘 판결 가슴받이를 지니고 **하나님** 앞으로 들어가야 한다."

겉옷

31-35 "에봇에 받쳐 입을 겉옷을 청색으로 만들되, 머리를 넣을 수 있도록 가운데에 구멍을 내고, 그 구멍의 둘레를 감침질하여 찢어지지 않게 하여라. 겉옷 하단의 가장자리에는 청색 실과 자주색 실과 주홍색 실로 석류 모양의 술을 만들어 달고, 그 사이사이에 금방울을 달아라. 방울 하나 석류 하나, 또 방울 하나 석류 하나를 다는 식으로, 겉옷 하단의 가장자리를 돌아가며 방울과 석류를 번갈아 달면 된다. 아론이 제사장 직무를 수행할 때는 이 옷을 입어야 한다. 성소에 들어가서 **하나님** 앞으로 들어갔다가 나올 때 방울소리가 울리면, 그는 죽지 않을 것이다."

두건, 속옷, 속바지

36-38 "순금으로 패를 만들어라. 그 위에, 인장을 새기듯이 '**하나님**께 거룩'이라고 새겨라. 그 패를 청색 끈에 매어 두건 앞쪽에 달아라. 그 패는 아론의 이마에 달려 있어야 한다. 이스라엘 자손이 거룩하게 구별하여 드리는 거룩한 예물과 관련된 죄를 아론이 담당하게 하여라. 그 패가 늘 아론의 이마에 달려 있으면, 예물이 **하나님** 앞에서 기꺼이 받아들여질 것이다.

39-41 가는 모시실로 속옷을 지어라. 가는 모시실로 두건을 만들어라. 허리띠는 수놓는 사람이 만들어야 한다. 아론의 아들들이 입을 속옷과 허리띠와 관을 만들어 영광과 아름다움을 나타내게 하여라. 네 형 아론과 그의 아들들에게 그것들을 입혀라. 그들의 머리에 기름을 부어 제사장으로 세우고, 거룩하게 구별하여 나를 섬기는 제사장의 일을 하게 하여라.

42-43 허리에서 넓적다리까지 덮는 속바지를 모시실로 만들어라. 아론과 그의 아들들이 회막에 들어가거나 성소에서 섬기기 위해 제단으로 나아갈 때는 반드시 그 옷을 입어야 한다. 그래야 죄를 지어 죽는 일이 없게 된다. 이것은 아론과 그의 후손 제사장들이 지켜야 할 영원한 규례다."

마태복음 25:31 - 26:13

양과 염소

31-33 "인자가 마침내 아름다운 광채를 발하며 모든 천사들과 함께 올 때에, 그는 자기 영광의 보좌에 앉을 것이다. 모든 나라가 그 앞에 늘어설 그때에, 그는 마치 목자가 양과 염소를 구분하여 양은 자기 오른편에, 염소는 자기 왼편에 두는 것처럼 사람들을 구분할 것이다.

34-36 그때 왕이 자기 오른편에 있는 사람들에게 말할 것이다. '내 아버지께 복 받은 사람들아, 들어오너라! 이 나라에서 너희가 받을 것을 받아라. 창세 이후로 너희를 위해 준비된 것이다. 그 이유는 이렇다.

내가 배고플 때 너희가 내게 먹을
것을 주었고
내가 목마를 때 너희가 내게 마실
것을 주었고
내가 집이 없을 때 너희가 내게 방
을 내주었고
내가 떨고 있을 때 너희가 내게 옷
을 주었고
내가 병들었을 때 너희가 내게 문병
을 왔고
내가 감옥에 갇혔을 때 너희가 내게
면회를 왔다.'

37-40 그러면 그 양들이 말할 것이다.
'주님, 무슨 말씀이십니까? 언제 우리
가 주님이 배고프신 것을 보고 먹을
것을 드렸고, 목마르신 것을 보고 마
실 것을 드렸습니까? 언제 우리가 주
님이 아프시거나 감옥에 갇히신 것을
보고 가 뵈었습니까?' 그러면 왕이 말
할 것이다. '내가 중대한 진리를 말한
다. 너희가 무시당하거나 남이 알아주
지 않는 사람한테 그런 일 하나라도 하
면, 너희는 바로 나한테 한 것이다.'
41-43 이어서 왕이 자기 왼편에 있는 염
소들을 보고 말할 것이다. '이 무익한
염소들아, 나가거라! 너희는 지옥불
말고는 아무짝에도 쓸모가 없다. 그 이
유를 묻는다면 이렇다.

내가 배고플 때 너희가 내게 먹을
것을 주지 않았고
내가 목마를 때 너희가 내게 마실
것을 주지 않았고
내가 집이 없을 때 너희가 내게 잠
자리를 내주지 않았고
내가 떨고 있을 때 너희가 내게 옷
을 주지 않았고
내가 병들고 감옥에 갇혔을 때 너희
가 내게 와 보지 않았다.'

44 그러면 그 염소들이 말할 것이다.
'주님, 무슨 말씀이십니까? 언제 우리
가 주님이 배고프시거나, 목마르시거
나, 집이 없으시거나, 떨고 계시거나,
병드셨거나, 감옥에 계신 것을 보고 도
와드리지 않았습니까?'

45 왕이 그들에게 대답할 것이다. '내
가 중대한 진리를 말한다. 너희가 무시
당하거나 남이 알아주지 않는 사람한
테—그게 바로 나였다—그런 일 하나
라도 하지 않으면, 너희는 바로 나한테
하지 않은 것이다.'
46 염소들은 영원한 멸망으로, 양들
은 영원한 상급으로 나아가게 될 것
이다."

값비싼 향유를 부은 여인

26 1-2 예수께서 이 말씀을 마치시
고, 제자들에게 말씀하셨다. "이제 이
틀 후면 유월절이다. 그때, 인자가 배
반당하고 넘겨져 십자가에 못 박힐 것
이다."
3-5 그 순간에, 대제사장과 종교 지도
자들 무리가 가야바라 하는 대제사장
의 집무실에 모여, 예수를 몰래 잡아
죽이려는 음모를 꾸미고 있었다. 그들

은 "괜히 폭동이 나는 것은 싫다"고 말하며, 유월절 기간에는 그 일을 하지 않기로 뜻을 모았다.

6-9 예수께서 나병환자 시몬의 손님으로 베다니에 계실 때, 어떤 여자가 다가와서 저녁을 드시는 그분께 아주 값비싼 향유 한 병을 부었다. 제자들이 그것을 보고 발끈했다. "저렇게 한심한 일을 하다니! 이것을 큰돈을 받고 팔아서 그 돈을 가난한 사람들에게 줄 수도 있었을 텐데."

10-13 예수께서 사태를 알아차리고 끼어드셨다. "너희는 어째서 이 여자를 괴롭게 하느냐? 이 여자는 지금 나한테 말할 수 없이 소중한 일을 한 것이다. 가난한 사람들은 평생 동안 너희와 함께 있겠지만, 나는 그렇지 않다. 이 여자가 내 몸에 향유를 부은 것은, 내게 기름을 부어 내 장례를 준비한 것이다. 내가 분명히 말한다. 온 세상에 **메시지**가 전파되는 곳마다, 지금 이 여자가 한 일도 기억되고 기려질 것이다."

시편 31:6-18

6-13 내가 이 어리석은 종교 놀음을 미워하고
하나님, 오직 주님만 신뢰합니다.
내가 주님 사랑의 울타리 안에서 겅중겅중 뛰며 노래하니,
주께서 내 아픔 보시고
나를 괴롭히던 자들을 무장 해제시키셨습니다.
주님은 저들의 손아귀에 나를 두지 않으시고
나에게 숨 돌릴 여유를 주셨습니다.
하나님, 나를 친절히 대해 주소서.
내가 다시 깊고 깊은 곤경에 빠졌습니다.
하염없이 눈물이 나고
마음은 텅 비었습니다.
내 목숨은 신음으로 새어 나가고
내 세월은 한숨으로 다해 갑니다.
근심으로 녹초가 되었고
뼈는 가루로 변했습니다.
원수들은 나를 괴물 보듯 하고
이웃들에게는 조롱거리가 되었습니다.
친구들도 내 몰골에 놀라
보고도 못 본 척 멀찍이 돌아갑니다.
저들은 나를 기억에서 지우고 싶어 합니다.
무덤 속 시체마냥 나를 잊고,
쓰레기통 안 깨진 접시마냥 나를 버리려 합니다.
길거리에서 수군대는 소리를 듣고 있으면
정신이 나가 칼이라도 휘두를 것 같습니다!
저들은 문을 꼭꼭 닫아걸고는
나를 영원히 파멸시킬 음모를 꾸밉니다.

14-18 절박한 심정으로 주께 의지합니다.
주님은 나의 하나님이십니다!
내 모든 순간순간을 주님 손에 맡기니
나를 죽이려는 자들에게서 나를 지켜

주소서.
주님의 종의 마음을 미소로 녹여
주시고
나를 아끼시니 구원해 주소서.
주께 여러 번 기별을 드렸으니
찾아오셔서 나를 안심시켜 주소서.
악인들이나 난처하게, 허탕 치게
하셔서
저들이 머리를 설레설레 저으며
지옥으로 떠내려가게 하소서.
주님을 따르는 나를 조롱과 야유로
놀려 대는
시끄러운 거짓말쟁이들,
저들의 입을 틀어막아 주소서.

잠언 8:12-21

12-21 나는 지혜다.
분별이 나의 옆집에 살고
지식과 신중함이 같은 동네에 산다.
하나님을 경외하는 것은 악을 미워하는
것이다.
나는 악이 드러나는 여러 방식, 곧
교만과 오만과 거짓된 말을
지독히 싫어한다.
유익한 조언과 건전한 상식은 나의
주특기.
나는 통찰력인 동시에 그것을 실천할
수 있는 힘이다.
내 도움으로 지도자들이 다스리고
입법자들이 공정한 법을 제정한다.
내 도움으로 통치자들이 통치하고
적법한 권한을 행사한다.
나는 나를 사랑하는 자들을 사랑하며
나를 찾는 이를 만나 준다.
부와 영광이 나와 함께하고
명예와 명성이 나와 동행한다.
내가 주는 이득은 고액연봉보다 더
값지다.
내게서 얻을 수 있는 수익은 상상을 초
월한다.
너희는 의의 길에서 나를 만날 수 있
다. 내가 다니는 길이다.
나는 정의의 대로 한복판에서
나를 사랑하는 이들에게 생명을 나누어
준다.
두 팔에 한가득 생명을 안겨 준다!

9

출애굽기 29:1 – 30:10

제사장 위임식

29 1-4 “그들을 거룩하게 구별하여 제
사장으로 세우는 의식은 이러하다. 수
송아지 한 마리와 숫양 두 마리를 건강
하고 흠 없는 것으로 골라라. 빵과 기
름을 섞어 만든 과자와 기름을 바른 속
빈 과자를 고운 밀가루로 만들되, 누룩
은 넣지 마라. 그것들을 한 바구니에
담아 수송아지와 숫양 두 마리와 함께
가져오너라. 아론과 그의 아들들을 회
막 입구로 데려와서 물로 씻겨라.
5-9 예복을 가져와서 아론에게 속옷과
에봇 아래 받쳐 입는 겉옷과 에봇과 가
슴받이를 입히고, 수놓은 허리띠로 에
봇을 매게 하여라. 그의 머리에 두건
을 씌우고 두건 위에 거룩한 패를 붙여
라. 그리고 거룩하게 구별하는 기름을
가져다가 그의 머리에 부어, 그를 거룩
하게 구별하여라. 그런 다음 그의 아들
들을 데려다가 속옷을 입히고, 아론과
그의 아들들에게 허리띠를 매어 주고,
그들에게 관을 씌워라. 그들의 제사장
직을 법으로 확정하여 영원한 것이 되
게 하여라.
9-14 너는 아론과 그의 아들들에게 다
음과 같은 방식으로 직무를 맡겨라. 수
소를 회막으로 끌어다가, 아론과 그의

아들들이 그 수소의 머리에 손을 얹게 한 다음, 회막 입구 **하나님** 앞에서 그 수소를 잡아라. 그 수소의 피 얼마를 받아다가 손가락으로 제단 뿔에 바르고, 나머지 피는 제단 밑에 부어라. 그런 다음 내장을 덮은 모든 지방과, 간과 두 콩팥에 붙은 지방을 떼어 내어 제단 위에서 불살라라. 그러나 그 수소의 고기와 가죽과 똥은 진 밖에서 태워 버려라. 이것이 바로 속죄 제사다.

15-18 또 숫양 한 마리를 끌어다가, 아론과 그의 아들들이 그 숫양의 머리에 손을 얹게 한 다음, 그 숫양을 잡고 피를 받아서 제단 사면에 뿌려라. 그 숫양의 각을 뜨고 내장과 다리는 씻어서 여러 부위의 고기와 머리와 함께 모아 두고, 그 숫양을 제단 위에서 송두리째 불살라라. 이것이 **하나님**에게 바치는 번제요, 향기로운 냄새며, **하나님**에게 불살라 바치는 제사다.

19-21 다시 숫양 한 마리를 끌어다가, 아론과 그의 아들들이 그 숫양의 머리에 손을 얹게 한 다음, 그 숫양을 잡고 피 얼마를 받아서 아론의 오른쪽 귓불과 그의 아들들의 오른쪽 귓불에 바르고, 그들의 오른손 엄지손가락과 오른발 엄지발가락에도 발라라. 남은 피는 제단 사면에 뿌려라. 또 제단 위에 있는 피를 가져다가 거룩하게 구별하는 기름과 섞어 아론과 그의 옷에 뿌리고, 그의 아들들과 그들의 옷에도 뿌려라. 그러면 아론과 그의 옷과 그의 아들들과 그들의 옷이 거룩하게 될 것이다.

22-23 그 숫양에게서 지방 곧 기름진 꼬리와, 내장을 덮은 지방과, 간을 덮은 껍질과, 두 콩팥과 거기에 붙은 지방을 떼어 내고, 오른쪽 넓적다리를 잘라 내어라. 이것은 제사장 위임식에 쓸 숫양이다. 그리고 **하나님** 앞에 놓인 빵 바구니에서 빵 한 덩이와 기름을 섞어 만든 과자 한 개와 속 빈 과자 한 개를 가져오너라.

24-25 너는 이 모든 것을 아론과 그 아들들의 손에 얹어 주어, 그것을 **하나님** 앞에서 흔들게 하여, 흔들어 바치는 제물로 드리게 하여라. 그런 다음 그들의 손에서 그것을 받아다가 제단 위에 놓고 번제물과 함께 불살라라. 이것은 **하나님** 앞에 향기로운 냄새요, **하나님**에게 바치는 제물이다.

26 아론의 위임식 제물인 숫양의 가슴을 가져다가 흔들어 바치는 제물로 **하나님** 앞에서 흔들어 바쳐라. 그것은 네 몫이 될 것이다.

27-28 아론과 그 아들들의 위임식 제물인 숫양의 고기 가운데서 흔들어 바친 가슴과 들어 올려 바친 넓적다리를 거룩하게 구별하여라. 아론과 그의 아들들은 이 제물을 이스라엘 자손에게서 영원토록 받게 될 것이다. 이스라엘 자손은 화목 제물 가운데서 이 제물을 정기적으로 바쳐야 한다.

29-30 아론의 거룩한 예복은 그의 후손에게 물려주어, 그들이 그 옷을 입고 기름부음을 받아 제사장직을 위임받게 하여라. 아론의 뒤를 이어 제사장이 될 아들은, 칠 일 동안 그 옷을 입고 회

막에 들어가 성소에서 섬겨야 한다.

31-34 위임식 제물로 바친 숫양을 가져다가 그 고기를 성소에서 삶아라. 아론과 그의 아들들은 회막 입구에서 그 삶은 고기와 바구니에 든 빵을 먹어야 한다. 이 제물로 인해 속죄받고 제사장으로 위임받아 거룩하게 구별되었으니, 그들만이 그 제물을 먹을 수 있다. 그 제물은 거룩한 것이므로 다른 사람은 먹을 수 없다. 위임식 제물로 바친 숫양이나 빵이 이튿날 아침까지 남아 있거든 태워 버려야 한다. 그것은 거룩한 것이니, 다른 사람은 먹지 마라.

35-37 내가 너에게 명령한 모든 것을 행하여 아론과 그 아들들을 위한 위임식을 칠 일 동안 행하여라. 날마다 수소 한 마리를 속죄를 위한 속죄 제물로 바쳐라. 제단을 위한 속죄 제물은 제단 위에 바치고, 그것에 기름을 부어 거룩하게 구별하여라. 너는 칠 일 동안 제단을 위해 속죄하여 제단을 거룩하게 구별하여라. 그러면 제단에 거룩함이 속속들이 스며들게 되어, 그 제단을 만지는 사람도 거룩하게 될 것이다.

38-41 제단 위에 바쳐야 할 것은 이러하다. 일 년 된 어린양 두 마리를 날마다 바치되, 어린양 한 마리는 아침에 바치고 다른 어린양 한 마리는 저녁에 바쳐라. 첫 번째 어린양 제물을 바칠 때, 고운 밀가루 2리터에 깨끗한 올리브기름 1리터를 섞어 바치고, 포도주 1리터는 부어 드리는 제물로 바쳐라. 저녁에 두 번째 어린양 제물을 바칠 때도 아침 제사 때와 같은 곡식 제물과 부어 드리는 제물을 바쳐야 한다. 이것은 향기로운 냄새요, **하나님**에게 바치는 제물이다.

42-46 이것은 너희가 대대로 회막 입구에서 매일 **하나님** 앞에 바쳐야 하는 번제다. 내가 거기서 너희를 만나고, 거기서 너희와 이야기하겠다. 나의 영광으로 거룩하게 된 그곳에서 내가 이스라엘 자손을 만날 것이다. 내가 회막과 제단을 거룩하게 하겠다. 내가 아론과 그의 아들들을 거룩하게 하여 나를 섬기는 제사장으로 삼겠다. 내가 이스라엘 자손 가운데로 들어가 그들과 함께 살 것이다. 내가 그들의 하나님이 될 것이다. 그들은, 내가 그들과 함께 살려고 그들을 이집트 땅에서 이끌어 낸 그들의 **하나님**인 것을 깨닫게 될 것이다. 나는 **하나님** 너희의 하나님이다."

분향단

30 1-5 "분향할 제단을 만들어라. 그것을 아카시아나무로 만들되, 가로와 세로가 45센티미터인 정사각형 모양이 되게 하고, 높이는 90센티미터로 하며, 제단과 네 뿔이 하나로 이어지게 하여라. 분향단의 윗면과 네 옆면과 뿔에 순금을 입히고, 그 둘레에 금테를 두르고, 금테 밑에 금고리 두 개를 만들어 달아라. 두 개의 고리를 분향단 양쪽 옆에 달아서 채를 꿰어 들 수 있게 하여라. 채는 아카시아나무로 만들어 금을 입혀라.

6-10 그 분향단을 증거궤를 가리는 휘장 앞, 곧 증거판 위에 있는 속죄판 앞

에 놓아두어라. 그 속죄판에서 내가 너를 만나겠다. 아론은 그 분향단 위에다 향기로운 향을 피워야 하는데, 매일 아침 등잔을 손질할 때마다 피우고 저녁에 등불을 밝힐 준비를 할 때도 향을 피워야 한다. 그리하여 대대로 **하나님** 앞에서 향이 피어오르게 해야 한다. 이 분향단 위에 부정한 향이나 번제물이나 곡식 제물을 올려놓고 태워서는 안 되며, 그 위에 부어 드리는 제물을 부어서도 안된다. 아론은 일 년에 한 차례 분향단의 뿔을 깨끗하게 하되, 매년 속죄 제물의 피로 이 단을 속죄해야 한다. 너는 대대로 이렇게 해야 한다. 이것은 **하나님**에게 지극히 거룩한 것이다."

마태복음 26:14-46

14-16 그때 열두 제자 가운데 하나인 가
룟 유다라는 자가, 대제사장 무리에게
가서 말했다. "그를 당신들에게 넘겨
주면 얼마나 주겠소?" 그들은 은화 서
른 개에 합의했다. 그때부터 유다는 예
수를 넘겨줄 적당한 기회를 노렸다.

인자를 배반할 자

17 무교절 첫날, 제자들이 예수께 와서
말했다. "우리가 어디에서 유월절 식
사를 준비하기 원하십니까?"
18-19 예수께서 말씀하셨다. "시내로 들
어가 한 남자한테 가서, '선생님께서
내 때가 다 되었으니 나와 내 제자들이
네 집에서 유월절 식사를 지키고자 한
다'고 말하여라." 제자들은 정확히 예
수께서 지시하신 대로 유월절 식사를
준비했다.
20-21 해가 진 후에, 예수와 열두 제자
가 식탁에 둘러앉았다. 식사중에 예수
께서 말씀하셨다. "괴롭지만 너희에게
중요한 말을 해야겠다. 너희 가운데 한
사람이, 음모를 꾸미는 세력에게 나를
넘겨줄 것이다."
22 그들이 소스라치게 놀라서, 한 사람
씩 돌아가며 묻기 시작했다. "저는 아
니겠지요, 주님?"
23-24 예수께서 대답하셨다. "나를 넘겨
줄 사람은 날마다 나와 함께 먹는 사람
이고, 식탁에서 내게 음식을 건네주는
사람이다. 인자가 배반당하는 것이 성
경에 기록되어 있으니, 이것이 전혀 뜻
밖의 일은 아니다. 그러나 인자를 배반
하여 넘겨줄 그 사람은, 이 일을 하느
니 차라리 태어나지 않았으면 좋았을
것이다!"
25 그때, 이미 배반자로 돌아선 유다가
말했다. "랍비님, 저는 아니겠지요?"
예수께서 말씀하셨다. "유다야, 나를
속일 생각은 마라."

이것은 내 몸과 내 피다

26-29 식사중에 예수께서 빵을 들어 축
복하시고, 떼어서 제자들에게 주셨다.

받아서, 먹어라.
이것은 내 몸이다.

또 잔을 들어 하나님께 감사하신 후

에, 그들에게 주셨다.

너희 모두 이것을 마셔라.
이것은 내 피다.
죄를 용서하려고 많은 사람들을 위해 붓는
하나님의 새 언약이다.

"내 아버지의 나라에서 너희와 함께
마실 새날까지, 내가 이 잔으로 다시는
포도주를 마시지 않을 것이다."
30 그들은 찬송을 부르고 곧장 올리브
산으로 갔다.

겟세마네 동산에서 기도하시다

31-32 그때 예수께서 제자들에게 말씀
하셨다. "이 밤이 다하기 전에, 내게 벌
어지는 일 때문에 너희가 넘어지고 말
것이다. 성경은 이렇게 말한다.

내가 목자를 치리니
양들이 허둥지둥 흩어질 것이다.

그러나 내가 살아난 뒤에는, 너희 목자
인 내가 너희보다 먼저 앞장서 갈릴리
로 갈 것이다."
33 베드로가 불쑥 끼어들었다. "주님
때문에 다른 사람들이 다 넘어진다 해
도, 저는 그러지 않겠습니다."
34 예수께서 말씀하셨다. "너무 자신하
지 마라. 바로 오늘밤, 수탉이 새벽을
알리기 전에, 네가 나를 세 번 부인할
것이다."
35 베드로가 우겼다. "주님과 함께 죽
는 한이 있어도, 절대로 주님을 부인하
지 않겠습니다." 다른 제자들도 모두
똑같이 말했다.
36-38 그러고 나서, 예수께서 그들과 함
께 겟세마네라는 동산으로 가서 제
자들에게 말씀하셨다. "내가 저기 가
서 기도하는 동안에 너희는 여기 있어
라." 베드로와 세베대의 두 아들을 데
리고 가시면서, 예수께서는 심히 괴로
워 슬픔에 잠겼다. 예수께서 말씀하셨
다. "이 슬픔이 내 생명을 꺾어 버리는
구나. 여기서 나와 함께 깨어 있어라."
39 예수께서 조금 더 나아가, 얼굴을
땅에 대고 기도하셨다. "내 아버지, 다
른 길이 있거든 나를 여기서 벗어나게
해주십시오. 그러나 내가 원하는 대로
하지 마시고, 아버지께서 원하시는 대
로 행하십시오. 아버지, 아버지께서
원하시는 것이 무엇입니까?"
40-41 예수께서 돌아와 보니, 제자들이
곤히 잠들어 있었다. 예수께서 베드로
에게 말씀하셨다. "단 한 시간도 나와
함께 견딜 수 없더냐? 깨어 있어라.
위험에 처한 줄도 모른 채 유혹에 빠지
는 일이 없도록 기도하여라. 너는 하나
님 안에서 무엇이든 열심히 할 각오가
되어 있다만, 한편으로는 난롯가에 잠
든 늙은 개처럼 나른하구나."
42 예수께서 두 번째로 그들을 떠나서,
다시 기도하셨다. "내 아버지, 이 잔을
마지막 한 방울까지 마시는 것 외에 다
른 길이 없다면, 나는 각오가 되어 있
습니다. 아버지 방법대로 하십시오."
43-44 예수께서 돌아와 보니, 이번에도

제자들이 곤히 잠들어 있었다. 도저히
눈이 떠지지 않았던 것이다. 예수께서
이번에는 그들을 자도록 두시고 세 번
째로 가서 기도하시되, 똑같은 말씀으
로 마지막으로 한 번 더 기도하셨다.
45-46 예수께서 돌아와 말씀하셨다. "밤
새도록 자려느냐? 내 때가 되었다. 인
자가 죄인들의 손에 넘어간다. 일어나
거라! 가자! 나를 배반할 자가 왔다."

시편 31:19 – 24

19-22 주님을 섬기는 이들을 위해
주께서 준비하신 어마어마한 복 더미,
고약한 세상을 피해 주께로 도망치는
이들을 기다리고 있군요.
주께서는 그들을 안전하게 감추시고
적대자의 손길이 미치지 못하게 하십니다.
조롱하는 저 번드르르한 얼굴들을 퇴짜 놓으시고 지독한 험담을 잠잠케 하십니다. **하나님**을 찬양하여라!
그분의 사랑은 세상 최고의 불가사의.
포위 공격에 갇힌 이 몸, 더럭 겁이 나
이렇게 말했습니다.
"내가 주님 눈 밖에 났구나."
그러나 주님은 내 목소리를 들으시고
내 말에 귀 기울여 주셨습니다.

23 너희 모든 성도들아, **하나님**을 사랑하여라.
하나님께서는 그분을 가까이하는 모든 사람을 보살피시나,
거만하여 자기 힘으로 하려는 자들에게는 고스란히 갚으신다.

24 용기를 내어라. 굳세어라. 포기하지 마라.
이제 곧 오시리니, **하나님**을 바라라.

잠언 8:22 – 31

22-31 **하나님**은 모든 일에 앞서 주권적으로 나를 만드셨다. 나는 하나님의 첫 작품, 근본 작품이다.
나는 오래전, 땅이 시작되기도 전에 생겨났다.
바다가 생겨나기 전, 샘과 강과 호수가 생겨나기 전에 세상에 등장했다.
산들이 조각되고 언덕들이 모양을 갖추기 전에 나는 이미 태어나 존재하고 있었다.
하나님께서 지평선을 활짝 펼치시고 토양과 날씨의 세세한 부분까지 챙기시며, 하늘을 든든히 제자리에 두시기 오래전에 내가 거기 있었다.
그분이 바다 둘레에 경계를 정하시고 광대한 하늘을 조성하시며 바다의 샘들을 만드셨을 때, 그분이 바다에 경계선을 그으시고 '진입금지' 푯말을 세우신 다음 땅의 기초를 놓으셨을 때,
나는 그분과 함께 있으면서 모든 것이 제자리를 잡게 했다.
나는 날마다 거기 있으면서 기쁨의 손뼉을 치고 그분과 함께 있는 것을 즐거워했다.
사물들, 생물들과 함께 인간 가족의 탄생을 기쁨으로 축하했다.

10

출애굽기 30:11 - 31:18

속죄세

11-16 **하나님**께서 모세에게 말씀하셨
다. "네가 이스라엘 자손의 수를 세어
조사할 때, 인구조사를 받는 모든 사
람은 자기 목숨 값으로 속죄세를 **하나**
님에게 바쳐야 한다. 그래야 인구조사
를 할 때 나쁜 일이 일어나지 않을 것
이다. 누구든지 인구조사를 받는 사람
은 (성소 표준 세겔로 무게가 6그램 정도
되는) 반 세겔을 내야 한다. 이 반 세겔
은 **하나님**에게 바치는 예물이다. 스무
살 이상으로 인구조사를 받는 모든 사
람은 **하나님**에게 예물을 바쳐야 한다.
너희 목숨에 대한 속죄세를 **하나님**에
게 바칠 때, 부유한 사람이라고 해서
반 세겔보다 더 많이 내서도 안되고 가
난한 사람이라고 해서 더 적게 내서도
안된다. 너는 이스라엘 자손에게서 속
죄세를 받아 장막을 유지하는 비용으
로 충당하여라. 그것은 이스라엘 자손
이 **하나님**에게 경의를 표하여 기념물
로 드리는 기금, 너희 목숨을 속죄하는
기금이 될 것이다."

대야

17-21 **하나님**께서 모세에게 말씀하셨
다. "너는 대야와 그 받침대를 청동으

로 만들어라. 그것을 회막과 제단 사이
에 놓고, 거기에 물을 담아라. 아론과
그의 아들들이 그 물로 손과 발을 씻을
것이다. 그들이 회막에 들어갈 때나 제
단 가까이 가서 섬기거나 **하나님**에게
예물을 바칠 때, 물로 씻어야 죽지 않
을 것이다. 그들이 손과 발을 씻어야
죽지 않을 것이다. 이것은 아론과 그의
아들들이 대대로 지켜야 할 영원한 규
례다."

거룩하게 구별하는 기름

22-25 **하나님**께서 모세에게 말씀하셨
다. "너는 가장 좋은 향료를 취하여
라. 성소 표준 도량형으로 액체 몰약
은 5.5킬로그램, 향기로운 육계는 그
절반 정도인 2.75킬로그램, 향기로
운 향초 줄기는 2.75킬로그램, 계피는
5.5킬로그램을 마련하고, 올리브기름
도 4리터 마련하여라. 이것들을 향을
제조하는 사람이 하는 것처럼 잘 혼합
하여, 거룩하게 구별하는 기름을 만들
어라.
26-29 그것을 회막과 증거궤와, 상과 거
기에 딸린 모든 기구와, 등잔대와 거
기에 딸린 기구와, 분향단과, 번제단
과 거기에 딸린 모든 기구와, 대야와
그 받침대에 발라라. 그것들을 거룩하
게 구별하여 그 안에 거룩함이 속속들
이 스며들게 하여라. 그러면 그것을 만
지는 사람도 누구나 거룩하게 될 것
이다.
30-33 그런 다음 아론과 그의 아들들에
게 기름을 부어라. 그들을 거룩하게 구
별하여 나를 섬기는 제사장으로 세워
라. 너는 이스라엘 자손에게 이렇게 일
러 주어라. '이것은 너희 대대로 내게
거룩하게 구별하는 기름이 될 것이다.'
그 기름을 일반인에게 붓지 마라. 너희
몸에 쓰려고 이 혼합법을 모방하지도
마라. 그것은 거룩한 것이니, 거룩하
게 다루어라. 그 혼합법을 모방하거나
그 기름을 일반인에게 붓는 사람은 누
구든지 추방될 것이다."

거룩한 향

34-38 **하나님**께서 모세에게 말씀하셨
다. "너는 향기로운 향료들, 곧 소합향
과 나감향과 풍자향을 가져다가, 거기
에 순수한 유향을 섞어라. 향 제조하는
법에 따라 그 향료들을 같은 비율로 섞
어 향기로운 향을 만들고, 소금을 쳐서
깨끗하고 거룩하게 만들어라. 그 가운
데 일부를 곱게 빻아서, 그 가루 가운
데 일부를 내가 너와 만날 회막 안 증
거궤 앞에 놓아라. 그곳은 너희에게 가
장 거룩한 곳이 될 것이다. 너희가 이
향을 만들 때, 사사로이 쓰려고 그 혼
합법을 모방해서는 안된다. 그 향은 **하
나님**에게 거룩한 것이니, 거룩하게 다
루어라. 사적인 용도로 그 혼합법을
모방하는 사람은 누구든지 추방될 것
이다."

브살렐과 오홀리압

31 1-5 **하나님**께서 모세에게 말씀하셨
다. "내가 한 일을 보아라. 내가 유다
지파 사람 훌의 손자이며 우리의 아들

인 브살렐을 직접 뽑았다. 내가 그에
게 하나님의 영을 가득 채워 주었고,
문양을 그리고 금과 은과 동으로 만들
고 보석을 깎아 물리고 나무를 조각하
는 등, 온갖 공예에 필요한 솜씨와 지
식과 기술을 주었다. 그는 탁월한 장인
이다.
6-11 또한 내가 단 지파 사람 아히사막
의 아들 오홀리압을 그에게 붙여 주어
함께 일하게 했다. 내가 공예에 재능이
있는 모든 사람에게 기술을 주어, 내
가 너에게 명령한 모든 것을 만들게 하
겠다. 곧 회막과 증거궤와 그 위에 덮
을 속죄판과, 회막의 모든 기구와, 상
과 거기에 딸린 모든 기구와, 순금 등
잔대와 거기에 딸린 모든 기구와, 분향
단과, 번제단과 거기에 딸린 모든 기구
와, 대야와 그 받침대와, 예복과 제사
장 아론과 그의 아들들이 제사장 직무
를 행할 때 입을 거룩한 예복과, 거룩
하게 구별하는 기름과, 성소에서 쓸 향
기로운 향을 만들게 하겠다. 그들이 이
모든 것을 내가 네게 명령한 대로 만들
것이다."

나의 안식일을 지켜라

12-17 **하나님**께서 모세에게 말씀하셨
다. "너는 이스라엘 자손에게 이렇게
전하여라. '너희는 그 무엇보다 나의
안식일을 지켜라. 안식일은 내가 너희
를 거룩하게 하는 **하나님**인 것을 생생
히 알리려고 나와 너희 사이에 대대로
세운 표징이다. 안식일은 너희에게 거
룩한 날이니, 너희는 안식일을 지켜
라. 누구든지 안식일을 더럽히는 자는
반드시 죽임을 당할 것이다. 누구든지
안식일에 일하는 자는 백성 가운데서
추방될 것이다. 육 일 동안은 일할 것
이나, 일곱째 날은 안식일이다. 순전
한 안식의 날, **하나님**에게 거룩한 날이
다. 누구든지 안식일에 일하는 자는 반
드시 죽임을 당할 것이다. 이스라엘 자
손은 안식일을 변함없는 언약으로 삼
아 대대로 지켜야 한다. 이것은 나와
이스라엘 자손 사이에 세워진 영원한
표징이다. **하나님**이 육 일 동안 하늘과
땅을 만들고, 일곱째 날에는 쉬면서 숨
을 돌렸기 때문이다.'"

18 **하나님**께서 시내 산에서 모세와 이
야기를 마치시고, 손가락으로 돌판에
쓰신 두 증거판을 모세에게 주셨다.

마태복음 26:47 - 68

예수께서 잡히시다

47-49 예수의 입에서 그 말이 채 떨어지
기가 무섭게, (열두 제자 가운데 하나인)
유다가 나타났다. 그 곁에는 대제사
장과 종교 지도자들이 보낸 무리가 칼
과 몽둥이를 들고 함께 있었다. 배반자
는 그들과 암호를 짜 두었다. "내가 입
맞추는 사람이 바로 그 자니, 그를 잡
으시오." 그는 곧장 예수께 가서 "랍비
님, 안녕하십니까?" 하고 인사하며 그
분께 입을 맞추었다.
50-51 예수께서 말씀하셨다. "친구여,
이 무슨 짓이냐?"

그러자 무리가 달려들어 그분을 붙잡
아 거칠게 다루었다. 예수와 함께 있던
사람들 가운데 하나가, 칼을 뽑아 휘
둘러서 대제사장의 종의 귀를 잘라 버
렸다.
52-54 예수께서 말씀하셨다. "그 칼을
도로 꽂아라. 칼을 쓰는 자는 다 칼로
망하는 법이다. 내가 당장이라도 내 아
버지께 청하여서, 전투태세를 갖춘 천
사 열두 중대를 여기로 오게 할 수 있
다는 것을 너희는 모르느냐? 하지만
내가 그렇게 하면, 이런 일이 일어나야
한다고 한 성경 말씀이 어떻게 이루어
지겠느냐?"
55-56 그런 다음 예수께서 무리에게 말
씀하셨다. "내가 위험한 범죄자라도
되는 것처럼 칼과 몽둥이로 나를 잡으
러 오다니, 이게 무슨 짓이냐? 내가
날마다 성전에 앉아서 가르쳤지만, 너
희는 내게 손 하나 대지 않았다. 너희
가 이렇게 한 것은, 예언자의 글을 확
증하고 성취하기 위해서다."
그때 제자들이 모두 황급히 달아났다.

유대 의회 앞에 서시다

57-58 예수를 잡은 무리가 그분을 대제
사장 가야바 앞으로 끌고 갔다. 거기에
종교 학자와 지도자들이 모여 있었다.
그들이 대제사장의 안뜰에 이를 때까
지 베드로는 안전한 거리를 두고 뒤따
라갔다. 그는 하인들 틈에 슬며시 섞여
서, 일이 어떻게 되는지 지켜보았다.
59-60 대제사장들은 예수께 사형을 선
고하기 위해, 유대 의회와 공모해 그분
을 고발할 죄목을 꾸며 내려고 했다.
그러나 많은 사람들이 나서서 줄줄이
거짓 증언을 내놓는데도, 믿을 만한 것
이 하나도 없었다.
60-61 마침내 두 사람이 나와서 이렇게
고발했다. "그는 '내가 하나님의 성전
을 헐고 사흘 만에 다시 지을 수 있다'
고 했습니다."
62 대제사장이 일어서서 말했다. "이
증언에 대해 너는 뭐라고 말하겠
느냐?"
63 예수께서 침묵하셨다.
그러자 대제사장이 말했다. "내가 살
아 계신 하나님의 권세로 너에게 명한
다. 네가 하나님의 아들, 메시아인지
말하여라."
64 예수께서 짧게 말씀하셨다. "네가
그렇게 말했다. 그러나 그것이 전부가
아니다. 조만간 네 눈으로 직접 보게
될 것이다.

> 전능하신 분의 오른편에 앉은
> 인자가 하늘 구름을 타고 올 것
> 이다."

65-66 그 말에 대제사장이 흥분해서, 자
기 옷을 찢으며 소리쳤다. "이 자가 하
나님을 모독했소! 그를 고발할 증인
이 무슨 필요가 있겠소? 그가 하나님
을 모독하는 것을 여러분이 다 들었소!
여러분은 이 신성모독을 그냥 두고 볼
셈이오?"
그들이 일제히 말했다. "사형입니다!
그 정도라면 사형선고가 마땅합니다."

67-68 그러자 사람들이 예수의 얼굴에
침을 뱉고, 그분을 주먹으로 쳤다. 그
들은 그분을 때리면서 조롱했다. "예
언해 봐라, 메시아야. 이번에 너를 친
사람이 누구냐?"

시편 32:1 – 11

다윗의 시

32 1 스스로 행운아로 여겨라.
그대, 얼마나 복된 사람인지.
잘못을 말끔히 씻고
새 출발하는 그대.

2 스스로 행운아로 여겨라.
하나님께서 흠잡으실 구석 전혀 없고
하나님께 아무것도 숨길 것 없는
그대.

3 내 속에 꼭꼭 담아 두려고 했더니,
내 뼈는 가루로 변하고
내 말은 종일토록 신음이 되었습니다.

4 나를 짓누르는 중압감 그치지
않으니
내 생명의 진액이 다 말라 버렸습
니다.

5 마침내 내 모든 것 주께 고백했습
니다.
"**하나님**께 내 잘못 모조리 털어놓겠습
니다."

갑자기 나를 짓누르던 압박이 사라지
고, 죄책감이 날아갑니다.
내 죄가 사라졌습니다.

6 그러므로 우리가 너나없이 기도하는
이것은 너무나 합당한 일입니다.
대혼란이 일어나고 댐이 터질지라도,
높은 곳에 있는 우리는 해를 입지 않을
것입니다.

7 **하나님**은 내가 은신하는 섬.
위험이 해안에 이르지 못하게 하시고
호산나의 화환을 내 목에 걸어 주십
니다.

8 너희에게 유익한 조언을 몇 마디 하
겠다.
너희 얼굴을 똑바로 쳐다보고
있는 그대로 말하겠다.

9 "말이나 노새처럼 고집을 부리지
마라.
그것들은 재갈과 고삐를 채워야만
제 길로 간다."

10 하나님을 무시하는 자는 언제나 곤
경에 처하지만,
하나님을 인정하는 사람은 인생의 굽
이굽이마다 주님의 사랑을 깨닫는다.

11 **하나님**을 찬양하여라.
다 함께 노래하여라!
마음이 정직한 너희여, 목청껏 환호하
여라!

32-36 그러니 친구들이여, 잘 들어라.
내 길을 따르는 이들은 가장 복된 자들이다.
절제된 생활에 주목하고 지혜롭게 살아라.
네 소중한 인생을 허비하지 마라.
내 말을 듣는 이,
아침마다 깨어나 나를 맞이하는 이,
하루 일과를 시작하는 내게 정신을 바짝 차리고 반응하는 이는 복이 있다.
나를 만나는 이는 참 생명을 얻고
하나님의 기뻐하심을 얻는다.
그러나 나를 무시하는 자는 자기 영혼을 해친다.
나를 거절하면 죽음과 불장난을 하게 된다."

11

출애굽기 32:1 – 33:23

우리를 위해 신을 만들어 주십시오

32 1 백성은 모세가 영원히 산에서 내
려오지 않을 것이라 생각하고서 아론
에게 몰려가 말했다. "어떻게 좀 해보
십시오. 우리를 이끌어 줄 신을 만들어
주십시오. 우리를 이집트에서 데리고
나온 저 모세라는 사람이, 도대체 어찌
되었는지 모르겠습니다."
2-4 아론이 그들에게 말했다. "여러분
의 아내와 아들딸들의 귀에서 금고리
를 빼서 내게 가져오시오." 모든 백성
이 귀에서 금고리를 빼서 아론에게 가
져왔다. 아론이 그들의 손에서 받은 금
을 가지고 그것을 주조하여 송아지 형
상을 만들었다.
백성의 반응이 뜨거웠다. "오 이스라
엘아, 이 신이 너희를 이집트에서 이끌
어 낸 너희의 신이다!"
5 아론은 사태를 파악하고서, 송아지
형상 앞에 제단을 쌓았다.
그런 다음 이렇게 선언했다. "내일은
하나님께 드리는 절기입니다!"
6 이튿날 이른 아침, 백성이 일어나서
번제와 화목제를 드렸다. 백성이 앉아
서 먹고 마시다가 파티를 벌이기 시작
했다. 그것은 급기야 난잡한 파티로 변
질되고 말았다!

7-8 **하나님**께서 모세에게 말씀하셨다. "가거라! 내려가거라! 네가 이집트 땅에서 이끌어 낸 네 백성이 타락하고 말았다. 그들이 순식간에 내가 명령한 길에서 벗어나 송아지 형상을 만들어 숭배했다. 그들이 송아지 형상에게 제물을 바치고, '오 이스라엘아, 이 신이 너희를 이집트에서 이끌어 낸 너희의 신이다!' 하고 말했다."

9-10 **하나님**께서 모세에게 말씀하셨다. "내가 이 백성을 보니, 참으로 고집이 세고 목이 뻣뻣한 백성이구나! 이제 너는 나를 막지 마라. 내가 저들에게 마음껏 진노를 터뜨리겠다. 내 진노가 활활 타올라서 저들을 태워 없애 버릴 것이다. 그러나 너는 내가 큰 민족으로 만들겠다."

11-13 모세가 **하나님**을 진정시키며 아뢰었다. "**하나님**, 어찌하여 **하나님**께서 당신의 백성에게 진노를 터뜨리려 하십니까? **하나님**께서는 크신 권능과 능력으로 저들을 이집트에서 이끌어 내셨습니다. 그런데 어찌하여 이집트 사람들이 '그 신이 그들에게 악의를 품었군! 그들을 데리고 나간 것이, 결국 그들을 산에서 죽여 지면에서 싹 쓸어 버리기 위해서였다'고 말하게 하려 하십니까? 진노를 거두십시오. 한 번 더 생각하셔서, 당신의 백성에게 불행을 안겨 주는 일을 거두어 주십시오! 당신의 종 아브라함과 이삭과 이스라엘을 기억해 주십시오. **하나님**께서 '내가 네 후손을 하늘의 별처럼 많게 하고 그들에게 이 땅을 영원토록 주겠다'고 약속하지 않으셨습니까?"

14 그러자 **하나님**께서 뜻을 돌이키셨다. 자기 백성에게 내리시려던 재앙을 내리지 않기로 결정하셨다.

15-16 모세가 돌아서서 두 증거판을 손에 들고 산에서 내려왔다. 그 두 돌판의 양면에는 글자가 쓰여 있었다. 그 두 돌판은 하나님께서 만드시고 손수 새겨서 쓰신 것이었다.

17 여호수아가 백성이 시끄럽게 떠드는 소리를 듣고 모세에게 말했다. "진에서 싸우는 소리가 들립니다!"

18 그러나 모세는 이렇게 말했다.

> 이것은 승전가도 아니고
> 패전가도 아니다.
> 내가 듣기에는 백성이 파티를 벌이는 소리다.

19-20 정말 그랬다. 모세는 진 가까이 와서 송아지 형상과 백성이 춤추는 모습을 보고 분노가 치밀어 올랐다. 그는 두 돌판을 산 아래로 내던져 산산조각 냈다. 그는 그들이 만든 송아지 형상을 가져다가 불에 녹이고, 가루가 되도록 빻아서 물에 뿌리고는, 이스라엘 자손에게 마시게 했다.

21 모세가 아론에게 말했다. "이 백성이 도대체 형님에게 어떻게 했기에, 형님은 저들을 이토록 엄청난 죄에 빠지게 한 것입니까?"

22-23 아론이 말했다. "주인님, 화내지 마십시오. 당신도 이 백성이 얼마나 악

한 것에 마음을 두는지 잘 알지 않습
니까. 저들이 나에게 '우리를 이끌어
줄 신을 만들어 주십시오. 우리를 이집
트에서 데리고 나온 저 모세라는 사람
이, 도대체 어찌 되었는지 모르겠습니
다' 하더군요.
24 그래서 내가 '금을 가지고 있는 사
람이 있습니까?' 하고 물었습니다. 그
랬더니 저들이 자기들의 장신구를 가
져와서 내게 주었습니다. 내가 그것
을 불에 던졌더니 이 송아지가 나왔습
니다."
25-26 모세는 백성이 제멋대로 날뛰는
것을 보았다. 아론이 그들을 제멋대로
굴게 내버려 두어서, 적들 앞에서 조롱
거리가 되게 한 것이다. 모세가 진 입
구에 자리를 잡고 말했다. "누구든지
하나님 편에 설 사람은 나와 함께하시
오!" 레위 자손이 모두 모세 앞으로 나
아왔다.
27 모세가 그들에게 말했다. "**하나님**
이스라엘의 하나님께서 내리신 명령
이오. '너희는 허리에 칼을 차고 진의
한쪽 끝에서 다른 쪽 끝까지 다니면
서, 형제와 친구와 이웃들을 죽여라.'"
28 레위 자손이 모세의 명령대로 행했
다. 그날 백성 가운데서 삼천 명이 죽
임을 당했다.
29 모세가 말했다. "오늘 여러분은 받
은 명령대로 다 행했습니다. 큰 희생을
치르면서 여러분의 아들과 형제들까
지 죽였습니다! 하나님께서 여러분에
게 복을 주셨습니다."
30 이튿날 모세가 백성에게 말했다.
"여러분은 엄청난 죄를 지었습니다!
행여 하나님께서 여러분의 죄를 깨끗
게 해주실지도 모르니, 이제 내가 **하나
님**께 올라가려고 합니다."
31-32 모세가 **하나님**께 돌아가서 아뢰
었다. "참으로 끔찍한 일이 아닐 수 없
습니다. 이 백성이 죄를 지었습니다.
그것도 엄청난 죄를 지었습니다! 저들
이 자신들을 위해 금으로 신상을 만들
었습니다. 하지만 이제 저들의 죄를 용
서해 주십시오.……용서하지 않으시
려거든, 차라리 주께서 기록하신 책에
서 제 이름을 지워 주십시오."
33-34 **하나님**께서 모세에게 말씀하셨
다. "나에게 죄를 지은 사람들만 내가
내 책에서 지워 버릴 것이다. 이제 너
는 가서, 내가 너에게 말해 준 곳으로
백성을 인도하여라. 보아라, 내 천사
가 너보다 앞서 갈 것이다. 그러나 셈
을 치르는 날, 내가 반드시 그들의 죄
값을 물을 것이다."
35 백성과 아론이 만든 송아지 형상 때
문에 **하나님**께서 백성에게 전염병을
내리셨다.

33 1-3 **하나님**께서 모세에게 말씀하셨
다. "이제 가거라. 네가 이집트 땅에서
이끌어 낸 백성과 함께 이곳을 떠나거
라. 내가 아브라함과 이삭과 야곱에게
'네 후손에게 주겠다'고 약속한 땅을 향
해 가거라. 내가 천사를 너희보다 앞
서 보내어, 가나안 사람과 아모리 사람
과 헷 사람과 브리스 사람과 히위 사람

과 여부스 사람을 몰아내겠다. 그 땅은
젖과 꿀이 흐르는 땅이다. 그러나 나는
너희와 함께하지 않겠다. 너희는 고집
이 세고 목이 뻣뻣한 백성이다! 내가
너희와 함께 가다가는 너희를 없애 버
릴지도 모른다."
4 백성이 이 엄한 결정을 듣고는 슬픔
에 빠져 침통한 표정을 지었다. 장신
구를 몸에 걸치는 사람이 아무도 없
었다.
5-6 **하나님**께서 모세에게 말씀하셨다.
"이스라엘 자손에게 전하여라. '너희는
목이 뻣뻣한 백성이다. 나는 너희와 한
순간도 같이 있을 수 없다. 내가 너희
를 없애 버릴지도 모른다. 그러니 내가
너희를 어떻게 할지 결정할 때까지는
너희 몸에서 모든 장신구를 떼어 버려
라.'" 그리하여 이스라엘 자손은 호렙
산에서부터 장신구를 떼어 버렸다.

7-10 모세는 장막을 거두어 진 밖으로
나가서, 진에서 멀리 떨어진 곳에 장
막을 치곤 했다. 그는 그 장막을 회막
이라고 불렀다. **하나님**을 찾는 사람은
누구나 진 밖에 있는 회막으로 나아갔
다. 그 일은 이렇게 진행되었다. 모세
가 회막으로 나아갈 때면 온 백성이 주
의하여 서 있었다. 그들은 모세가 회막
에 들어갈 때까지 저마다 자기 장막 입
구에 서서 그를 지켜보았다. 모세가 회
막에 들어갈 때면, 구름기둥이 회막 입
구로 내려와 **하나님**께서 모세와 이야
기를 나누셨다. 구름기둥이 내려와 회
막 입구에 머무는 것을 볼 때면, 온 백
성이 모두 일어섰다. 저마다 자기 장막
입구에 주의하여 서 있다가 엎드려 경
배했다.
11 **하나님**께서는 마치 이웃이 서로 이
야기를 나누듯이 모세와 얼굴을 마주
하고 말씀을 나누셨다. 모세가 진으로
돌아가도, 그의 젊은 부관 여호수아는
회막을 떠나지 않고 그대로 머물렀다.

12-13 모세가 **하나님**께 아뢰었다. "보십
시오, 하나님께서는 제게 '이 백성을
이끌고 가라'고 하셨지만, 누구를 저와
함께 보내실지는 알려 주지 않으셨습
니다. 주께서는 제게 '나는 너를 잘 안
다. 너는 내게 특별한 존재다' 하고 말
씀해 주셨습니다. 제가 주께 특별한 존
재라면, 주의 계획을 알려 주십시오.
그러면 제가 계속해서 주께 특별한 존
재가 될 것입니다. 이 백성은 주의 백
성이며, 주의 책임이라는 것을 기억해
주십시오."
14 **하나님**께서 말씀하셨다. "내가 친히
너와 함께 가겠다. 내가 이 여정을 끝
까지 지켜보겠다."
15-16 모세가 아뢰었다. "주께서 여기서
앞장서 가지 않으시려거든, 지금 당장
이 여정을 취소해 주십시오. 그러지 않
으시면, 주께서 저와 함께하시고, 저
뿐 아니라 우리 백성과 함께하신다는
것을 어떻게 알겠습니까? 저희와 함
께 가시겠습니까, 가지 않으시겠습니
까? 주께서 함께 가지 않으시면, 이 세

상 다른 모든 민족 가운데서, 저와 주
의 백성이 주께 특별한 존재라는 것을
저희가 어떻게 알겠습니까?"
17 **하나님**께서 모세에게 말씀하셨다.
"알겠다. 네가 말한 대로 하겠다. 내가
너를 잘 알고, 너는 내게 특별한 존재
이기 때문이다. 내가 너를 잘 안다."
18 모세가 아뢰었다. "부디, 주의 영광
을 제게 보여주십시오."
19 **하나님**께서 말씀하셨다. "내가 나의
선한 것을 네 앞으로 지나가게 하고,
네 앞에서 **하나님**의 이름을 선포하겠
다. 나는 내가 선대하고자 하는 자를
선대하고, 내가 긍휼을 베풀고자 하는
자에게 긍휼을 베풀 것이다."
20 **하나님**께서 또 말씀하셨다. "그러나
네가 내 얼굴은 보지 못할 것이다. 나
를 본 사람은 아무도 살 수 없기 때문
이다."
21-23 **하나님**께서 말씀하셨다. "보아라,
여기 내 옆에 자리가 있다. 이 바위에
서 있어라. 나의 영광이 지나갈 때 내
가 너를 바위틈에 두고, 내가 다 지나
갈 때까지 너를 내 손으로 덮어 주겠
다. 그런 다음 내가 손을 치우면, 너는
내 등을 보게 될 것이다. 그러나 내 얼
굴은 보지 못할 것이다."

마태복음 26:69 – 27:14

베드로가 예수를 부인하다

69 그동안, 베드로는 안뜰에 앉아 있었
다. 한 여종이 그에게 다가와서 말했
다. "당신도 갈릴리 사람 예수와 함께
있지 않았나요?"
70 그곳에 있는 모든 사람 앞에서 베드
로는 부인했다. "당신이 무슨 말을 하
는지 모르겠소."
71 그가 문 쪽으로 가니, 또 다른 사람
이 옆에 있는 사람들에게 말했다. "이
사람도 나사렛 예수와 함께 있었소."
72 베드로는 다시 한번 부인하며 맹세
까지 더했다. "맹세하지만, 나는 그 사
람을 본 적도 없소."
73 잠시 후에, 몇몇 구경꾼들이 베드
로에게 다가왔다. "너도 그들 가운데
하나가 틀림없다. 네 사투리를 보면
안다."
74-75 그러자 베드로는 너무 두려워서
저주하며 말했다. "나는 그 사람을 모
르오!"
바로 그때, 수탉이 울었다. 베드로는
"수탉이 울기 전에 네가 나를 세 번 부
인할 것이다"라고 하신 예수의 말씀이
생각났다. 그는 밖으로 나가서, 하염
없이 흐느껴 울고 또 울었다.

유다의 자살

27 1-2 동틀 무렵, 모든 대제사장과 종
교 지도자들이 모여서 예수를 죽일 모
의를 마무리 지었다. 그들은 예수를 결
박해서 총독 빌라도에게 끌고 갔다.
3-4 예수를 배반한 유다는, 그분에게
유죄 판결이 내려진 것을 알았다. 양심
의 가책을 이길 수 없었던 그는, 은화
서른 개를 대제사장들에게 돌려주며
말했다. "내가 죄를 지었소. 내가 죄 없
는 사람을 배반했소."

그러나 그들이 말했다. "우리가 알 바
아니다. 그것은 너의 문제다!"
5 유다는 은화를 성전 안에 던지고 떠
났다. 그는 밖으로 나가서 목을 매어
죽었다.
6-10 대제사장들이 은화를 집어들었으
나, 그것을 어떻게 처리해야 할지 막
막했다. "살인의 대가로 받은 이 돈을
성전에 헌금으로 바치는 것은 옳지 않
소." 그들은 그 돈으로 '토기장이의 밭'
을 사서 노숙자의 묘지로 쓰기로 결정
했다. 그래서 그 밭에 '살인의 밭'이라
는 이름이 붙었고, 지금까지도 그렇게
불리고 있다. 그리하여 예레미야의 말
이 현실이 되었다.

그들이 은화 서른 개,
이스라엘 자손이 값을 매긴 이의 몸
값을 받아서
그것으로 토기장이의 밭을 샀다.

그들은 자신들도 모르게 하나님의 지
시에 정확히 따랐던 것이다.

빌라도에게 사형선고를 받으시다

11 예수께서 총독 앞에 서자, 총독이
물었다. "네가 유대인의 왕이냐?"
예수께서 말씀하셨다. "네가 그렇게
말하면 그렇다."
12-14 그러나 대제사장과 종교 지도자
들이 맹렬하게 고발을 퍼부을 때, 예
수께서는 아무 말씀도 없으셨다. 빌라
도가 예수께 물었다. "저 긴 고발 목록
이 들리느냐? 뭐라고 말해야 하지 않
겠느냐?" 예수께서는 침묵을 지킬 뿐,
그 입으로 한 마디 말도 하지 않으셨
다. 그것은 총독에게 아주 깊은 인상을
남겼다.

시편 33:1-12

33 1-3 선한 너희여,
하나님을 기뻐하여라!
바르게 사는 이들의 찬양만큼 아름다
운 것 없도다.
기타 반주로 주님을 찬양하여라!
그랜드피아노로 찬양곡을 연주하
여라!
새 노래로 주님을 기리고
트럼펫으로 팡파르를 울려라.

4-5 **하나님** 말씀은 속속들이 믿을 수
있고 그분께서 지으신 것 무엇 하나 흠
이 없다.
하나님이 기뻐하시는 것은,
모든 것 제자리를 찾고
그분의 세계가 다림줄처럼 바르게 움직
이는 것.
하나님의 인자하심이 온 땅을 흠뻑 적
신다.

6-7 **하나님**께서 명령하시자,
하늘이 생겨나고
나직이 속삭이시자,
불쑥 별들이 나타났다.
그분께서 바다를 자기 항아리에 퍼 담
으시고 대양을 나무통 안에 부으셨다.

8-9 땅의 피조물들아,
하나님께 절하여라.
세상의 거민들아, 무릎을 꿇어라!
그분께서 말씀하시자,
말씀하신 그 순간에 세상이 생겨났다.

10-12 **하나님**께서 바벨의 허세를 제압하시고
세상의 집권 계획을 수포로 돌리신다.
세상을 위한 **하나님**의 계획은 굳게 서고
그분의 모든 설계는 무너지지 않는다.
하나님과 동행하며 하나님을 위하는 나라는 복이 있다.
그분께서 상속자로 삼으신 백성은 복이 있다.

잠언 9:1 – 6

지혜가 잔치를 연다

9 1-6 지혜가 일곱 기둥을 깎아 세워
집을 짓고 가구를 들였다.
잔치 음식을 준비했다. 양고기를 굽고
포도주를 따르고 은식기와 꽃으로 식탁을 차렸다.
여종들은 물러가게 한 다음
직접 시내로 가 눈에 잘 띄는 곳에
서서 그의 목소리를 듣는 모든 사람을 초대한다.
"사는 게 혼란스럽냐? 뭐가 어떻게 돌아가는지 모르겠느냐?
나와 함께 가자. 함께 만찬을 들자!
갓 구운 빵, 구운 양고기, 고르고 고른 포도주로
근사한 식탁을 차려 놓았다.
무기력한 혼란을 떨치고 생명의 길,
의미 있는 삶의 길을 걸어가라."

12

출애굽기 34:1 – 35:9

다시 새겨 주신 언약의 말씀

34 1-3 **하나님**께서 모세에게 말씀하셨
다. "너는 돌판 두 개를 깎아서 처음 것
과 같이 만들어라. 네가 깨뜨린 원래
판에 있던 말씀을 내가 새 돌판에 다
시 새겨 넣을 것이다. 아침에 시내 산
으로 올라와 산꼭대기에서 나를 만날
준비를 하여라. 아무도 너와 함께 올라
와서는 안된다. 이 산 어디에도 사람
이나 짐승이 있어서는 안된다. 양이나
소가 산 앞에서 풀을 뜯고 있어서도 안
된다."
4-7 모세가 돌판 두 개를 깎아서 처음
것과 같이 만들었다. 그는 아침 일찍
일어나, **하나님**께서 명령하신 대로 돌
판 두 개를 가지고 시내 산으로 올라갔
다. **하나님**께서 구름 가운데 내려오셔
서 모세 옆에 자리를 정하시고, **하나님**
의 이름을 선포하셨다. **하나님**께서 모
세 앞으로 지나가며 선포하셨다. "**하**
나님, 나 **하나님**은 자비롭고 은혜로우
며 한없이 오래 참는 하나님이다. 사랑
이 충만하고, 속속들이 진실한 하나님
이다. 천 대에 이르기까지 한결같은 사
랑을 베풀고, 죄악과 반역과 죄를 용서
하는 하나님이다. 그러나 나는 죄를 그
냥 넘기지는 않는다. 아버지가 죄를 지

으면 본인뿐 아니라 아들과 손자, 그리
고 삼사 대 자손에 이르기까지 그 죄값
을 치르게 할 것이다."
8-9 모세가 곧바로 땅에 엎드려 경배하
며 말했다. "주님, 주께서 제 안에서 조
금이라도 선한 것을 보시거든, 비록 이
백성이 목이 뻣뻣한 백성이지만 저희
와 함께 가 주십시오. 저희의 죄악과
죄를 용서해 주시고, 저희를 주의 것으
로, 주의 소유로 삼아 주십시오."
10-12 **하나님**께서 말씀하셨다. "이제 내
가 너희와 언약을 맺겠다. 세상 어디서
도, 어느 민족에게도 일어난 적이 없는
이적을 내가 너희 모든 백성이 보는 앞
에서 행하겠다. 그러면 너희와 함께 사
는 온 백성이 **하나님**의 일, 곧 내가 너
희를 위해 행하는 일이 얼마나 크고 놀
라운지 보게 될 것이다. 너희는 내가
오늘 너희에게 명령하는 모든 것에 주
의를 기울여라. 내가 아모리 사람과 가
나안 사람과 헷 사람과 브리스 사람과
히위 사람과 여부스 사람을 몰아내어,
너희 앞길을 깨끗이 치울 것이다. 방심
하지 마라. 경계를 늦추지 마라. 너희
가 들어가는 땅의 사람들과 계약을 맺
어, 그들이 너희를 넘어뜨리지 못하게
하여라.
13-16 너희는 그들의 제단을 허물고, 그
들의 남근 모양의 기둥들을 깨부수고,
그들이 다산을 빌며 세운 기둥들을 찍
어 버려라. 다른 신들을 예배하지 마
라. **하나님**은 '질투'라는 이름을 가진
질투하는 하나님이다. 주의하여라. 너
희는 그 땅에 살고 있는 사람들과 계약
을 맺지 말고, 그들의 음란한 종교생활
에 어울리지 말며, 그들의 제단에서 그
들과 함께 식사를 하지 마라. 너희의
아들들을 그들의 여자들과 결혼시키
지 마라. 안락의 신과 여신을 가까이하
는 여자들은 너희의 아들들에게도 똑
같은 짓을 하게 만들 것이다.
17 너희는 자신을 위해 신상들을 부어
만들지 마라.
18 너희는 무교절을 지켜라. 아빕월에
는 칠 일 동안 누룩을 넣지 않은 빵만
먹어라. 이는 너희가 아빕월에 이집트
에서 나왔기 때문이다.
19 맨 처음 태어난 것은 모두 내 것이
다. 너희의 가축 가운데 처음 태어난
수컷은, 소든 양이든 모두 내 것이다.
20 맨 처음 태어난 나귀는 어린양으로
대신하여라. 대신하지 않으려거든, 그
목을 꺾어야 한다.
너희의 맏아들은 모두 대속하여라.
아무도 빈손으로 내 앞에 나와서는 안
된다.
21 육 일 동안 일하고 일곱째 날에는
쉬어라. 밭갈이하는 철이나 추수하는
철이라도 일곱째 날에는 일을 멈추어
야 한다.
22 밀을 처음 거두어들일 때에 칠칠절
을 지키고, 한 해가 끝날 때에는 수장
절을 지켜라.
23-24 너희의 모든 남자는 일 년에 세 차
례, 주 이스라엘의 **하나님** 앞에 나와야
한다. 너희가 매년 세 차례 너희 **하나
님** 앞에 나올 때에, 너희 땅에 대해 걱
정하지 않아도 된다. 내가 너희 앞에서

모든 민족을 몰아내고, 너희에게 땅을
넉넉히 줄 것이다. 너희에게서 그 땅을
빼앗으려고 기회를 엿보며 어슬렁거
리는 자가 없을 것이다.
25 너희는 내 희생 제물의 피를 발효된
것과 섞지 마라.
유월절에 쓰고 남은 것을 이튿날 아침
까지 남겨 두지 마라.
26 너희가 생산한 첫 열매 가운데 가장
좋은 것을 너희 하나님의 집으로 가져
오너라.
새끼염소를 그 어미의 젖에 삶지
마라."

27 **하나님**께서 모세에게 말씀하셨다.
"이제 너는 이 말을 기록하여라. 내가
이 말을 근거로 너와 이스라엘과 언약
을 맺었기 때문이다."
28 모세는 그곳에서 **하나님**과 함께 밤
낮으로 사십 일을 지냈다. 그는 음식도
먹지 않고 물도 마시지 않은 채 언약의
말씀, 곧 열 가지 말씀을 두 돌판에 기
록했다.
29-30 모세가 두 증거판을 들고 시내 산
에서 내려올 때, **하나님**과 함께 이야기
를 나눈 그의 얼굴이 빛나고 있었다.
그러나 그 자신은 알지 못했다. 아론과
이스라엘 모든 자손이 모세를 보았으
나, 그의 빛나는 얼굴을 보고 두려워서
그에게 가까이 가기를 주저했다.
31-32 모세가 큰소리로 그들을 불렀다.
아론과 공동체 지도자들이 모세에게
다시 나아오자, 모세가 그들과 이야기
를 나누었다. 그 후에야 이스라엘 모든
자손이 그에게 나아왔고, 모세는 **하나
님**께서 시내 산에서 말씀해 주신 모든
명령을 그들에게 전했다.
33-35 모세는 그들과 이야기하기를 마
치고, 수건으로 자기 얼굴을 가렸다.
그러나 **하나님** 앞에 나아가서 **하나님**
과 함께 이야기할 때는 수건을 벗었
고, 나올 때까지 수건을 쓰지 않았다.
모세가 나와서 자신이 받은 명령을 이
스라엘 자손에게 전할 때면, 이스라엘
자손은 그의 얼굴이 빛나는 것을 보았
다. 모세는 **하나님**과 이야기를 나누러
다시 들어갈 때까지 자기 얼굴을 수건
으로 가렸다.

35 1 모세가 이스라엘 온 회중에게 말
했다. "이것은 **하나님**께서 여러분에게
행하라고 명령하신 사항들입니다.
2-3 육 일 동안은 일을 해야 합니다. 그
러나 일곱째 날은 거룩한 안식일, **하나
님**께 드리는 거룩한 안식일입니다. 이
날에 일하는 사람은 누구나 죽임을 당
할 것입니다. 안식일에 여러분은 집에
서 불을 피워서는 안됩니다."

하나님께 드릴 예물

4 모세가 이스라엘 온 회중에게 말했
다. "이것은 **하나님**께서 명령하신 것
입니다.
5-9 여러분 가운데서 **하나님**을 위한 예
물을 모으겠습니다. 사람이 **하나님**께
예물로 드리고 싶어 하는 것이면 무엇
이든 **하나님**을 위해 받겠습니다. 금과
은과 청동, 청색 실과 자주색 실과 주

홍색 실, 가는 모시실, 염소 털, 가공한 숫양 가죽, 돌고래 가죽, 아카시아나무, 등잔에 쓸 기름, 거룩하게 구별하는 기름에 넣는 향료와 분향할 향에 넣는 향료, 에봇과 가슴받이에 박을 마노 보석과 그 밖의 보석들을 받겠습니다.

마태복음 27:15–31

15-18 명절 중에는 무리가 지명하는 죄
수 하나를 총독이 사면해 주는 오랜 관
례가 있었다. 때마침 예수 바라바라 하
는 악명 높은 죄수가 감옥에 수감되
어 있었다. 빌라도가 무리 앞에서 말했
다. "여러분은 내가 어떤 죄수를 놓아
주기를 원하오? 예수 바라바요? 아니
면 그리스도라 하는 예수요?" 빌라도
는 그들이 예수를 자기에게 넘긴 것이
순전히 악의에서 비롯된 일임을 알고
있었다.
19 재판이 아직 진행중일 때, 빌라도의
아내가 말을 전해 왔다. "이 고귀한 사
람을 재판하는 일에 상관하지 마세요.
내가 그 사람 꿈으로 밤새 뒤숭숭했습
니다."
20 한편, 대제사장과 종교 지도자들은
무리를 부추겨 바라바의 사면과 예수
의 처형을 요구하도록 했다.
21 총독이 물었다. "여러분은 내가 두
사람 가운데서 누구를 놓아주기를 원
하오?"
그들이 말했다. "바라바요!"
22 "그럼, 그리스도라 하는 예수는 내
가 어떻게 하면 되겠소?"
그들이 일제히 소리쳤다. "십자가에
못 박으시오!"
23 그가 따졌다. "무슨 죄목 때문이오?"
그러나 그들은 더 크게 소리쳤다.
"십자가에 못 박으시오!"
24 빌라도는 아무 성과도 없이 자칫 폭
동이 나려는 것을 보고, 대야에 물을
가져다가 무리가 다 보는 앞에서 손을
씻으며 말했다. "나는 이 사람의 죽음
에 대한 책임에서 손을 떼겠소. 지금부
터는 여러분 소관이오. 여러분이 재판
관이고 배심원이오."
25 무리가 대답했다. "우리가 책임지겠
소. 우리 자손들이 책임지겠소."
26 빌라도는 바라바를 사면해 주었다.
그러나 예수는 채찍질한 뒤에, 십자가
에 못 박도록 넘겨주었다.

십자가에 못 박히시다

27-31 총독 수하의 병사들이 예수를 총
독 관저로 데리고 들어가서, 부대 전체
를 모아 놓고 희희덕거렸다. 그들은 예
수의 옷을 벗기고 빨간색 긴 겉옷을 입
혔다. 그리고 가시나무로 엮은 왕관을
그분 머리에 씌웠다. 그들은 그분의 권
위를 인정한답시고 오른손에 홀처럼
막대기를 쥐어 주었다. 그러고는, 그
분 앞에 무릎을 꿇고서 예를 갖추는 시
늉을 하며 조롱했다. "유대인의 왕, 만
세!" 그들이 말했다. "만세!" 또 그들은
예수께 침을 뱉고 막대기로 그분의 머
리를 때렸다. 실컷 즐기고 나서, 그들
은 겉옷을 벗기고 다시 그분의 옷을 입
혔다. 그런 다음, 십자가에 못 박으려

고 끌고 나갔다.

시편 33:13 – 22

13-15 **하나님**께서 하늘 높은 곳에서 둘러
보시며
아담의 모든 자손을 바라보신다.
앉아 계신 그 자리에서
땅에 사는 우리 모두를 굽어보신다.
그분께서 각 사람을 지으셨으니
이제, 우리가 하는 모든 일을 지켜보
신다.

16-17 큰 군대가 있다고 왕이 성공하는
것은 아니며,
큰 힘이 있다고 용사가 승리하는 것도
아니다.
말(馬)의 힘이 답은 아니며,
완력만으로 구원을 얻는 사람도 없다.

18-19 하나님의 눈은 그분을 귀히 여기
는 이들,
그분의 사랑을 구하고 찾는 이들에게
머문다.
그들이 역경에 처할 때 당장 구하러
오시며,
어려울 때 그들의 몸과 영혼을 모두 돌
보아 주신다.

20-22 우리가 **하나님**을 의지하니,
그분은 우리가 필요로 하는 전부.
그 거룩하신 이름, 우리 소유 삼았으니
우리 마음 기쁨이 넘치네.
하나님, 우리가 주님을 의지합니다.
주님의 전부로, 우리를 사랑해 주
소서.

잠언 9:7 – 12

7-12 오만하게 빈정대는 자를 타이르면
뺨을 맞고
못된 행동을 지적하면 정강이를 걷어
차일 것이다.
그러니 비웃는 자에게 시간을 낭비하지
마라.
수고의 대가로 욕만 먹게 될 것이다.
그러나 인생을 귀하게 여기는 사람을
꾸짖는 것은 다르다.
그들은 그 보답으로 너를 사랑할 것
이다.
지혜로운 사람들에게만 훈계를 해라.
그들이 더 지혜로워질 것이다.
네가 아는 바를 선한 사람들에게 말해
주어라. 그들이 유익을 얻을 것이다.
삶의 진수는 **하나님**을 경외하는 것에
서 시작된다.
인생에 대한 통찰력은 거룩하신 하나
님을 아는 데서 나온다.
지혜를 통해 인생에 깊이가 더해지고
성숙한 나날이 펼쳐진다.
지혜롭게 살면 지혜가 네 삶에 스며들
것이다.
삶을 무시하면 삶 또한 너를 무시할
것이다.

13

출애굽기 35:10 – 36:38

10-19 여러분 가운데 기술이 있는 사람
은 모두 나오십시오. 와서, **하나님**께
서 명령하신 모든 것, 곧 성막과 그 위
에 덮을 천막과 덮개, 갈고리, 널판, 가
로다지, 기둥, 밑받침, 증거궤와 그 채,
속죄판과 그것을 가릴 휘장, 상과 그
채와 부속 기구와 임재의 빵, 불을 밝
힐 등잔대와 부속 기구와 등잔과 등잔
에 쓸 기름, 분향단과 그 채, 거룩하게
구별하는 기름, 분향할 향, 성막 입구
의 정문에 늘어뜨릴 막, 번제단과 거기
에 달 청동석쇠와 채와 부속 기구들,
대야와 그 받침대, 성막 뜰에 두를 휘
장과 그 기둥과 밑받침, 뜰 정문에 칠
막, 성막의 말뚝, 뜰의 말뚝과 그 줄,
성소에서 섬길 때 입는 예복, 제사장
아론이 입을 거룩한 예복과 그 아들들
이 제사장으로 섬길 때 입을 예복을 만
드십시오."
20-26 이스라엘 공동체의 모든 사람이
모세 앞에서 물러나왔다. 마음에 감동
을 받은 모든 사람, 그 영으로 자원하
여 드리고자 하는 모든 사람이, 회막
을 짓고 예배하고 거룩한 예복을 짓는
데 쓸 예물을 **하나님**께 가져왔다. 남자
여자 할 것 없이 그들 가운데 자원하여
드리기 원하는 사람들은 모두 와서 장
식핀과 귀걸이, 반지, 목걸이 등 금으

로 만든 것들을 드렸다. 저마다 자신의 금붙이를 **하나님**께 드렸다. 그리고 청색 실과 자주색 실과 주홍색 실, 가는 모시실, 염소 털, 가공한 가죽, 돌고래 가죽을 가진 사람들은 그것들을 가져왔다. 은이나 청동으로 **하나님**께 드리고 싶어 하는 이들은 그것을 예물로 가져왔다. 작업에 쓸 아카시아나무를 가진 이들은 그것을 가져왔다. 직조 기술이 있는 여자들은 청색 실과 자주색 실과 주홍색 실과 가는 모시실로 직접 짠 것을 가져왔다. 실을 잣는 재능이 있는 여자들은 염소 털로 실을 자았다.

27-29 지도자들은 에봇과 가슴받이에 박을 마노 보석과 그 밖의 값진 여러 보석들을 가져왔다. 그들은 등잔에 쓸 기름과 거룩하게 구별하는 기름과 향을 만드는 데 쓸 향료와 올리브기름도 가져왔다. 이스라엘의 모든 남자와 여자가 마음에 감동을 받아, **하나님**께서 모세를 통해 만들라고 명령하신 작업에 쓸 것들을 기꺼이 가져왔다. 그들은 자발적으로 물품을 가져다가 **하나님**께 드렸다.

브살렐과 오홀리압

30-35 모세가 이스라엘 자손에게 말했다. "보십시오, **하나님**께서 유다 지파 사람 훌의 손자이며 우리의 아들인 브살렐을 직접 뽑으셨습니다. **하나님**께서는 그에게 하나님의 영을 가득 채워 주셨고, 문양을 그리고 금과 은과 청동으로 만들고 보석을 깎아 물리고 나무를 조각하는 등, 온갖 공예에 필요한 솜씨와 지식과 기술을 그에게 주셨습니다. 또한 **하나님**께서는 그와 단 지파 사람 아히사막의 아들 오홀리압을 가르치는 자로 삼으셨습니다. **하나님**께서는 그들에게 조각하는 일과 문양을 그리는 일, 청색 실과 자주색 실과 주홍색 실과 가는 모시실로 천을 짜고 수를 놓는 일에 필요한 지식을 주셨습니다. 이제 그들은 무엇이든 만들 수 있고, 무엇이든 고안해 낼 수 있게 되었습니다."

36 1 "브살렐과 오홀리압은, **하나님**께서 그분의 명령대로 성소의 예배에 필요한 모든 것을 만들라고 기술과 지식을 주신 사람들과 함께 일을 시작해야 합니다."

2-3 모세는 브살렐과 오홀리압뿐 아니라 **하나님**께서 손으로 능숙하게 일하는 재능을 주신 모든 사람을 불러들였다. 그 사람들은 일을 시작하고 그 일에 참여하기를 간절히 원했다. 그들은 이스라엘 자손이 성소를 만드는 일에 쓰라고 가져온 온갖 예물을 모세에게서 넘겨받았다. 백성이 아침마다 계속해서 자발적으로 예물을 가져왔다.

4-5 성소 건립에 필요한 모든 것을 만들던 기술자들이 잇따라 모세에게 와서 말했다. "**하나님**께서 우리에게 명령하신 일을 하는 데 쓰고도 남을 만큼 넉넉한데도, 백성이 더 많은 예물을 가져오고 있습니다!"

6-7 그래서 모세가 진중에 명령을 내렸다. "남자든 여자든, 성소 건립에 쓸 예

물을 더 이상 가져오지 마십시오!" 그 명령을 듣고 백성이 더 이상 예물을 가져오지 않았다! 해야 할 일을 다 할 수 있을 만큼 물자가 넉넉했다. 남을 정도로 넉넉했다.

성막 천

8-13 성막 제작 기술이 있는 모든 사람이 가늘게 꼰 모시실과 청색 실과 자주색 실과 주홍색 실로 열 폭의 천을 짜고, 그 위에 그룹 천사 문양을 수놓았다. 천 한 폭은 길이 12.6미터, 너비 1.8미터였다. 열 폭의 천은 다섯 폭을 옆으로 나란히 이어 한 벌을 만들고, 나머지 다섯 폭도 옆으로 나란히 이어 또 한 벌을 만들었다. 나란히 이은 한 벌의 한쪽 가장자리를 따라 청색 실로 고리를 만들고, 나란히 이은 다른 벌의 한쪽 가장자리에도 그렇게 했다. 그들은 두 벌의 마지막 폭에 각각 오십 개의 고리를 만들어 서로 맞닿게 했다. 그리고 금갈고리 오십 개를 만들어서, 그것으로 두 벌의 천을 서로 연결하여 하나의 온전한 성막이 되게 했다.

14-19 그런 다음 그들은 염소 털로 짜서 만든 열한 폭의 천으로 성막을 덮을 천막을 만들었다. 천 한 폭의 길이는 13.5미터, 너비는 1.8미터였다. 그들은 천 다섯 폭을 나란히 이어 연결하고, 나머지 여섯 폭도 그렇게 연결했다. 그런 다음 나란히 이은 천의 한쪽 가장자리를 따라 고리 오십 개를 만들고, 맞물릴 쪽의 가장자리에도 고리 오십 개를 만들었다. 청동으로 갈고리 오십 개를 만들어서, 그것을 고리에 걸어 하나의 천막이 되게 했다. 그들은 붉게 물들인 가공한 숫양 가죽으로 천막을 덮고, 그 위에 돌고래 가죽을 덮어 일을 마무리했다.

성막의 뼈대

20-30 그들은 아카시아나무 널판을 수직으로 세워 성막의 뼈대를 만들었다. 각 널판은 길이 4.5미터, 너비 67.5센티미터로 하고, 널판마다 촉꽂이 두 개를 만들어 널판을 고정시킬 수 있게 했다. 그들은 모든 널판을 똑같이 만들었다. 남쪽에 세울 널판 스무 개를 만들고, 은밑받침 마흔 개를 만들어, 널판마다 두 개씩 달려 있는 촉꽂이를 꽂을 수 있게 했다. 성막의 북쪽도 같은 구조로 만들었다. 서쪽을 바라보는 성막의 뒤쪽에 세울 널판을 여섯 개 만들고, 성막 뒤쪽 두 모퉁이에 세울 널판도 추가로 두 개 더 만들었다. 두 모퉁이에 세울 널판은 두께가 위에서 아래까지 두 겹이고, 하나의 고리에 끼워 맞췄다. 널판이 여덟 개이고, 각 널판에 밑받침이 두 개씩 있어, 은밑받침이 열여섯 개가 되었다.

31-34 그들은 아카시아나무로 가로다지를 만들었는데, 성막 한쪽 옆면 널판들에 다섯 개, 다른 쪽 옆면 널판들에도 다섯 개, 서쪽을 바라보는 성막 뒤쪽에도 다섯 개를 만들었다. 널판들의 가운데에 끼울 중간 가로다지는 이쪽 끝에서 저쪽 끝까지 이어지게 했다. 그들은 널판에 금을 입히고, 가로다지를 꿸 수

있도록 금고리를 만들었다. 그리고 가로다지에도 금을 입혔다.

35-36 그들은 청색 실과 자주색 실과 주홍색 실과 가늘게 꼰 모시실로 휘장을 만들었다. 그리고 휘장에 그룹 천사 문양을 짜 넣었다. 아카시아나무로 기둥 네 개를 만들어 금을 입히고, 그 기둥을 받칠 은밑받침 네 개를 주조했다.

37-38 그들은 성막 문을 가릴 막을 만들었는데, 청색 실과 자주색 실과 주홍색 실과 가늘게 꼰 모시실로 수를 놓아 만들었다. 아카시아나무로 기둥 다섯 개를 만들고 금을 입혀서 빼대로 세우고, 막을 칠 수 있게 금갈고리를 만들고, 기둥을 받칠 청동밑받침도 다섯 개 만들었다.

마태복음 27:32-66

32-34 가는 길에 그들은 시몬이라는 구레네 사람을 만나, 그에게 예수의 십자가를 지게 했다. '해골 언덕'이라 하는 골고다에 이르자, 그들은 (포도주와 몰약을 섞어서 만든) 가벼운 진통제를 예수께 주었다. 그러나 예수께서 맛보시고는 마시려 하지 않으셨다.

35-40 병사들은 예수를 십자가에 못 박고서 그분이 죽기를 기다리는 동안, 그분의 옷가지를 나눠 가지려고 주사위를 던지며 시간을 보냈다. 그분의 머리 위에는 '이 사람은 유대인의 왕 예수다' 라고 쓴 팻말이 붙어 있었다. 예수와 함께 죄수 두 사람도 십자가에 달렸는데, 하나는 그분 오른쪽에, 다른 하나는 왼쪽에 달렸다. 길을 가던 사람들은 슬픈 척 고개를 저으며 예수를 조롱했다. "성전을 헐고 사흘 만에 다시 짓겠다고 으스대던 네가 아니냐. 그러니 실력을 보여 봐라! 네 자신을 구원해 보라고! 네가 정말 하나님의 아들이면 그 십자가에서 내려와 봐라!"

41-44 바로 그 자리에서, 대제사장들도 종교 학자와 지도자와 나머지 사람들과 어울려 신나게 그분을 비웃었다. "그가 다른 사람은 구원하더니 자기는 구원하지 못하는군! 이스라엘의 왕이라고? 그럼 그 십자가에서 내려와 보시지. 그러면 우리가 다 믿을 텐데! 하나님을 철석같이 믿더니만, 어디 하나님이 이제 자기 아들을 구해 주시나 보자. 그야 하나님이 원하셔야 되겠지만! 이 자는 자칭 하나님의 아들이 아니었나?" 예수와 함께 십자가에 못 박힌 두 죄수까지도 조롱에 가세했다.

45-46 정오부터 세 시까지, 온 땅이 어두워졌다. 오후 중반쯤에, 예수께서 깊은 데서부터 신음하며 큰소리로 부르짖으셨다. "엘리, 엘리, 라마 사박다니?" 이 말은 "나의 하나님, 나의 하나님, 어찌하여 나를 버리셨습니까?"라는 뜻이다.

47-49 곁에서 그 말을 들은 몇몇 사람들이 "이 사람이 엘리야를 부른다" 하고 말했다. 그 가운데 한 사람이 달려가서, 솜뭉치를 신 포도주에 적셔서, 장대에 달아 올려 그분께 마시게 했다. 다른 사람들은 "그렇게 서두를 것 없다. 엘리야가 와서 그를 구해 주나 보

자" 하고 놀려 댔다.

50 그러나 예수께서 다시 한번 크게 소리지르시고 숨을 거두셨다.

51-53 그 순간, 성전의 휘장이 위에서부터 아래까지 둘로 찢어졌다. 지진이 일어나서 바위들이 갈라져 산산조각 났다. 그뿐 아니라 무덤들이 열리면서, 무덤 속에 자고 있던 많은 믿는 이들의 몸이 살아났다. (예수께서 부활하신 후에, 그들은 무덤을 떠나 거룩한 도성에 들어가서 많은 사람들에게 나타나 보였다.)

54 경비대장과 그와 함께 있던 사람들은, 지진과 그 밖에 일어난 일을 보고는 몹시 두려웠다. 그들은 말했다. "이 사람은 하나님의 아들이 틀림없다!"

55-56 또한 많은 여자들이 멀리서 지켜보고 있었는데, 그들은 예수를 섬기려고 갈릴리에서부터 그분을 따라온 사람들이었다. 그들 가운데는 막달라 마리아, 야고보와 요셉의 어머니 마리아, 세베대의 두 아들의 어머니도 있었다.

무덤에 묻히시다

57-61 그날 오후 늦게, 예수의 제자인 아리마대 출신의 한 부자가 왔다. 그의 이름은 요셉이었다. 그는 빌라도에게 가서 예수의 시신을 거두게 해달라고 청했다. 빌라도는 그의 청을 들어주었다. 요셉은 시신을 가져다가 깨끗한 세마포에 싸서, 최근에 바위를 깎아서 만든 자신의 새 무덤에 모셔 두고, 큰 돌을 굴려 입구를 막고 나서 그곳을 떠났다. 그러나 막달라 마리아와 다른 마리아는 남아서, 무덤이 잘 보이는 곳에 앉아 있었다.

62-64 해가 진 후에, 대제사장과 바리새인들이 빌라도에게 면회를 청했다. 그들은 말했다. "총독님, 저 거짓말쟁이가 살아 있을 적에 '내가 사흘 후에 다시 살아날 것이다' 하던 말이 이제야 생각났습니다. 사흘째 되는 날까지 무덤을 봉인해야 되겠습니다. 그의 제자들이 와서 시체를 훔쳐 가서는, '그가 죽은 자들 가운데서 살아났다'고 하면서 떠들고 다닐 가능성이 높습니다. 그렇게 되면 우리의 처지가 전보다 더 곤란해집니다. 나중 속임수가 처음 속임수보다 더 해를 끼칠 수 있습니다."

65-66 빌라도가 그들에게 말했다. "당신들에게 경비대가 있을 것 아니오. 가서 힘껏 지키도록 하시오." 그들은 나가서 돌을 봉인하고, 경비병을 세워 무덤을 단단히 지켰다.

시편 34:1 – 10

다윗의 시. 다윗이 아비멜렉을 속이고 떠나갈 때

34 1 나, 순간마다 **하나님**을 찬양하리라.
숨이 턱에 차도록 주님을 찬양하리라.

2 내가 늘 **하나님**과 함께 살고 숨 쉬니,
지금 곤경에 처한 너희여, 이 말을 듣고 기뻐하여라.

3 나와 함께 이 소식을 널리 전하고

주님의 말씀 함께 외치자.

[4] **하나님**께서 저만치 달려 나와 나를 맞아 주시고
불안과 두려움에서 나를 구해 주셨다.

[5] 그분을 우러러보아라,
너의 그 밝고 따스한 미소로.
네 감정을 그분께 숨기지 마라.

[6] 내가 절망에서 부르짖을 때
하나님께서 나를 궁지에서 빼내 주셨다.

[7] 우리가 기도할 때
하나님의 천사가 우리를 둘러 진 치고 보호한다.

[8] 너희 입을 벌려 맛보고,
너희 눈을 활짝 떠서 보아라.
하나님이 얼마나 좋은 분이신지.
그분께 피하는 너희는 복이 있다.

[9] 가장 귀한 것을 바라거든 **하나님**을 예배하여라.
예배할 때 그분의 온갖 선하심에 이르는 문이 열린다.

[10] 굶주린 젊은 사자들은 먹이를 찾아 헤매지만,
하나님을 찾는 이들은 하나님으로 배부르리라.

매춘부도 큰소리로 외친다

[13-18] 이번에는 뻔뻔하고 머리가 텅 빈 경박한 여자,
매춘부가 등장하는구나.
그 여자는 시내 중심가에 있는
자기 집 문 앞에 앉아
제 길 가는 사람들에게
큰소리로 외친다.
"사는 게 혼란스러운가요? 뭐가 어떻게 돌아가는지 모르겠어요?
나와 함께 달아나요. 좋은 시간 보내게 해줄게요!
아무도 모를 거예요. 최고의 시간을 안겨 줄게요."
그러나 사람들은 모른다. 그 여자의 벽장에 해골이 가득한 것을.
그 여자를 찾아간 자들이 모두 지옥에 떨어졌다는 것을.

14

출애굽기 37:1 – 38:31

언약궤

37 1-5 브살렐은 아카시아나무로 궤를
만들었다. 길이 1.12미터, 너비와 높
이는 67.5센티미터가 되게 만들었다.
궤의 안과 밖에 순금을 입히고, 그 둘
레에 금테를 둘렀다. 금고리 네 개를
주조하여 궤의 네 다리에 달되, 한쪽에
고리 두 개, 다른 한쪽에 고리 두 개를
달았다. 아카시아나무로 채를 만들어
금을 입혔고, 그 채를 궤 양쪽에 달린
고리에 끼워서 궤를 들 수 있게 했다.
6 그런 다음 그는 궤의 덮개, 곧 속죄판
을 순금으로 만들었는데, 길이 1.12미
터, 너비 67.5센티미터가 되게 했다.
7-9 그는 두들겨 편 금으로 날개 달린
그룹 천사 둘을 조각하여 속죄판 양쪽
끝에 자리 잡게 했는데, 천사 하나는
이쪽 끝에, 다른 하나는 저쪽 끝에 자
리 잡게 했고, 천사들과 속죄판이 하
나로 이어지게 했다. 천사들은 날개를
활짝 펴고 속죄판 위에 머무는 듯 보였
고, 서로 마주 보며 속죄판을 내려다보
는 것 같았다.

임재의 빵을 차려 놓는 상

10-15 그는 아카시아나무로 상을 만들
었다. 길이 90센티미터, 너비 45센티

미터, 높이 67.5센티미터가 되게 하
고, 그 위에 순금을 입히고, 그 둘레에
는 금테를 둘렀다. 상 둘레에는 손바닥
너비만한 턱을 만들고, 그 턱의 둘레
에도 금테를 둘렀다. 상에 매달 금고리
네 개를 주조하여, 상의 네 다리에 상
의 윗면과 평행이 되게 달았다. 그 고
리들은 상을 나를 때 쓰는 채를 끼우는
데 사용될 것이었다. 채는 아카시아나
무로 만들고, 거기에 금을 입혔다. 이
채는 상을 나를 때 사용될 것이었다.
16 그는 상에 쓸 기구들, 곧 접시와 대
접과 단지, 그리고 부어 드리는 제물을
담는 주전자를 순금으로 만들었다.

등잔대

17-23 그는 두들겨 편 순금으로 등잔대
를 만들고, 등잔대의 줄기와 가지와 잔
과 꽃받침과 꽃잎이 모두 하나로 이어
지게 만들었다. 등잔대의 줄기 양쪽에
가지 여섯 개를 냈는데, 한쪽에 세 개,
다른 한쪽에 세 개를 냈다. 가지에는
꽃받침과 꽃잎이 달린 감복숭아꽃 모
양의 잔 세 개를 얹었고, 줄기에서 나
온 가지 여섯 개를 모두 그렇게 만들었
다. 등잔대의 줄기에는 꽃받침과 꽃잎
이 달린 감복숭아꽃 모양의 잔 네 개를
만들어 달았다. 줄기에서 양쪽으로 갈
라져 나온 가지 한 쌍마다 그 아래에
꽃받침을 하나씩 달았다. 두들겨 편 순
금으로 줄기와 꽃받침을 포함한 등잔
대 전체를 만들었고, 전체가 하나로 이
어지게 했다. 그는 등잔 일곱 개와 심
지 자르는 가위를 모두 순금으로 만들
었다.
24 그는 약 34킬로그램의 순금을 사용
하여 등잔대와 그 부속 기구들을 만들
었다.

분향단

25-28 그는 아카시아나무로 분향단을
만들었다. 가로와 세로가 45센티미터
인 정사각형 모양이 되게 하고, 높이
는 90센티미터가 되게 하고, 제단과
네 뿔이 하나로 이어지게 했다. 분향단
의 윗면과 네 옆면과 뿔에 순금을 입히
고, 그 둘레에 금테를 두르고, 금테 밑
에 금고리 두 개를 만들어 달았다. 두
개의 고리를 분향단 양쪽 옆에 달아 그
고리에 채를 꿰어 분향단을 나를 수 있
게 했다. 채는 아카시아나무로 만들어
금을 입혔다.
29 또한 그는 향 제조하는 법에 따라,
거룩하게 구별하는 기름과 순수하고
향기로운 향을 마련했다.

번제단

38 1-7 그는 아카시아나무로 번제단을
만들었다. 가로와 세로가 2.25미터로
정사각형 모양이 되게 만들고, 높이는
1.35미터가 되게 했다. 네 귀퉁이에는
뿔을 하나씩 만들어 달았다. 네 개의
뿔이 제단과 하나로 이어지게 했고 청
동을 입혔다. 그는 제단에 쓰이는 모든
기구, 곧 재를 담는 통, 부삽, 대야, 고
기 집게, 화로를 청동으로 만들었다.
그는 청동으로 그물 모양의 석쇠를 만
들어 제단 가장자리 밑에 달아 제단 중

간에 자리 잡게 했다. 그리고 채를 꿸 수 있도록 고리 네 개를 주조하여 석쇠의 네 귀퉁이에 하나씩 달았다. 채는 아카시아나무로 만들어 청동을 입혔다. 그러고는 제단 양쪽에 달린 고리에 그 채를 꿰어 제단을 나를 수 있게 했다. 제단은 널판으로 만들었는데, 속이 비게 했다.

대야

8 그는 회막 입구에서 섬기도록 임명
받은 여인들의 거울을 녹여 청동대야와 그 받침대를 만들었다.

성막 뜰

9-11 그는 성막 뜰을 만들었다. 뜰의 남
쪽 면에는 길이 45미터의 휘장이 성막 뜰을 두르고 있었는데, 이 휘장은 가늘게 꼰 모시실로 짠 것이었다. 또한 남쪽에는 휘장을 칠 기둥 스무 개와 청동으로 만든 밑받침 스무 개, 그리고 은으로 만든 갈고리와 줄이 있었다. 뜰의 북쪽 면도 남쪽 면과 똑같았다.
12-20 뜰의 서쪽 끝에는 길이 22.5미
터 되는 휘장과 기둥 열 개와 밑받침 열 개, 은갈고리와 은줄이 있었다. 뜰의 앞쪽, 곧 뜰의 동쪽 끝의 길이도 22.5미터였는데, 한쪽에 기둥 세 개와 밑받침 세 개가 있고, 길이 6.75미터 되는 휘장이 쳐져 있었다. 다른 한쪽도 똑같이 되어 있었다. 뜰 사방에 두른 휘장은 모두 가늘게 꼰 모시실로 짠 것이었다. 기둥 밑받침은 청동으로 만들었고, 기둥에 거는 갈고리와 줄은 은으로 만들었다. 뜰의 기둥머리들은 은으로 덮개를 하고 은줄로 동여져 있었다. 뜰의 정문 입구에 친 막은 청색 실과 자주색 실과 주홍색 실과 가늘게 꼰 모시실로 수를 놓아 짠 것이었다. 길이 9미터, 높이 2.25미터로 뜰의 휘장과 잘 어울렸다. 기둥 네 개와 청동밑받침이 있었고, 갈고리는 은이었다. 기둥은 은으로 덮개를 하고 은줄로 동였다. 성막과 뜰에 박을 말뚝은 모두 청동으로 만들었다.

성막 공사의 명세서

21-23 다음은 증거판을 안치한 성막 공
사의 명세서로, 제사장 아론의 아들 이다말이 모세의 지시를 받아 레위 사람들을 시켜 작성한 것이다. 유다 지파 사람 훌의 손자이며 우리의 아들인 브살렐이 **하나님**께서 모세에게 명령하신 모든 것을 만들었다. 브살렐과 함께 일한 단 지파 사람 아히사막의 아들 오홀리압은 솜씨 좋은 장인이자 도안가이며, 청색 실과 자주색 실과 주홍색 실과 가는 모시실로 수를 놓는 사람이었다.
24 금. 성소 건축 공사에 사용된 금, 자
원하여 바친 금은 성소 도량형으로 모두 994킬로그램이었다.
25-28 은. 인구조사를 받은 공동체 사
람들에게서 거둔 은은 성소 도량형으로 3,419킬로그램이었다. 인구조사를 받은 스무 살 이상의 사람이 모두 603,550명으로, 각 사람이 일 베가, 곧 반 세겔을 낸 셈이다. 그들은 은

3,400킬로그램을 들여 성소 밑받침과 휘장 밑받침을 주조했다. 밑받침은 백 개를 주조했는데, 밑받침 하나당 은 34킬로그램이 들었다. 또한 그들은 나머지 은 19킬로그램을 들여 기둥에 연결할 갈고리와 기둥머리에 씌울 덮개, 기둥에 동여맬 줄을 만들었다.

29-31 청동. 거두어들인 청동은 무게가 2,406킬로그램이었다. 그것으로 회막 문과 청동제단과 거기에 다는 석쇠와 제단의 모든 기구와 뜰 사방의 밑받침을 만들고, 성막과 뜰에 박을 모든 말뚝을 만들었다.

마태복음 28:1 – 20

그분은 다시 살아나셨다

28 1-4 안식일이 지나고 새로운 한 주의 먼동이 틀 무렵, 막달라 마리아와 다른 마리아가 무덤을 지키려고 갔다. 그때 갑자기 발밑에서 땅이 흔들리고 진동하더니, 하나님의 천사가 하늘에서 내려와 그들이 서 있는 곳으로 왔다. 천사가 돌을 굴려 내고 그 위에 앉았다. 그에게서 번개 같은 빛이 번쩍였고, 그의 옷은 눈처럼 하얗게 빛났다. 무덤을 지키던 경비병들은 너무 두려워했다. 어찌나 무서웠던지 꿈쩍도 하지 못했다.

5-6 천사가 여자들에게 말했다. "조금도 두려워할 것 없다. 너희가 십자가에 못 박히신 예수를 찾는 줄을 내가 안다. 그분은 여기 계시지 않는다. 그분은 말씀하신 대로 다시 살아나셨다. 와서 그분을 모셔 두었던 곳을 보아라.

7 자, 어서 가서 제자들에게 말하여라. '그분께서 죽은 자들 가운데서 살아나셨다. 그분께서 너희보다 먼저 갈릴리로 가실 것이다. 너희는 거기서 그분을 뵐 것이다' 하고 말하여라. 이것이 내가 전하는 소식이다."

8-10 여자들은 크게 놀라고 기쁨에 겨워, 한시도 지체하지 않고 무덤을 떠났다. 그들은 제자들에게 전하려고 달려갔다. 그때 예수께서 그들을 만나셔서, 그들을 멈추어 세우고 말씀하셨다. "잘 있었느냐?" 여자들은 무릎을 꿇고 그분의 발을 붙잡고 경배했다. 예수께서 말씀하셨다. "너희가 있는 힘을 다해 나를 붙잡고 있구나! 그렇게 무서워하지 마라. 가서, 내 형제들에게 갈릴리로 가라고 하여라. 거기서 내가 그들을 만나겠다고 전하여라."

11-15 한편, 경비병들이 뿔뿔이 흩어졌으나, 그 가운데 몇 사람이 도성으로 들어가서 일어난 일을 대제사장들에게 전했다. 그들은 종교 지도자 회의를 소집해 대책을 마련했다. 그들은 거액의 돈을 병사들에게 주면서, "밤에 그의 제자들이 와서 우리가 잠든 사이에 시체를 훔쳐 갔다"고 말하도록 매수했다. 그러고는 "너희가 근무중에 잤다는 말이 혹시 총독에게 들어가더라도 우리가 문책을 면하게 해주겠다"며 그들을 안심시켰다. 병사들은 뇌물을 받고서 그들이 시킨 대로 했다. 유대 최고의회에서 날조해 낸 그 이야기가, 지금까지도 나돌고 있다.

16-17 한편, 갈릴리로 떠난 열한 제자는, 예수께서 다시 만날 장소로 정해 주신 산으로 향했다. 예수를 뵙는 순간에, 그들은 그분께 경배했다. 그러나 경배하기를 망설이며, 그분께 자신의 인생을 완전히 걸어야 할지 확신하지 못하는 사람들도 있었다.
18-20 이에 아랑곳하지 않고, 예수께서 곧바로 이렇게 지시하셨다. "하나님께서 내게 주신 권세와 명령으로 너희에게 이 일을 맡긴다. 너희는 세상으로 두루 나가서 만나는 모든 사람마다 이 생명의 길로 훈련시키고, 아버지와 아들과 성령의 이름으로 그들에게 세례를 주어 표를 삼아라. 그리고 내가 너희에게 명령한 모든 것을 삶으로 살아가도록 가르쳐라. 너희가 이 일을 하는 동안에, 이 시대가 끝날 때까지 날마다 하루도 빠짐없이, 내가 너희와 함께 있을 것이다."

시편 34:11-22

11 아이들아, 와서 귀 기울여 들어라.
너희에게 **하나님** 예배하는 법을 가르쳐
주리라.

12 인생을 즐겁게 살기를 바라는 자
누구냐?
날마다 좋은 일이 끊이지 않기를 바라
느냐?

13 네 혀를 지켜 불경죄를 피하고
네 입으로 거짓말이 새 나가지 않게
하여라.

14 죄를 버리고 선한 일을 행하여라.
평화를 꼭 붙들어 떠나지 않게 하여라!

15 **하나님**께서는 자기 벗들에게 눈을
떼지 않으시고 그분의 귀는 온갖 탄식과
신음을 놓치지 않는다.

16 **하나님**께서 반역자들을 참지 않으
시고 무리 중에서 그들을 도려내시
리라.

17 도움을 구하며 부르짖는 이 있느냐?
하나님께서 귀 기울여 들으시고 구하
시리라.

18 너의 마음이 상할 때 **하나님**이 거기
계시고,
네가 낙심할 때 그분이 도우셔서 숨 쉬
게 하시리라.

19 주님의 백성들이 자주 곤경에 처할
지라도 **하나님**께서는 그들과 늘 함께
하신다.

20 그분은 네 모든 뼈를 지켜 주시는
경호원이시니,
손가락 하나 부러지지 않는다.

21 악인은 자신을 서서히 죽이는 자니,
선한 이들을 미워하며 인생을 소모하

는 까닭이다.

22 **하나님**께서 노예의 몸값을 치러 자
유를 주시니,
그분께 피하는 이는 누구도 손해를 입
지 않는다.

잠언 10:1

솔로몬의 잠언
정직한 삶은 영원히 남는다

10 1 지혜로운 아들은 아버지를 흐뭇
하게 하지만 어리석은 아들은 어머니
를 슬프게 한다.

15

출애굽기 39:1 – 40:38

제사장이 입을 옷

39 1 예복. 그들은 청색 실과 자주색
실과 주홍색 실로 성소에서 섬길 때 입
는 예복을 짜서 만들었다. 또한 그들은
하나님께서 모세에게 명령하신 대로
아론이 입을 거룩한 예복도 만들었다.
2-5 에봇. 그들은 금실과 청색 실과 자
주색 실과 주홍색 실과 가늘게 꼰 모시
실로 에봇을 만들었다. 그들은 금판을
두들겨 얇게 편 다음 그것을 잘라 여러
가닥의 실로 만들고, 청색 실과 자주색
실과 주홍색 실과 가늘게 꼰 모시실과
함께 섞어 짜서 문양을 만들었다. 멜빵
은 에봇 양쪽 끝에 달아서 조일 수 있
게 했다. 장식 허리띠는 **하나님**께서 모
세에게 명령하신 대로 에봇과 같은 재
질로 만들되, 금실과 청색 실과 자주색
실과 주홍색 실과 가늘게 꼰 모시실로
만들고 에봇에 이어 붙여 하나가 되게
했다.
6-7 그들은 마노 보석 두 개를 세공한
금테에 물리고 이스라엘의 아들들 이
름을 그 보석에 새긴 다음, 그 보석들
을 에봇의 양쪽 멜빵에 달아 이스라엘
자손을 기념하는 보석으로 삼았다. 이
는 **하나님**께서 모세에게 명령하신 대
로 행한 것이다.

8-10 가슴받이. 그들은 에봇을 만들 때
와 마찬가지로 금실과 청색 실과 자주
색 실과 주홍색 실과 가늘게 꼰 모시
실로 가슴받이를 만들었다. 두 겹으로
만들어진 가슴받이는 가로와 세로가
23센티미터인 정사각형 모양이었다.
거기에 값진 보석을 네 줄로 박아 넣
었다.
첫째 줄에는 홍옥수와 황옥과 취옥을
11 둘째 줄에는 홍옥과 청보석과
수정을
12 셋째 줄에는 청옥과 마노와
자수정을
13-14 넷째 줄에는 녹주석과 얼룩 마노
와 벽옥을 박아 넣었다.
이 보석들을 세공한 금테에 물렸다. 열
두 보석은 이스라엘의 아들들의 수대
로 열둘이었다. 인장을 새기듯이 열두
이름을 새겼는데, 각 사람의 이름은 열
두 지파를 나타냈다.
15-21 그들은 순금을 새끼줄처럼 꼬아
서 가슴받이를 매달 사슬을 만들었다.
그들은 금테 두 개와 금고리 두 개를
만들어서, 그 두 고리를 가슴받이의 양
쪽 끝에 달고, 금줄 두 개의 끝을 가슴
받이 끝에 달려 있는 두 개의 고리에
붙들어 맸다. 그런 다음 금줄을 두 개
의 테에 붙잡아 매고, 그것들을 에봇
멜빵 앞에 달았다. 또 금고리 두 개를
만들어서 가슴받이 양 끝, 곧 에봇과
만나는 가슴받이 안쪽 가장자리에 달
았다. 그런 다음 금고리 두 개를 더 만
들어서 에봇의 앞 양쪽 두 멜빵 아랫
부분, 곧 장식 허리띠 위쪽 이음매 곁
에 달았다. 청색 줄로 가슴받이 고리와 에봇 고리를 이어 가슴받이를 고정시켜서, 가슴받이가 에봇의 장식 허리띠 위에 튼튼하게 붙어 늘어지지 않게 했다. **하나님**께서 모세에게 명령하신 대로 행했다.

22-26 겉옷. 그들은 에봇에 받쳐 입을 겉옷을 모두 청색으로 만들었다. 겉옷의 가운데에 구멍을 내고, 그 구멍의 둘레를 옷깃처럼 감침질하여 찢어지지 않게 했다. 겉옷의 가장자리에는 청색 실과 자주색 실과 주홍색 실과 가늘게 꼰 모시실로 석류 모양의 술을 만들어 달았다. 또한 그들은 순금으로 방울을 만들어서, 겉옷의 가장자리를 돌아가며 방울과 석류를 번갈아 달았다. 성막에서 섬길 때 입는 겉옷의 가장자리를 돌아가며 방울 하나 석류 하나, 또 방울 하나 석류 하나를 달았다. **하나님**께서 모세에게 명령하신 대로 행했다.

27-29 그들은 또 아론과 그의 아들들을 위해 직조공이 만든 가는 모시실로 속옷을 만들고, 가는 모시실로 두건을, 모시실로 관을, 가늘게 꼰 모시실로 속바지를 만들고, 가늘게 꼰 모시실과 청색 실과 자주색 실과 주홍색 실로 수를 놓아 허리띠를 만들었다. **하나님**께서 모세에게 명령하신 대로 행했다.

30-31 그들은 순금으로 패, 곧 거룩한 관을 만들고, 인장을 새기듯이 그 위에 '**하나님**께 거룩'이라고 새겼다. 그것을 청색 끈에 매어 두건에 달았다. **하나님**께서 모세에게 명령하신 대로 행했다.

성막을 완성하다

32 이렇게 해서 성막, 곧 회막이 완성
되었다. 이스라엘 백성은 **하나님**께서
모세에게 명령하신 모든 것을, 하나도
빠뜨리지 않고 모두 행했다.
33-41 그들은 성막, 곧 회막과 거기에
딸린 모든 기구를 모세에게 가져왔다.
그 내역은 이러하다.

붙잡아 매는 갈고리
널판
가로다지
기둥
밑받침
가공한 숫양 가죽 덮개
돌고래 가죽 덮개
칸막이 휘장
증거궤와
거기에 딸린 채와
속죄판
상과
거기에 딸린 기구와
임재의 빵
순금 등잔대와
거기에 장착할 등잔들
그리고 거기에 딸린 모든 기구와
등잔에 쓸 기름
금제단
거룩하게 구별하는 기름
분향할 향
성막 문에 치는 막
청동제단과
거기에 딸린 청동석쇠와
제단의 채와 모든 부속 기구들
대야와
그 받침대
성막 뜰에 두르는 휘장과
휘장을 칠 기둥과 밑받침
성막 뜰 정문에 칠 막과
막을 칠 줄과 말뚝
성막, 곧 회막에서 섬길 때 쓰는 기
구들
성소에서 섬길 때 입는 예복
제사장 아론과
그의 아들들이 제사장으로 섬길 때
입는 거룩한 예복.

42-43 이스라엘 자손은 모든 일을 **하나
님**께서 명령하신 대로 다 마쳤다. 모세
는 그들이 모든 일을 마친 것과 **하나님**
께서 명령하신 대로 행한 것을 보고,
그들을 축복했다.

모세가 하나님께서 명령하신 대로 다 행하다

40 1-3 **하나님**께서 모세에게 말씀하셨
다. "첫째 달 첫째 날에 성막, 곧 회막
을 세워라. 그 안에 증거궤를 두고 휘
장을 쳐서 그 궤를 가려라.
4 상을 가져다가 놓고, 등잔대와 등잔
을 배치하여라.
5 금으로 만든 분향단을 증거궤 앞에
두고 성막 문에 휘장을 달아라.
6 번제단을 성막, 곧 회막 입구에 놓
아라.
7 대야를 회막과 제단 사이에 놓고, 거
기에 물을 채워라.
8 회막 사방에 뜰을 만들고 뜰 입구에

는 휘장을 달아라.
9-11 그런 다음 거룩하게 구별하는 기
름을 가져다가 성막과 그 안에 있는 모
든 것에 바르고, 성막과 거기에 딸린
모든 기구를 거룩하게 구별하여라. 그
러면 그것들이 거룩하게 될 것이다. 번
제단과 거기에 딸린 모든 기구에 기름
을 발라 제단을 거룩하게 구별하여라.
그러면 제단이 지극히 거룩하게 될 것
이다. 대야와 그 받침대에 기름을 발라
거룩하게 구별하여라.
12-15 마지막으로, 아론과 그의 아들들
을 회막 문으로 데려가 물로 씻겨라.
아론에게 거룩한 예복을 입히고 그에
게 기름을 붓고, 그를 거룩하게 구별하
여 나를 섬기는 제사장으로 세워라. 그
의 아들들을 데려다가 속옷을 입히고,
네가 그들의 아버지에게 기름을 부었
던 것처럼 그들에게도 기름을 부어 나
를 섬기는 제사장으로 세워라. 그들은
기름부음을 받음으로써 대대로 영원
한 제사장직을 맡게 될 것이다."
16 모세는 **하나님**께서 명령하신 모
든 것을 하나도 빠뜨리지 않고 다 행
했다.

17-19 둘째 해 첫째 달 첫째 날에 성막이
세워졌다. 모세가 성막을 세웠는데,
밑받침을 놓고, 널판을 세우고, 가로
다지를 얹고, 기둥을 세우고, 성막 위
로 천막을 펴고, 천막 위에 덮개를 씌
웠다. **하나님**께서 모세에게 명령하신
대로 행했다.
20-21 모세는 증거판을 궤 안에 놓고,
궤를 나를 수 있도록 채를 끼우고, 궤
위에 덮개 곧 속죄판을 얹었다. 그러고
는 궤를 성막 안에 들여놓고 휘장을 쳐
서 증거궤를 가렸다. **하나님**께서 모세
에게 명령하신 대로 행했다.
22-23 모세는 회막 안, 성막의 북쪽 면,
휘장 바깥쪽에 상을 놓고 거기 **하나님**
앞에 빵을 차려 놓았다. **하나님**께서 모
세에게 명령하신 대로 행했다.
24-25 모세는 회막 안, 상의 맞은편, 성
막의 남쪽 면에 등잔대를 놓고 **하나님**
앞에 등잔들을 올려놓았다. **하나님**께
서 그에게 명령하신 대로 행했다.
26-27 모세는 금제단을 회막 안, 휘장
앞에 놓고 그 위에 향기로운 향을 피웠
다. **하나님**께서 그에게 명령하신 대로
행했다.
28 모세는 성막 문에 막을 달았다.
29 모세는 성막, 곧 회막 문에 번제단
을 놓고 번제와 곡식 제사를 드렸다.
하나님께서 그에게 명령하신 대로 행
했다.
30-32 모세는 회막과 제단 사이에 대야
를 놓고 거기에 씻을 물을 채웠다. 모
세와 아론과 그의 아들들이 거기서 손
과 발을 씻었다. 그들은 회막에 들어
갈 때와 제단에서 섬길 때 거기서 씻었
다. **하나님**께서 모세에게 명령하신 대
로 행했다.
33 마지막으로, 모세는 성막과 제단 주
위에 뜰을 조성하고, 뜰 입구에 막을
달았다.
모세는 일을 다 마쳤다.

34-35 구름이 회막을 덮고, **하나님**의 영광이 성막에 가득했다. 구름이 회막 위에 있고 **하나님**의 영광이 성막에 가득했으므로, 모세는 회막 안으로 들어갈 수 없었다.

36-38 구름이 성막에서 걷힐 때면, 이스라엘 백성이 길을 나섰다. 그러나 구름이 걷히지 않으면, 그들은 구름이 걷히기까지 길을 나서지 않았다. 낮에는 **하나님**의 구름이 성막 위에 있고 밤에는 불이 그 구름 가운데 있어서, 온 이스라엘 자손이 모든 여정에서 그것을 볼 수 있었다.

마가복음 1:1–28

세례자 요한의 선포

1 1-3 예수 그리스도의 복된 소식, 곧 **메시지**는 정확히 예언자 이사야의 책에 나온 대로 여기서부터 시작된다.

> 잘 보아라. 내가 네 앞에 내 설교자를 보낸다.
> 그가 네 길을 평탄하게 할 것이다.
> 광야에서 외치는 소리여!
> 하나님 오심을 준비하여라!
> 길을 평탄하고 곧게 하여라!

4-6 세례자 요한이 광야에 나타나서, 삶을 고쳐 죄 용서를 받는 세례를 선포했다. 유대와 예루살렘으로부터 사람들이 떼를 지어 그에게 와서 죄를 고백하고, 요단 강에서 그에게 세례를 받고 삶을 고치기로 결단했다. 요한은 낙타털로 된 옷을 입고 허리에 가죽띠를 둘렀다. 그리고 메뚜기와 야생꿀을 먹었다.

7-8 요한은 이렇게 전했다. "진짜는 이제부터다. 이 드라마의 주인공은 너희의 삶을 바꾸어 놓으실 것이다. 그분께 비하면 나는 잔심부름꾼에 지나지 않는다. 나는 너희의 옛 삶을 바꾸어 천국의 삶을 준비시키려고 이 강에서 세례를 주고 있다. 그러나 그분의 세례, 성령의 거룩한 세례는 너희를 완전히 바꾸어 놓을 것이다."

9-11 그때, 예수께서 갈릴리 나사렛에서 오셔서 요단 강에서 요한에게 세례를 받으셨다. 물에서 올라오시는 순간, 예수께서는 하늘이 열리고 하나님의 영이 비둘기같이 그분 위에 내려오는 것을 보셨다. 성령과 더불어 한 음성이 들려왔다. "너는 내가 사랑으로 선택하고 구별한 내 아들, 내 삶의 전부다."

하나님 나라가 여기 있다

12-13 동일한 성령께서 즉시 예수를 광야로 몰아내셨다. 예수께서는 광야에서 사십 일을 밤낮으로 사탄에게 시험을 받으셨다. 들짐승들이 그분과 함께 있었고, 천사들이 그분을 도왔다.

14-15 요한이 체포된 뒤에, 예수께서 갈릴리에 가셔서 하나님의 **메시지**를 전파하셨다. "때가 다 되었다! 하나님 나라가 여기 있다. 너희 삶을 고치고 **메시지**를 믿어라."

16-18 예수께서 갈릴리 호숫가를 지나

시다가, 시몬과 그의 동생 안드레가 그
물을 던지는 것을 보셨다. 고기잡이는
그들의 평소 직업이었다. 예수께서 그
들에게 말씀하셨다. "나와 함께 가자.
내가 너희를 새로운 어부가 되게 하겠
다. 잉어와 가물치 대신에 사람을 낚는
법을 가르쳐 주겠다." 그들은 아무것
도 묻지 않고, 그물을 놓아두고 그분을
따라갔다.
19-20 예수께서 호숫가를 십여 미터쯤
더 가시다가, 세베대의 아들인 야고보
와 요한 형제를 보셨다. 그들은 배에서
그물을 손질하고 있었다. 예수께서 곧
바로 그들에게도 똑같이 제안하셨고,
그들은 즉시 아버지 세베대와 배와 품
꾼들을 버려두고 그분을 따라갔다.

확신에 찬 가르침

21-22 그들은 가버나움에 들어갔다. 안
식일이 돌아오자, 예수께서 지체하지
않고 회당으로 가셨다. 예수께서는 거
기서 가르치며 하루를 보내셨다. 사람
들은 종교 학자들처럼 궤변과 인용을
늘어놓지 않는, 아주 솔직하고 확신에
찬 그분의 가르침에 놀랐다.
23-24 예수께서 아직 회당에 있는데, 정
신이 이상한 사람이 난데없이 끼어들
어 소리를 질렀다. "나사렛 사람 예수
여! 무슨 일로 우리한테 왔습니까? 나
는 당신이 무슨 일을 하려는지 압니다!
당신은 하나님의 거룩한 분이시며, 우
리를 멸하러 왔습니다!"
25-26 예수께서 그의 입을 막으셨다.
"조용히 하고 그에게서 나오너라!" 괴
롭히던 귀신이 그 사람에게 경련을 일
으키고는, 큰소리로 대들면서 나갔다.
27-28 거기 있던 사람들 모두가 믿기지
않는다는 듯 신기해 하며 웅성거렸다.
"이게 어찌 된 일인가? 이 사람이 더
러운 귀신들의 입을 막고 내쫓다니!
말한 대로 이루어지는 새로운 가르침
인가?" 이 소식이 빠르게 퍼져서 온
갈릴리에 알려졌다.

시편 35:1 - 16

다윗의 시

35 1-3 **하나님**, 나를 괴롭히는 자들을
가만두지 마소서.
저 불한당들의 얼굴을 정통으로 갈겨
주소서.
무기든, 무엇이든 움켜잡으시고
나를 위해 일어나소서!
나를 노리고 달려드는 자들에게
창을 겨누어 던질 채비를 하소서.
"내가 너를 구하겠다" 말씀하시고
나를 안심시켜 주소서.

4-8 내 등을 찌르려는 저 무뢰배들,
미련한 자로 낙인찍히게 하소서.
나를 무너뜨리려는
모든 자들의 음모를 꺾으소서.
풀무질하는 천사를 붙이셔서,
저들을 강풍에 날리는 재처럼 흩으
소서.
미행하는 천사를 붙이셔서,
저들의 길이 칠흑처럼 어둡고 질척거
리게 하소서.

저들은 억지를 부려 가며 나를 잡으려 덫을 놓고,
나를 막으려고 까닭 없이 도랑을 팠습니다.
몰래 숨었다가 저들을 치소서.
저들이 놓은 덫에 저들이 걸리게 하시고
저들이 꾸민 참사에 저들이 당하게 하소서.

9-10 그러나 나는 거침없이 다니며,
하나님의 위대하신 일들 마음껏 알리게 하소서.
내 몸의 모든 뼈가 기쁨으로 들썩이며 노래하게 하소서.
"**하나님**, 주님과 같은 분 없습니다.
주께서는 주저앉은 자들을 일으키시고
기댈 데 없는 이들을 불한당에게서 보호해 주십니다!"

11-12 악의를 품은 고소인들이 느닷없이 나타나,
나를 괴롭히려고 달려듭니다.
나는 자비를 베풀었으나 그들이 고통으로 되갚으니,
내 영혼이 텅 빈 듯 허탈합니다.

13-14 저들이 아플 때 내가 검은 옷을 입고, 금식하며 기도했습니다.
납덩이처럼 무거운 마음으로 저들을 위해 기도하면서
가장 친한 벗, 나의 형제를 잃은 듯 안타까워했습니다.
침통한 마음에 어깨를 축 늘어뜨리고,
어머니 없는 아이처럼 넋 놓고 이리저리 서성였습니다.

15-16 그러나 정작 내가 쓰러졌을 때,
저들은 잔치를 벌였습니다!
동네의 이름 없는 어중이떠중이들이
몰려와 나를 모욕했습니다.
성소를 더럽히는 야만인들처럼
내 이름을 더럽혔습니다.

잠언 10:2

2 부정하게 모은 재산은 쓸모가 없지만 정직한 삶은 영원히 남는다.

16

레위기 1:1 – 3:17

번제

1 1-2 **하나님**께서 모세를 부르셔서, 회
막에서 그에게 말씀하셨다. "너는 이
스라엘 백성에게 전하여라. 그들에게
이렇게 일러 주어라. 누구든지 **하나님**
에게 제물을 바칠 때는, 소 떼나 양 떼
가운데서 골라 제물을 바쳐야 한다.
3-9 소 떼 가운데서 골라 번제로 제물을
바치는 것이면, **하나님**이 받을 만한 흠
없는 수컷을 회막 입구에서 바쳐야 한
다. 너희 손을 번제물의 머리에 얹어
라. 그러면 그것이 너희를 대신해 속죄
하는 제물로 받아들여질 것이다. **하나
님** 앞에서 그 수소를 잡아라. 아론의
아들인 제사장들은 그 피를 가져다가,
회막 입구에 있는 제단 사면에 뿌려야
한다. 그런 다음, 그 번제물의 가죽을
벗기고 각을 떠라. 아론의 아들인 제
사장들은 제단에 불을 마련하고 정성
껏 장작을 벌여 놓은 다음, 각을 뜬 여
러 부위의 고기와 머리와 지방을 제단
위, 불을 피우기 위해 마련해 놓은 장
작 위에 차려 놓아야 한다. 그 내장과
다리를 깨끗이 씻어라. 그러면 제사장
은 그것들을 모두 제단 위에서 불살라
야 한다. 이것이 번제요, 불살라 바치
는 제물이며, **하나님**을 기쁘게 하는 향

기다.
10-13 양 떼나 염소 떼 가운데서 골라 번
제로 바치는 것이면, 흠 없는 수컷을
바쳐야 한다. 제단의 북쪽 **하나님** 앞에
서 그 제물을 잡아라. 아론의 아들인
제사장들은 그 피를 제단 사면에 뿌려
야 한다. 그 번제물의 각을 떠라. 제사
장은 여러 부위의 고기와 머리와 지방
을 제단 위, 불을 피우기 위해 마련해
놓은 장작 위에 차려 놓아야 한다. 그
내장과 다리를 깨끗이 씻어라. 그러면
제사장은 그것들을 모두 제단 위에서
불살라 바쳐야 한다. 이것이 번제요,
불살라 바치는 제물이며, **하나님**을 기
쁘게 하는 향기다.
14-17 새를 번제로 **하나님**에게 바치는
것이면, 산비둘기나 집비둘기를 바쳐
야 한다. 제사장은 그 새를 제단으로
가져가서, 목을 비틀어 끊고 제단 위에
서 불살라야 한다. 그러나 먼저 그 피
를 제단 곁으로 흘려보내고, 모래주머
니와 그 안에 든 것을 제거해서, 제단
동쪽에 있는 잿더미에 던져 버려야 한
다. 그리고 두 날개를 잡고 그 몸을 찢
되 두 쪽으로 나뉘지 않게 하여, 제단
위, 불을 피우기 위해 마련해 놓은 장
작 위에서 불살라야 한다. 이것이 번제
요, 불살라 바치는 제물이며, **하나님**
을 기쁘게 하는 향기다."

곡식 제물

2 1-3 "**하나님**에게 곡식 제물을 바칠
때는, 고운 곡식 가루를 사용해야 한
다. 그 가루에 기름을 붓고 향을 얹어,
아론의 아들인 제사장들에게 가져가
거라. 그러면 제사장들 가운데 한 사
람이 고운 곡식 가루 한 움큼과 기름을
가져다가, 향 전체와 함께 제단 위에서
기념물로 불살라야 한다. 이것이 불살
라 바치는 제물이며, **하나님**을 기쁘게
하는 향기다. 곡식 제물 가운데 남은
것은 아론과 그의 아들들 몫이다. 이것
은 **하나님**에게 불살라 바치는 제물 가
운데 지극히 거룩한 것이다.
4 화덕에서 구운 빵으로 곡식 제물을
바칠 때는, 고운 곡식 가루에 기름을
섞되 누룩을 넣지 않고 만든 빵이나,
고운 곡식 가루에 누룩을 넣지 않고 기
름을 얇게 발라 만든 과자를 바쳐야
한다.
5-6 철판에 구운 것으로 곡식 제물을 바
칠 때는, 고운 곡식 가루에 기름을 섞
되 누룩을 넣지 않고 만든 것을 바쳐야
한다. 그것을 여러 조각으로 부수고 그
위에 기름을 부어라. 이것이 곡식 제물
이다.
7 냄비에 넣어 튀긴 것으로 곡식 제물
을 바칠 때는, 고운 곡식 가루에 기름
을 섞어 만들어야 한다.
8-10 너희는 이와 같은 재료로 만든 곡
식 제물을 가져다가 제사장에게 주어
라. 제사장은 그 곡식 제물을 제단으
로 가져가서, 그중에서 기념할 조각을
떼어 제단 위에서 불살라야 한다. 이것
이 불살라 바치는 제물이며, **하나님**을
기쁘게 하는 향기다. 곡식 제물 가운
데 남은 것은 아론과 그의 아들들 몫이
다. 이것은 **하나님**에게 바치는 제물 가

운데 지극히 거룩한 것이다.
11-13 **하나님**에게 바치는 모든 곡식 제
물에는 누룩을 넣어서는 안된다. 누룩
이나 꿀을 **하나님**에게 불살라 바치는
제물로 바쳐서는 안된다. 그것들을 첫
수확물의 제물로 **하나님**에게 바치는
것은 괜찮지만, **하나님**을 기쁘게 하는
향기로 바치려고 제단 위에 올려놓아
서는 안된다. 너희가 바치는 모든 곡식
제물에는 소금을 쳐서 간을 맞추어야
한다. 너희가 바치는 곡식 제물에 너희
하나님과 언약을 맺을 때 넣는 소금을
빼놓아서는 안된다. 너희가 바치는 모
든 제물에 소금을 넣어라.
14-16 첫 수확물을 곡식 제물로 **하나님**
에게 바칠 때는, 햇곡식의 이삭을 볶아
찧은 것을 바쳐야 한다. 그 위에 기름
을 붓고 향을 얹어라. 이것이 곡식 제
물이다. 제사장은 그 곡식과 기름에서
일부를 덜어 내어 향 전체와 함께 기념
물로 불살라야 한다. 이것이 **하나님**에
게 불살라 바치는 제물이다."

화목 제물

3 1-5 "소 떼 가운데서 골라 화목 제물
로 바치는 것이면, 수컷이든 암컷이든
흠 없는 것을 바쳐야 한다. 제물의 머
리에 손을 얹은 다음, 회막 입구에서
그 제물을 잡아라. 아론의 아들인 제사
장들은 제단 사면에 그 피를 뿌려야 한
다. 그 화목 제물 가운데서 내장을 덮
거나 내장에 붙은 모든 지방과, 두 콩
팥과 그 둘레 허리께 있는 지방과, 콩
팥과 함께 떼어 낸 간을 덮은 껍질은
하나님에게 불살라 바치는 제물로 바
쳐야 한다. 아론과 그의 아들들은 그
것들을 제단 위, 불을 피우기 위해 마
련해 놓은 장작 위에서 번제물과 함
께 불살라야 한다. 이것이 불살라 바치
는 제물이며, **하나님**을 기쁘게 하는 향
기다.
6-11 양 떼 가운데서 골라 **하나님**에게
화목 제물로 바치는 것이면, 수컷이든
암컷이든 흠 없는 것을 끌고 와야 한
다. 어린양을 바치는 것이면, 그 양을
하나님에게 바쳐라. 제물의 머리에 손
을 얹은 다음, 회막에서 그 제물을 잡
아라. 그러면 아론의 아들들이 그 피
를 제단 사면에 뿌릴 것이다. 화목 제
물에서 떼어 낸 지방과, 엉치뼈 부근에
서 잘라 낸 기름진 꼬리 전부와, 내장
을 덮거나 내장에 붙은 모든 지방과,
두 콩팥과 그 둘레 허리께 있는 지방
과, 콩팥과 함께 떼어 낸 간을 덮은 껍
질을 **하나님**에게 불살라 바치는 제물
로 바쳐라. 제사장은 그것을 제단 위에
서 불살라야 한다. 이것이 **하나님**에게
바치는 음식이며, 불살라 바치는 제물
이다.
12-16 염소를 바치는 것이면, 그 염소를
하나님 앞으로 끌고 와서 그 머리에 손
을 얹은 다음, 회막 앞에서 잡아야 한
다. 그러면 아론의 아들들이 그 피를
제단 사면에 뿌릴 것이다. 내장을 덮
거나 내장에 붙은 모든 지방과, 두 콩
팥과 그 둘레 허리께 있는 지방과, 콩
팥과 함께 떼어 낸 간을 덮은 껍질을
하나님에게 불살라 바치는 제물로 바

쳐라. 그러면 제사장은 그것들을 제
단 위에서 불살라야 한다. 이것이 **하나
님**에게 바치는 음식이요, 불살라 바치
는 제물이며, **하나님**을 기쁘게 하는 향
기다.
16-17 모든 지방은 **하나님**의 것이다. 이
것은 너희가 어느 곳에 살든지 대대로
지켜야 할 영원한 규례다. 너희는 지방
을 먹지 말고, 피도 먹지 마라. 그 가운
데 어느 것도 먹어서는 안된다."

마가복음 1:29 – 2:12

29-31 회당에서 나온 그들은, 야고보와
요한과 함께 곧바로 시몬과 안드레의
집으로 갔다. 시몬의 장모가 몸져누워
있었는데, 열이 불덩이 같았다. 그들
이 예수께 알렸다. 예수께서 그녀에게
가서 손을 잡아 일으키셨다. 그러자 열
이 곧 떨어졌고, 그녀는 일행의 저녁을
준비했다.
32-34 그날 저녁 해가 저물자, 사람들이
병자와 귀신 들려 괴로워하는 사람들
을 예수께 데려와서, 온 동네가 문전성
시를 이루었다! 예수께서 그들의 병든
몸과 고통당하는 심령을 고쳐 주셨다.
귀신들이 그분의 참 정체를 알았으므
로, 예수께서는 그들이 한 마디도 하지
못하게 하셨다.

나병환자를 깨끗하게 하시다

35-37 날이 밝기 한참 전에, 예수께서
일어나셔서 한적한 곳으로 기도하러
가셨다. 시몬과 그 일행이 그분을 찾
으러 갔다. 예수를 만나자 그들이 말
했다. "사람들이 다 주님을 찾고 있습
니다."
38-39 예수께서 말씀하셨다. "다른 마을
로 가자. 내가 거기서도 전도해야 하겠
다. 나는 이 일을 하러 왔다." 예수께서
는 갈릴리 온 회당을 다니시며, 전도하
고 귀신을 쫓아내셨다.
40 한 나병환자가 그분께 와서, 무릎을
꿇고 간청했다. "원하시면 저를 깨끗
하게 하실 수 있습니다."
41-45 못내 측은한 마음이 든 예수께서,
손을 내밀어 그에게 대며 말씀하셨다.
"내가 원한다. 깨끗하게 되어라." 그러
자 그 즉시 나병이 깨끗이 사라졌고,
그의 살갗은 보드랍고 온전해졌다. 예
수께서 그를 보내시며 엄히 명하셨다.
"누구에게도 아무 말 하지 마라. 깨끗
하게 되었으니 모세가 정한 예물을 가
지고 제사장에게 가서 네 몸을 보여
라. 그러면 네가 나은 것이 사람들에
게 입증될 것이다." 그러나 그 사람은
모퉁이를 돌아서자마자, 만나는 사람마
다 그 일을 이야기하여 온 동네에 소문
을 퍼뜨렸다. 그래서 예수께서 더 이상
시내에 자유로이 드나들지 못하고 외딴
곳에 머무셨다. 그러나 사람들은 온 사
방에서 그분을 찾아왔다.

중풍병자를 고치시다

2 1-5 며칠 후에 예수께서 가버나움에
돌아오시자, 그분이 집에 계신다는 소
문이 퍼졌다. 무리가 문 앞을 꽉 메워
서 아무도 드나들 수 없었다. 예수께서

는 말씀을 가르치고 계셨다. 사람들이 한 중풍병자를 네 사람에게 들려서 예수께 데려왔다. 사람이 많아서 안으로 들어갈 수가 없자, 그들은 지붕을 뜯어 내고 중풍병자를 들것에 달아 내렸다. 그들의 담대한 믿음에 감동하신 예수께서 중풍병자에게 말씀하셨다. "아들아, 내가 네 죄를 용서한다."

6-7 거기 앉아 있던 몇몇 종교 학자들이 자기들끼리 수군거리며 말했다. "저렇게 말하면 안되지! 저것은 신성모독이다! 오직 하나님만이 죄를 용서하실 수 있다."

8-12 예수께서 그들의 생각을 곧바로 아시고 말씀하셨다. "너희는 어찌 그리 의심이 많으냐? 중풍병자에게 '내가 네 죄를 용서한다'고 말하는 것과 '일어나 네 들것을 들고 걸어가라'고 말하는 것 중에 어느 쪽이 더 쉽겠느냐? 내가 인자인 것과, 내가 어느 쪽이든 행할 권한이 있다는 것을 분명히 보여 주겠다." (그러고는 중풍병자를 바라보시며 이렇게 말씀하셨다.) "일어나거라. 네 들것을 들고 집으로 가거라." 그 사람은 그 말씀대로 일어나서, 들것을 가지고 모두가 보는 앞에서 걸어 나갔다. 사람들은 도무지 믿기지 않아 자신들의 눈을 비볐다. 그리고 나서 하나님을 찬송하며 말했다. "우리 평생에 이런 일은 처음 본다!"

시편 35:17-28

17-18 **하나님**, 언제까지 내버려 두시렵니까?
내 모든 것이 사자 밥으로 던져지고 있으니,
저들의 야만 행위에서 나를 구하소서.
모두가 모여 예배드릴 때
내가 주님의 신실하심을 찬양하겠습니다.
수많은 사람들이 모여들 때
할렐루야를 외치겠습니다.

19-21 저 거짓말쟁이들, 저 원수들이
나를 제물 삼아 잔치를 열지 못하게 하소서.
까닭 없이 나를 미워하는 자들이
서로 눈짓하거나 곁눈질로 바라보지 못하게 하소서.
저 패거리에게는 선한 것이 없고,
남의 일에 간섭 없이 자기 일에 몰두하는 이들을
어떻게 헐뜯을까 궁리하며 시간을 허비합니다.
저들은 입을 벌려 이죽거리며 조롱합니다.
"하하, 무사히 넘어갈 줄 알았지?
넌 우리에게 딱 걸렸어!"

22 **하나님**, 저들의 소행이 보이지 않습니까?
저들이 무사히 빠져나가게 내버려 두지는 않으시겠지요?
아무 조치 없이, 그냥 넘어가실 생각은 아니시겠지요?

23-26 제발 일어나소서, 깨어나소서! 내

사정을 살펴 주소서.
나의 하나님, 나의 주님, 내 목숨이 걸려 있습니다.
하나님 나의 하나님, 주님 뜻대로 하시되,
저들이 나를 제물 삼아 즐거워하는 일만은 막아 주소서.
"하하, 우리가 바라던 대로 됐어."
"우리가 그를 씹어서 뱉어 버렸지."
저들이 마음속으로 이렇게 말하지 못하게 하소서.
나를 제물 삼아 즐기려는 저들,
오히려 웃음거리가 되게 하소서.
거들먹거리며 힘을 과시하는
저들에게 당나귀 귀를 다시고,
당나귀 꼬리를 붙이소서!

27-28 그러나 내가 잘되기를 바라는 이들,
결국에는 그들이 기뻐 환호하며
이렇게 외치게 하소서. 끊임없이 외치게 하소서!
"**하나님**은 위대하시다.
그분의 종에게는 모든 것이 협력하여 선을 이루리라."
나도 주님의 위대하심과 선하심을 세상에 알리고,
날마다, 종일토록 할렐루야를 외치겠습니다.

잠언 10:3

3 **하나님**은 정직한 사람을 굶기지 않으시고
악인의 탐욕을 물리치신다.

17

레위기 4:1–5:19

속죄 제물

4 1-12 **하나님**께서 모세에게 말씀하셨
다. "너는 이스라엘 자손에게 이렇게
일러 주어라. 어떤 사람이 뜻하지 않게
하나님의 명령 가운데 하나라도 어겨
범해서는 안될 죄를 지었으면, 특히,
기름부음을 받은 제사장이 죄를 지어
그 죄가 백성에게 돌아가게 되었으면,
그 제사장은 자신이 지은 죄로 인해 흠
없는 수소 한 마리를 **하나님**에게 속죄
제물로 가져와야 한다. 그는 그 수소를
회막 입구 **하나님** 앞으로 끌고 와서 그
머리에 손을 얹은 다음, **하나님** 앞에서
잡아야 한다. 그 수소의 피 얼마를 받
아다가 회막 안으로 가지고 들어가서,
손가락에 그 피를 찍어 **하나님** 앞, 곧
성소 휘장 앞에 일곱 번 뿌려야 한다.
또한 그는 그 피 얼마를 가져다가 회막
안, 곧 **하나님** 앞에 있는 분향단의 뿔
들에도 발라야 한다. 수소의 나머지 피
는 회막 입구에 있는 번제단 밑에 쏟아
야 한다. 그런 다음 속죄 제물로 바친
수소의 지방을 모두 떼어 내야 한다.
떼어 내야 할 지방은 내장을 덮거나 내
장에 붙은 모든 지방과, 두 콩팥과 그
둘레 허리께 있는 지방과, 콩팥과 함께
떼어 낸 간을 덮은 껍질이다. 이 절차

는 화목 제물로 바친 수소의 지방을 떼어 낼 때와 같다. 마지막으로, 그는 이 모든 것을 번제단 위에서 불살라야 한다. 그 밖의 모든 것, 곧 수소의 가죽, 고기, 머리, 다리, 기관, 내장은 진 밖에 있는 깨끗한 곳, 곧 재를 버리는 곳으로 가져가서 장작불 위에 얹어 불살라야 한다.

13-21 회중 전체가 뜻하지 않게 **하나님**의 명령 가운데 하나라도 어겨 범해서는 안될 죄를 지었으면, 그 사실을 깨달은 사람이 하나도 없더라도 그들은 유죄다. 자신들이 지은 죄를 깨달은 경우, 회중은 수소 한 마리를 속죄 제물로 끌고 와서 회막에 바쳐야 한다. 회중의 장로들은 **하나님** 앞에서 그 수소의 머리에 손을 얹은 다음, 그들 가운데 한 사람이 **하나님** 앞에서 그 수소를 잡아야 한다. 기름부음을 받은 제사장은 그 피 얼마를 가져다가 회막 안으로 가지고 들어가서, 손가락에 그 피를 찍어 **하나님** 앞, 곧 휘장 앞에 일곱 번 뿌려야 한다. 그는 또 그 피를 회막 안, 곧 **하나님** 앞에 있는 제단 뿔들에 바르고, 나머지 피는 회막 입구에 있는 번제단 밑에 쏟아야 한다. 그는 제물에서 지방을 떼어 내어 제단 위에서 불살라야 한다. 이 수소를 처리하는 절차는 속죄 제물로 바친 수소를 처리할 때와 같다. 제사장이 회중을 위해 속죄하면, 그들은 용서를 받는다. 그 후에 회중은 그 수소를 진 밖으로 끌어내어, 첫 번째 수소를 불사른 것과 같이 불살라야 한다. 이것이 회중을 위한 속죄 제물이다.

22-26 통치자가 뜻하지 않게 **하나님**의 명령 가운데 하나라도 어겨 범해서는 안될 죄를 지었으면, 그는 유죄다. 그가 자신이 지은 죄를 깨달은 경우, 흠 없는 숫염소 한 마리를 제물로 끌고 와서, 그 머리에 손을 얹은 다음, 하나님 앞 번제물 잡는 곳에서 그것을 잡아야 한다. 이것이 속죄 제물이다. 제사장은 이 속죄 제물의 피 얼마를 가져다가 손가락에 찍어 번제단의 뿔들에 바르고, 나머지 피는 제단 밑에 쏟아야 한다. 숫염소의 모든 지방은 화목 제물의 지방을 불사를 때와 마찬가지로 제단 위에서 불살라야 한다.

제사장이 통치자의 죄 때문에 그를 위해 속죄하면, 그는 용서를 받는다.

27-31 회중 가운데 한 사람이 뜻하지 않게 **하나님**의 명령 가운데 하나라도 어겨 범해서는 안될 죄를 지었으면, 그는 유죄다. 그가 자신이 지은 죄를 깨달은 경우, 흠 없는 암염소 한 마리를 끌고 와서 자신이 지은 죄를 위해 바치고 그 제물의 머리에 손을 얹은 다음, 번제물 잡는 곳에서 그 제물을 잡아야 한다. 제사장은 그 속죄 제물의 피 얼마를 가져다가 손가락에 찍어 번제단의 뿔들에 바르고, 나머지 피는 제단 밑에 쏟아야 한다. 마지막으로, 그는 화목 제물을 처리할 때와 같이 그 제물에서 지방을 모두 떼어 내어, 제단 위에서 불살라 **하나님**을 기쁘게 하는 향기로 바쳐야 한다.

이와 같이 제사장이 그를 위해 속죄하

면, 그는 용서를 받는다.
32-35 그가 속죄 제물로 어린양을 가져
오는 것이면, 흠 없는 암컷을 바쳐야
한다. 그는 속죄 제물의 머리에 손을
얹은 다음, 번제물 잡는 곳에서 잡아야
한다. 제사장은 속죄 제물의 피 얼마
를 가져다가 손가락에 찍어 번제단의
뿔들에 바르고, 나머지 피는 제단 밑에
쏟아야 한다. 그는 화목 제물로 바친
어린양을 처리할 때와 같이 속죄 제물
의 지방을 모두 떼어 내야 한다. 마지
막으로, 제사장은 그것을 제단 위, 곧
하나님에게 바치는 제물 위에 올려놓
고 불살라야 한다.
이와 같이 제사장이 그의 죄 때문에
그를 위해 속죄하면, 그는 용서를 받
는다."

5 1 "너희가 범죄 사건에 대해 보거나
들은 것을 증인석에 올라가 증언하지
않아 죄를 지으면, 너희는 그 죄에 대
해 책임을 져야 한다.
2 너희가 부정한 것, 곧 부정한 들짐승
의 주검이나 부정한 집짐승의 주검이
나 부정한 길짐승의 주검을 만졌으면,
그것을 깨닫지 못했더라도 너희가 더
러워졌으므로 죄가 된다.
3 너희가 사람 몸에 있는 부정한 것, 곧
그것이 무엇이든 사람을 더럽힐 수 있
는 부정한 것에 닿았으면, 그것을 깨닫
지 못하다가 나중에 깨닫더라도 죄가
된다.
4 너희가 선한 일이든 악한 일이든 무
엇을 하겠다고 충동적으로 맹세하거
나 경솔히 다짐했으면, 그것을 깨닫지
못하다가 나중에 깨닫더라도 어느 경
우에나 죄가 된다.
5-6 너희에게 이러한 죄가 있거든 그 지
은 죄를 즉시 고백하고, 너희가 지은
죄에 대한 벌로 가축 떼에서 암컷 어린
양이나 암염소 한 마리를 속죄 제물로
가져와 **하나님**에게 바쳐야 한다.
이와 같이 제사장이 너희 죄를 위해 속
죄해야 한다.
7-10 어린양을 드릴 형편이 못되거든,
너희가 지은 죄에 대한 벌로 산비둘기
나 집비둘기 두 마리를 **하나님**에게 가
져와서, 한 마리는 속죄 제물로 바치
고 다른 한 마리는 번제물로 바쳐야 한
다. 이것들을 제사장에게 가져오면,
제사장은 먼저 속죄 제물로 가져온 비
둘기를 바쳐야 한다. 그는 그 목을 비
틀어 꺾되 끊지는 말아야 하며, 그 속
죄 제물의 피 얼마를 제단에 뿌리고,
나머지 피는 제단 밑에 짜내야 한다.
이것이 속죄 제물이다. 그런 다음 그는
두 번째 비둘기를 가져다가 절차에 따
라 번제물로 바쳐야 한다.
이와 같이 제사장이 너희 죄를 위해 속
죄하면, 너희는 용서를 받는다.
11-12 산비둘기 두 마리나 집비둘기 두
마리를 바칠 형편이 못되거든, 고운 곡
식 가루 2리터를 속죄 제물로 가져와
야 한다. 이것은 속죄 제물이니, 거기
에 기름을 섞거나 향을 얹어서는 안된
다. 이것을 제사장에게 가져가면, 제
사장은 그 가루를 기념물로 한 움큼 가

져다가 **하나님**에게 바치는 제물과 함께 제단 위에서 불살라야 한다. 이것이 속죄 제물이다.
13 제사장이 너희를 위해 그리고 너희가 지은 죄 가운데 어떤 죄를 위해 속죄하면, 너희는 용서를 받는다. 나머지 제물은 곡식 제물과 마찬가지로 제사장의 몫이다."

보상 제물

14-16 **하나님**께서 모세에게 말씀하셨다. "어떤 사람이 신뢰를 저버리고 **하나님**의 거룩한 제물 가운데 어느 하나라도 소홀히 하여 자신도 모르게 죄를 지었으면, 그는 그 죄에 대한 벌로 가축 떼에서 흠 없는 숫양 한 마리를 가져와 **하나님**에게 바쳐야 한다. 그 숫양의 값은 세겔로 정해야 하는데, 보상 제물의 값을 규정한 성소 세겔 단위에 따라야 한다. 그가 거룩한 제물과 관련하여 자신이 지은 죄를 추가로 보상할 때는, 그 숫양 값에 오분의 일을 더해서 제사장에게 주어야 한다.
이와 같이 제사장이 보상 제물의 숫양으로 그를 위해 속죄하면, 그는 용서를 받는다.
17-18 누구든지 **하나님**의 명령 가운데 하나라도 어겨 범해서는 안될 죄를 지었는데, 그것을 깨닫지 못하다가 나중에 깨달으면, 그는 그것에 대해 책임을 져야 한다. 그는 보상 제물의 값으로 정해진 흠 없는 숫양 한 마리를 제사장에게 가져와야 한다.
18-19 그가 모르고 저지른 잘못 때문에 제사장이 그를 위해 속죄하면, 그는 용서를 받는다. 이것이 보상 제물이다. 그가 하나님 앞에 분명히 죄가 있기 때문이다."

마가복음 2:13 – 3:6

의사가 필요한 사람이 누구냐

13-14 예수께서 다시 호숫가를 걸으셨다. 무리가 다시 그분께 왔고, 예수께서는 그들을 가르치셨다. 예수께서 거니시다가, 알패오의 아들 레위가 자기 일터에서 세금을 걷고 있는 것을 보셨다. 예수께서 말씀하셨다. "나와 함께 가자." 그는 따라갔다.
15-16 나중에 예수와 그 제자들이 평판이 좋지 않은 무리와 함께 집에서 저녁을 먹고 있었다. 보기에는 아닐 것 같지만, 그들 가운데 적지 않은 사람들이 이미 그분을 따르고 있었다. 종교 학자와 바리새인들은 예수께서 그런 무리와 어울리는 것을 보고, 그분의 제자들에게 따졌다. "쓰레기 같은 인간들과 친하게 지내다니, 이게 무슨 본이 되겠소?"
17 예수께서 들으시고 반박하셨다. "의사가 필요한 사람이 누구냐? 건강한 사람이냐, 병든 사람이냐? 내가 여기 있는 것은 영적으로 건강한 사람을 초청하려는 것이 아니라, 죄로 병든 사람을 초청하려는 것이다."

잔치인가, 금식인가

18 요한의 제자들과 바리새인의 제자

들은 금식하는 습관이 있었다. 몇몇 사
람들이 예수께 와서 따졌다. "요한을
따르는 이들과 바리새인들은 금식 훈
련을 하는데, 당신을 따르는 이들은 왜
그렇게 하지 않습니까?"
19-20 예수께서 말씀하셨다. "즐거운 결
혼식 중에는 빵과 포도주를 아끼지 않
고 실컷 먹는다. 나중에 허리띠를 졸라
맬 일이 있을지 모르지만, 지금은 아니
다. 신랑신부와 함께 있는 동안에는 즐
겁게 보내는 법이다. 정겨운 축하의 모
닥불에 찬물을 끼얹는 사람은 없다. 하
나님 나라가 임한다는 것은 바로 이런
것이다!"
21-22 예수께서 계속해서 말씀하셨다.
"멀쩡한 스카프를 잘라서 낡은 작업복
에 대고 깁는 사람은 없다. 서로 어울
리는 천을 찾게 마련이다. 그리고 금
이 간 병에는 포도주를 담지 않는 법
이다."
23-24 어느 안식일에 예수께서 곡식이
무르익은 밭 사이를 걷고 계셨다. 제자
들이 길을 가다가 곡식 이삭을 땄다.
바리새인들이 그 일로 예수께 말했다.
"보십시오, 당신의 제자들이 안식일
규정을 어기고 있습니다!"
25-28 예수께서 말씀하셨다. "너희는 다
윗이 배고플 때에 자기와 함께한 동료
들과 한 일을 읽어 보지 못했느냐? 그
가 성소에 들어가 대제사장 아비아달
이 보는 앞에서 제단에서 갓 물려 낸
빵, 곧 제사장들 외에는 아무도 먹지
못하게 되어 있는 거룩한 빵을 먹고 자
기 동료들에게도 주지 않았느냐?" 이
어서 예수께서 말씀하셨다. "우리를 위
해 안식일이 만들어진 것이지, 안식일을
위해 우리가 만들어진 것은 아니다. 인
자는 안식일의 종이 아니라 주인이다!"

안식일에 선을 행하는 것

3 1-3 예수께서 다시 회당에 들어가시
니, 거기에 한쪽 손이 오그라든 사람이
있었다. 바리새인들은 혹시나 안식일
위반으로 예수를 잡을까 하여, 그 사
람을 고쳐 주나 보려고 그분을 주시했
다. 예수께서 손이 오그라든 사람에게
말씀하셨다. "우리가 잘 볼 수 있도록
여기 서거라."
4 예수께서 이번에는 사람들에게 말씀
하셨다. "어떤 행동이 안식일에 가장
합당하냐? 선을 행하는 것이냐, 악을
행하는 것이냐? 사람을 돕는 것이냐,
무력한 상태로 버려두는 것이냐?" 아
무도 말이 없었다.
5-6 예수께서는 그들의 비정한 종교에
노하여, 그들의 눈을 하나씩 쳐다보셨
다. 그러고는 그 사람에게 말씀하셨
다. "네 손을 내밀어라." 그가 손을 내
밀자, 그 손이 새 손과 같이 되었다!
바리새인들은 서둘러 그곳을 빠져나
가, 어떻게 하면 헤롯의 당원들과 합세
하여 그분을 파멸시킬 것인지 흥분하
며 이야기했다.

시편 36:1 – 12

다윗의 시

36 1-4 하나님께 반역하는 자, 선동에

귀 기울이며 온통 죄 지을 건수 찾아
귀를 바짝 세운다.
하나님을 두려워하지 않고
그분 앞에서 거드럭거릴 뿐,
스스로에게 발림소리 하며
자신의 악을 아무도 모를 거라 믿
는다.
그의 입에서 나오는 말은
더러운 개숫물.
그가 온당한 일을 한 적이 있던가.
잠자리에 들 때마다
또 다른 흉계를 꾸민다.
그가 길거리에서 제멋대로 설치면,
누구도 안심할 수 없다.
그는 불장난을 하면서도
누가 화상을 입든 개의치 않는다.

5-6 하나님의 사랑 드높고,
그분의 성실하심 끝이 없다.
그분의 목적 원대하고,
그분의 평결 드넓다.
광대하시되
작은 것 하나 놓치지 않으시니,
사람도, 생쥐 한 마리조차도
그분께는 소외되는 법 없다.

7-9 오 하나님, 주님의 사랑이 어찌 그
리 보배로운지요!
우리가 주님 날개 아래로 피하여
손수 베푸신 잔치음식을 배불리 먹느
라 정신이 없건만,
주께서는 우리 잔에 에덴의 광천수를
가득 부어 주십니다.
주님은 폭포수 같은 빛의 원천,
우리 눈을 뜨게 하여 빛을 보게 하시는
분.

10-12 주님의 벗들을 끊임없이 사랑하
시고
주님을 기뻐하는 이들 안에서 주님의
일을 행하소서.
불한당들이 나를 괴롭히지 못하게 하
시고
소인배들이 나를 비난하지 못하게 하
소서.
졸부처럼 거만한 자들이 쓰러져
진흙탕에 완전히 고꾸라지게 하소서.

잠언 10:4

4 게으르면 가난해지고
부지런하면 부유해진다.

18

레위기 6:1 – 7:27

6 1-6 **하나님**께서 모세에게 말씀하셨
다. "누구든지 **하나님**에 대한 신뢰를
저버림으로 죄를 지었으면, 곧 이웃이
자신에게 맡긴 물건과 관련해 이웃을
속이거나, 그 물건을 빼앗거나, 그 물
건을 사취하거나, 이웃을 협박하거나,
잃어버린 물건을 줍고도 거짓말하거
나, 사람이 짓기 쉬운 죄와 관련해 거
짓 맹세하여, 결국 그가 죄를 짓고 유
죄인 것이 드러나면, 그는 자신이 훔
치거나 빼앗은 것을 되돌려 주어야 하
고, 자신이 맡았던 물건을 반환해야 하
며, 자신이 주운 물건이나 거짓으로 맹
세한 물건을 되돌려 주어야 한다. 그는
전부 갚을 뿐 아니라 물건 값에 오분의
일을 더해서 원래의 주인에게 갚되, 보
상 제물을 바치는 날에 갚아야 한다.
그는 정해진 보상 제물의 값에 따라,
가축 가운데서 흠 없는 숫양 한 마리를
보상 제물로 **하나님**에게 바쳐야 한다.
7 이와 같이 제사장이 **하나님** 앞에서
그를 위해 속죄하면, 그는 사람이 하면
죄가 되는 일들 가운데 어느 하나라도
잘못하여 지은 죄를 용서받는다."

그 밖의 규례

8-13 **하나님**께서 모세에게 말씀하셨다.
"아론과 그의 아들들에게 명령하여라.

그들에게 이렇게 지시하여라. 번제물에 관한 규례는 이러하다. 번제물은 아침이 될 때까지 밤새도록 제단의 화로 위에 그대로 두고, 제단 위의 불은 계속 타오르게 해야 한다. 제사장은 모시로 짠 옷을 입고 속에는 모시 속옷을 입어야 한다. 번제물을 태우고 남은 재는 제단 옆으로 옮겨 두었다가, 옷을 갈아입고 진 밖에 있는 깨끗한 곳으로 옮겨야 한다. 그동안에 제단 위의 불이 계속 타오르게 해야 하며, 절대 꺼뜨려서는 안된다. 아침마다 불에 장작을 보충하고, 그 위에 번제물을 차려 놓고, 화목 제물의 지방을 그 위에서 불살라야 한다. 제단 위의 불이 계속 타오르게 해야 하며, 절대 꺼뜨려서는 안 된다."

14-18 "곡식 제물에 관한 규례는 이러하다. 곡식 제물은 아론의 아들들이 제단 앞에서 **하나님**에게 바쳐야 한다. 제사장은 곡식 제물에서 고운 가루를 한 움큼 가져다가 곡식 제물에 섞은 기름과 거기에 얹은 향과 함께 기념물로 제단 위에서 불살라, **하나님**을 기쁘게 하는 향기로 바쳐야 한다. 나머지 곡식 제물은 아론과 그의 아들들이 먹는다. 그들은 누룩을 넣지 않은 빵을 먹어야 하며, 거룩한 곳, 곧 회막 뜰에서 그것을 먹어야 한다. 누룩을 넣고 구워서는 안 된다. 그것은 나에게 바친 제물 가운데서 내가 그들 몫으로 정해 준 것이다. 그것은 속죄 제물과 보상 제물처럼 지극히 거룩한 것이다. 아론의 후손 가운데서 남자는 누구나 그것을 먹을 수 있다. 이것은 **하나님**에게 바치는 제물과 관련하여 대대로 지켜야 할 영원한 규례다. 누구든지 이 제물을 만지는 사람은 거룩해야 한다."

19-23 **하나님**께서 모세에게 말씀하셨다. "아론과 그의 아들들이 기름부음을 받는 날에 그들 각자가 **하나님**에게 바쳐야 할 제물은 이러하다. 고운 곡식 가루 2리터를 매일 바치는 곡식 제물로 바치되, 반은 아침에 바치고 반은 저녁에 바쳐야 한다. 그 가루에 기름을 섞어 철판에 굽고, 잘 섞은 뒤에 여러 조각으로 부셔서 **하나님**을 기쁘게 하는 향기로 바쳐야 한다. 아론의 아들들 가운데 아론의 뒤를 이어 기름부음을 받은 제사장이 그것을 **하나님**에게 바쳐야 한다. 이것은 영원한 규례다. 제물은 모두 불살라야 한다. 제사장이 바치는 모든 곡식 제물은 온전히 불살라야 하며, 아무도 그것을 먹어서는 안 된다."

24-30 **하나님**께서 모세에게 말씀하셨다. "아론과 그의 아들들에게 이렇게 일러 주어라. 속죄 제물을 위한 규례는 이러하다. 속죄 제물은 지극히 거룩한 제물이니 **하나님** 앞 번제물 잡는 곳에서 잡아야 한다. 제사를 드리는 제사장이 그 제물을 먹되, 거룩한 곳, 곧 회

막 뜰에서 먹어야 한다. 누구든지 그 고기를 만지는 사람은 거룩해야 한다. 고기에서 피가 튀어 옷에 묻으면, 거룩한 곳에서 그 옷을 빨아야 한다. 고기를 삶을 때 사용한 질그릇은 깨뜨려야 한다. 고기를 청동그릇에 삶았으면, 그 그릇은 문질러 닦고 물로 씻어야 한다. 제사장의 가족 가운데서 남자는 누구나 그 제물을 먹을 수 있다. 그것은 지극히 거룩한 것이다. 그러나 성소에서 속죄하기 위해 속죄 제물의 피를 회막 안으로 가져왔을 때는, 그 제물을 먹어서는 안된다. 그것은 불살라야 한다."

7 1-6 "보상 제물에 관한 규례는 이러하다. 보상 제물은 지극히 거룩한 것이니, 보상 제물은 번제물 잡는 곳에서 잡아야 한다. 제사장은 그 피를 제단 사면에 뿌려야 한다. 그 제물의 지방을 바치되, 기름진 꼬리와, 내장을 덮은 지방과, 두 콩팥과 그 둘레 허리께 있는 지방과, 콩팥과 함께 떼어 낸 간을 덮은 껍질을 모두 바쳐야 한다. 제사장은 이것들을 제단 위에서 **하나님**에게 바치는 제물로 불살라야 한다. 이것이 보상 제물이다. 제사장의 가족 가운데서 남자는 누구나 그 제물을 먹을 수 있으나, 반드시 거룩한 곳에서 먹어야 한다. 그 제물은 지극히 거룩한 것이다.

7-10 보상 제물은 속죄 제물과 같아서, 이 두 제물에는 같은 규례가 적용된다. 그 제물은 속죄한 제사장의 몫이다. 어떤 사람을 위해 번제를 바친 제사장은 그가 바친 번제물의 가죽을 갖는다. 화덕에서 구운 곡식 제물이나 냄비나 철판에서 만든 곡식 제물은 모두 그 제물을 바친 제사장의 몫이다. 그것은 그의 것이다. 기름을 섞은 것이든 마른 것이든, 모든 곡식 제물은 아론의 아들들이 다 똑같이 나누어 갖는다."

11-15 "**하나님**에게 바치는 화목 제물에 관한 규례는 이러하다. 감사의 뜻으로 화목 제물을 바칠 때는, 누룩 없이 기름을 섞어 만든 빵과, 누룩 없이 기름을 얇게 발라 만든 과자와, 고운 곡식 가루에 기름을 섞어 반죽해서 만든 과자를 감사 제물과 함께 바쳐야 한다. 감사의 뜻으로 바치는 화목 제물에는, 누룩을 넣은 빵도 함께 바쳐야 한다. 제물의 종류별로 각각 하나씩 높이 들어 바치는 제물로 **하나님**에게 바쳐야 한다. 그 제물은 화목 제물의 피를 뿌린 제사장의 몫이 된다. 감사의 뜻으로 바친 화목 제물 가운데서 고기는 그것을 바친 그날에 먹어야 하며, 다음날 아침까지 조금이라도 남겨 두어서는 안된다.

16-21 서원 제물이거나 자원 제물이면, 제물을 바친 그날에 먹고, 남은 것은 다음날에 먹어도 된다. 그러나 제물 가운데 셋째 날까지 남은 고기는 반드시 불살라야 한다. 셋째 날에 화목 제물의 고기를 조금이라도 먹으면, 그 제물

을 바친 사람은 받아들여지지 않을 것이다. 그 제물이 그에게 조금도 유익이 되지 못하는 것은, 그것이 부정한 고기가 되었기 때문이다. 누구든지 그 고기를 먹는 사람은 그 죄에 대해 책임을 져야 한다. 부정한 것에 닿은 고기는 먹지 말고 불살라야 한다. 그 밖의 다른 고기는 정결하게 된 사람이면 누구나 먹을 수 있다. 그러나 부정한 사람이 **하나님**에게 바쳐진 화목 제물의 고기를 먹으면, 그는 회중 가운데서 추방될 것이다. 사람에게 있는 부정한 것이든 짐승에게 있는 부정한 것이든 또는 역겨운 물건이든, 부정한 것을 만지고도 **하나님**에게 바쳐진 화목 제물을 먹으면, 그는 회중 가운데서 추방될 것이다."

22-27 **하나님**께서 모세에게 말씀하셨다. "이스라엘 백성에게 전하여라. 그들에게 이렇게 일러 주어라. 소나 양이나 염소의 지방은 어느 것이든 먹지 마라. 죽은 채 발견된 짐승의 지방이나 맹수에게 찢겨 죽은 짐승의 지방은 다른 용도로는 쓸 수 있으나, 먹어서는 안된다. **하나님**에게 제물로 바친 짐승의 지방을 먹는 사람은 회중 가운데서 추방될 것이다. 또한 너희가 어느 곳에 살든지, 새의 피든 짐승의 피든, 피는 절대로 먹어서는 안된다. 피를 먹는 사람은 회중 가운데서 추방될 것이다."

열두 사도

7-10 예수께서 그곳을 피해 제자들과
함께 바닷가로 떠나가셨다. 그러나 갈릴리에서 큰 무리가 따라왔고, 유대와 예루살렘과 이두매와 요단 강 건너편과 두로와 시돈 근방에서도 큰 무리가 따라왔다. 그들은 말로만 전해 듣던 것을 직접 눈으로 보려고 왔다. 예수께서는 무리에게 밟히지 않도록, 제자들에게 배를 준비하게 하셨다. 예수께서 지금까지 많은 사람들을 고쳐 주셨으므로, 온전치 못한 사람은 서로 밀고 당기며 그분께 다가가서 그분을 만지려고 했다.
11-12 악한 귀신들이 그분을 알아보고
는 엎드려 부르짖었다. "당신은 하나님의 아들입니다!" 그러나 예수께서는 그 말을 받아들이지 않으셨다. 그들의 입을 다물게 하여, 자신의 정체를 사람들에게 알리지 못하게 막으셨다.
13-19 예수께서 산에 올라가셔서 자신
이 원하는 사람들을 초청하셨다. 그들이 함께 올라갔다. 예수께서 열두 명을 정하시고, 그들을 사도로 임명하셨다. 그분의 계획은 그들로 자신과 함께 있게 하고, 그들을 보내 말씀을 선포하게 하며, 그들에게 귀신을 쫓아내는 권세를 주시려는 것이었다. 그 열두 명은 다음과 같다.

시몬(나중에 예수께서 그에게 베드로, 곧 '바위'라는 이름을 지어 주셨다)

세베대의 아들 야고보
야고보의 동생 요한(예수께서 세베대의 두 아들에게는 '천둥의 아들'을 뜻하는 보아너게라는 별명을 붙여 주셨다)
안드레
빌립
바돌로매
마태
도마
알패오의 아들 야고보
다대오
가나안 사람 시몬
가룟 유다(그분을 배반한 자다).

성령을 모독하는 죄

20-21 예수께서 집에 오시자, 여느 때처
럼 무리가 모여들었다. 예수께 이것저
것 해달라고 청하는 사람들이 많아서,
그분은 식사할 겨를조차 없었다. 예수
의 친구들이 상황을 듣고서, 필요하다
면 억지로라도 그분을 구해 내려고 왔
다. 그들은 그분이 제정신을 잃어 가는
것은 아닌지 의심했다.
22-27 예루살렘에서 종교 학자들이 내
려와서, 예수가 마술을 부리고 마귀의
속임수를 써서 그 능력으로 사람들의
이목을 끌고 있다는 소문을 퍼뜨렸다.
예수께서 그들의 비방에 이런 이야기
로 맞섰다. "마귀를 보내 마귀를 잡고
사탄을 이용해 사탄을 없앤다는 것이
말이 되느냐? 늘 싸움질하는 가정은
무너지게 마련이다. 사탄이 사탄과 싸
우고 있으면, 사탄은 이내 남아나지 못
할 것이다. 환한 대낮에 시퍼렇게 눈을
뜬 건장한 사내의 집에 들어가서 그 살
림을 가지고 달아나려면, 먼저 그 사람
을 묶어야 하지 않겠느냐? 그를 묶으
면, 집을 깨끗이 털 수 있다.
28-30 잘 들어라. 내가 너희에게 경고한
다. 용서받지 못할 말이나 행동은 없다.
그러나 너희가 하나님의 성령을 끝까지
비방하면, 너희를 용서하시는 바로 그분
을 물리치는 것이 된다. 그것은 너희 자
신이 걸터앉은 나뭇가지를 톱으로 잘라
내는 것이며, 용서하시는 그분과의 모든
관계를 너희 자신의 사악함으로 끊어 버
리는 것이다." 예수께서 이렇게 경고하
신 것은, 그들이 그분을 악한 자와 한
패로 몰았기 때문이다.

시편 37:1 – 11

다윗의 시

37 1-2 출세를 자랑하는 자들에 신경
쓰지 말고 악인의 성공을 부러워하지
마라.
머지않아 저들은 베인 풀처럼 오그
라들고 잘린 꽃처럼 시들어 버릴 것
이다.

3-4 **하나님**께 보험을 들고 선한 일을
하며,
마음을 가라앉히고 네 본분을 지켜라.
하나님과 사귐을 지속하여
가장 복된 것을 누려라.

5-6 **하나님**께 모두 털어놓고, 아무것도
숨기지 마라.

꼭 필요한 일이면 그분께서 이루어 주
시리라.
네가 올바르게 살아왔음을 대낮에 증
언해 주시고,
정오에 확인도장을 찍어 주시리라.

7 **하나님** 앞에 고요히 머물고
그분 앞에서 기도하여라.
출세의 사다리를 오르는 자들,
남을 밀치며 정상에 오르는 자들 때문
에 괴로워하지 마라.

8-9 노여움을 제어하고, 분노를 버
려라.
진정하여라. 화내 봤자 사태를 악화시
킬 뿐.
얼마 못 가 사기꾼들은 파산하고,
하나님께 투자한 이들이 곧 그 가게를
차지하리라.

10-11 악인은 눈 깜짝할 사이에 결딴나
리니, 한때 이름 날리던 사업장에는 아
무것도 남지 않으리라!
겸손한 이들이 그리로 들어가 넘겨받
고, 엄청난 횡재를 만끽하리라.

잠언 10:5

5 해가 떠 있을 때 건초를 말리는 것은
영리한 일이지만
추수철에 낚시하러 가는 것은 어리석
은 일이다.

19

레위기 7:28 – 9:6

28-34 **하나님**께서 모세에게 말씀하셨
다. "이스라엘 백성에게 전하여라. 그
들에게 이렇게 일러 주어라. 화목 제
물을 **하나님**에게 바칠 때는, 그 제물
의 일부를 자기 손으로 가져와서 **하나
님**을 위한 특별 제물로 바쳐야 한다.
제물에서 떼어 낸 지방과 가슴을 함께
가져와서, 가슴은 흔들어 바치는 제물
로 **하나님** 앞에 흔들어 바치고, 지방
은 제사장이 제단 위에서 불살라야 한
다. 가슴은 아론과 그의 아들들의 몫이
된다. 너희가 바치는 화목 제물 가운데
오른쪽 넓적다리는 높이 들어 바치는
제물로 제사장에게 주어라. 오른쪽 넓
적다리는 아론의 아들들 가운데 화목
제물의 피와 지방을 바치는 제사장에
게 주어, 그의 몫이 되게 하여라. 이스
라엘 자손의 화목 제물 가운데서 흔들
어 바치는 제물의 가슴과 높이 들어 바
치는 제물의 넓적다리는, 내가 제사장
아론과 그의 아들들에게 준다. 이것은
그들이 이스라엘 백성에게서 받을 영
원한 보상이다."
35-36 이것은 아론과 그의 아들들이 제

사장이 되어 **하나님**을 섬기도록 세워진 날부터, **하나님**의 제물 가운데서 그들이 받게 될 몫이다. **하나님**께서는 제사장들이 기름부음을 받은 날부터 이것을 그들에게 주도록 이스라엘 백성에게 명령하셨다. 이것은 대대로 지켜야 할 영원한 규례다.

37-38 이것은 번제물, 곡식 제물, 속죄 제물, 보상 제물, 위임식 제물, 화목 제물에 관한 규례다. 이는 시내 광야에서 이스라엘 백성에게 **하나님**께 제물을 드리라고 명령하신 날에, **하나님**께서 시내 산에서 모세에게 주신 규례다.

제사장 위임식

8 1-4 **하나님**께서 모세에게 말씀하셨다. "너는 아론과 그의 아들들을 함께 데려오고, 그들의 옷과 거룩하게 구별하는 기름과 속죄 제물로 바칠 수소 한 마리와 숫양 두 마리와 누룩을 넣지 않은 빵 한 바구니를 가져오너라. 그리고 모든 회중을 회막 입구에 불러 모아라." 모세가 **하나님**께서 명령하신 대로 하니, 회중이 회막 입구에 모였다.
5 모세가 회중에게 말했다. "**하나님**께서 이렇게 하라고 명령하셨습니다."
6-9 모세는 아론과 그의 아들들을 데려다가 물로 그들을 씻겼다. 그는 아론에게 속옷을 입히고 허리띠를 매어 주었다. 그런 다음 겉옷을 입히고 에봇을 걸쳐 주고, 장식 허리띠로 에봇을 고정시켜 몸에 꼭 맞게 했다. 그는 또 아론에게 가슴받이를 달아 주고, 가슴받이 주머니 안에 우림과 둠밈을 넣어 주었다. 그러고는 아론의 머리에 두건을 씌우고, 두건 앞쪽에 금패, 곧 거룩한 관을 달아 주었다. 모세는 **하나님**께서 명령하신 대로 행했다.
10-12 그런 다음 모세는 거룩하게 구별하는 기름을 가져다가 성막과 그 안에 있는 모든 기구에 발라서, 그것들을 거룩하게 구별했다. 그는 또 그 기름을 제단 위에 일곱 번 뿌리고, 제단과 그 모든 기구, 대야와 그 받침대에 발라서 그것들을 거룩하게 구별했다. 그러고는 거룩하게 구별하는 기름을 아론의 머리에 붓고 그에게 발라서, 그를 거룩하게 구별했다.
13 모세는 아론의 아들들을 데려다가, 그들에게 속옷을 입히고 허리띠를 매어 준 다음 머리에 두건을 씌어 주었다. 모세는 **하나님**께서 명령하신 대로 행했다.
14-17 모세가 속죄 제물로 바칠 수소 한 마리를 끌고 나오자, 아론과 그의 아들들이 수소의 머리에 손을 얹었다. 모세는 수소를 잡고 손가락으로 제단 뿔 하나하나에 피를 발라서 제단을 깨끗하게 하고, 나머지 피는 제단 밑에 쏟았다. 모세는 제단을 거룩하게 구별하여 거기서 속죄할 수 있게 했다. 그는 내장을 덮은 모든 지방과, 간을 덮은 껍질과, 두 콩팥과 거기에 붙은 지방을 가져다가 제단 위에서 모두 불살랐고, 그 수소의 가죽과 고기와 내장은 진 밖에서 불살랐다. 모세는 **하나님**께서 명령하신 대로 행했다.

18-21 모세가 번제물로 숫양 한 마리를 드리자, 아론과 그의 아들들이 그 숫양의 머리에 손을 얹었다. 모세는 숫양을 잡고 그 피를 제단 사면에 뿌렸다. 그는 숫양의 각을 뜨고 나서, 머리와 각을 뜬 여러 부위와 지방을 불살랐다. 그는 내장과 다리를 물로 씻은 다음, 그 숫양을 통째로 제단 위에서 불살랐다. 이것은 번제요, **하나님**을 기쁘시게 하는 향기며, **하나님**께 드리는 제물이다. 모세는 **하나님**께서 명령하신 대로 행했다.

22-29 모세가 두 번째 숫양, 곧 위임식 제물로 쓸 숫양을 드리자, 아론과 그의 아들들이 그 숫양의 머리에 손을 얹었다. 모세는 숫양을 잡고 그 피 얼마를 가져다가 아론의 오른쪽 귓불과 오른손 엄지손가락과 오른발 엄지발가락에 발랐다. 또 아론의 아들들을 데려다가, 그 피 얼마를 그들의 오른쪽 귓불과 오른손 엄지손가락과 오른발 엄지발가락에 발랐다. 나머지 피는 제단 사면에 뿌렸다. 모세는 숫양의 지방과, 기름진 꼬리와, 내장에 붙은 모든 지방과, 간을 덮은 껍질과, 두 콩팥과 거기에 붙은 지방과, 오른쪽 넓적다리를 떼어 냈다. 그는 **하나님** 앞에 두는 누룩을 넣지 않은 빵 바구니에서, 누룩을 넣지 않고 기름을 섞어 만든 빵 한 개와 속이 빈 과자 한 개를 집어서, 지방과 오른쪽 넓적다리 위에 올려놓았다. 그가 이 모든 것을 아론과 그의 아들들의 손에 두자, 아론과 그의 아들들이 그것을 흔들어 바치는 제물로 **하나님** 앞에 흔들어 드렸다. 그런 다음 모세가 그 모든 것을 그들의 손에서 다시 가져다가 제단 위에 있는 번제물 위에 놓고 불살랐다. 이것은 위임식 제물이요, **하나님**을 기쁘시게 하는 향기며, **하나님**께 드리는 제물이다. 모세는 그 가슴을 가져다가 흔들어 바치는 제물로 **하나님** 앞에 올려 드렸다. 위임식 제물 가운데서 가슴은 모세의 몫이었다. 모세는 **하나님**께서 명령하신 대로 행했다.

30 모세는 거룩하게 구별하는 기름과 제단에 있는 피 얼마를 가져다가 아론과 그의 옷과 아론의 아들들과 그들의 옷에 뿌려서, 아론과 그의 옷과 아론의 아들들과 그들의 옷을 거룩하게 구별했다.

31-35 모세가 아론과 그의 아들들에게 말했다. "회막 입구에서 그 고기를 삶아서, 위임식 바구니에 담긴 빵과 함께 먹으십시오. '아론과 그의 아들들이 그것을 먹어야 한다'고 하셨으니, 그것을 먹으십시오. 남은 고기와 빵은 모두 불살라 버리십시오. 위임식을 마치는 날까지 칠 일 동안 회막 문을 나가지 마십시오. 여러분의 위임식은 칠 일 동안 계속될 것입니다. **하나님**께서 여러분을 위해 속죄하시려고, 여러분이 오늘 행한 것을 하라고 명령하셨습니다. 여러분은 칠 일 동안 밤낮으로 회막 입구에 머무십시오. 반드시 **하나님**께서 시키시는 대로 행하십시오. 그러면 죽지 않을 것입니다. 이것이 내가 받은 명령입니다."

36 아론과 그의 아들들은 **하나님**께서 모세를 통해 명령하신 일을 모두 행했다.

아론이 제사장 직무를 수행하다

9 1-2 팔 일째 되는 날, 모세는 아론과 그의 아들들과 이스라엘의 지도자들을 불러 모았다. 모세가 아론에게 말했다. "속죄 제물로 드릴 송아지 한 마리와 번제물로 드릴 숫양 한 마리를 흠 없는 것으로 가져와서 **하나님**께 드리십시오.

3-4 그리고 이스라엘 백성에게 이렇게 전하십시오. 속죄 제물로 드릴 숫염소 한 마리와 번제물로 드릴 일 년 된 흠 없는 송아지 한 마리와 어린양 한 마리를 가져오고, 화목 제물로 드릴 수소 한 마리와 숫양 한 마리를 기름 섞은 곡식 제물과 함께 가져와서 **하나님** 앞에 드리십시오. **하나님**께서 오늘 여러분에게 나타나실 것입니다."

5-6 백성이 모세가 명령한 것들을 회막으로 가져왔다. 온 회중이 가까이 다가와서 **하나님** 앞에 섰다. 모세가 말했다. "이것은 **하나님**께서 여러분에게 명령하신 것입니다. **하나님**의 빛나는 영광이 여러분에게 나타날 것입니다."

마가복음 3:31 - 4:25

순종이 피보다 진하다

31-32 그때에 예수의 어머니와 동생들이 나타났다. 그들은 밖에 서서, 그분과 잠시 할 말이 있다는 전갈을 보냈다. 예수께서 그 전갈을 받을 때에 무리에 둘러싸여 있었다. "선생님의 어머니와 동생들이 밖에서 찾고 있습니다."

33-35 예수께서 대답하셨다. "내 어머니와 형제들이 누구라고 생각하느냐?" 그러고는 둘러앉은 사람들을 일일이 쳐다보며 말씀하셨다. "내 어머니와 형제들이 여기, 바로 너희 앞에 있다. 순종이 피보다 진하다. 하나님의 뜻에 순종하는 사람이 내 형제요 자매요 어머니다."

씨 뿌리는 농부 이야기

4 1-2 예수께서 다시 바닷가에서 가르치셨다. 무리가 인산인해를 이루고 있어서, 예수께서는 해안에서 좀 떨어진 배에 오르셔야 했다. 사람들이 물가로 몰려와서 배를 설교단으로 삼으신 것이다. 예수께서 많은 이야기로 가르치셨다.

3-8 "들어라. 너희는 어떻게 생각하느냐? 어떤 농부가 씨를 뿌렸다. 씨를 뿌리는데, 더러는 길 위에 떨어져서, 새들이 먹어 버렸다. 더러는 자갈밭에 떨어져서, 금세 싹이 났으나 뿌리를 내리지 못해, 해가 뜨자 곧 시들어 버렸다. 더러는 잡초밭에 떨어져서, 싹이 났으나 잡초 틈새에 짓눌려 아무 소득이 없었다. 더러는 좋은 땅에 떨어져서, 무성하게 자라 농부가 생각지도 못한 큰 결실을 맺었다.

9 너희는 듣고 있느냐? 정말로 듣고 있느냐?"

10-12 예수께서 따로 계실 때, 그분 곁

에 있던 사람들이 열두 제자와 함께 그
이야기에 대해 물었다. 예수께서 그들
에게 말씀하셨다. "너희에게는 하나님
나라를 아는 깨달음이 주어졌다. 너희
는 하나님 나라가 어떻게 되어 가는지
안다. 그러나 아직 볼 줄 모르는 사람
들에게는 모든 것을 이야기로 풀어 나
간다. 마음을 준비시키고, 마음을 열
어 깨닫도록 주의를 환기시키려는 것
이다. 그들은,

> 눈을 떴으나 하나도 보지 못하고
> 귀가 열렸으나 한 마디도 알아듣지
> 못하며
> 돌아서지도 않고 용서받기도 거부
> 한다."

13 예수께서 계속해서 말씀하셨다. "이
이야기가 어떻게 되어 가는지 알겠느
냐? 내가 하는 모든 이야기는 이렇게
이루어진다.
14-15 농부가 말씀을 뿌린다. 어떤 사람
은 딱딱한 길바닥에 떨어진 씨와 같다.
말씀을 듣자마자, 사탄이 그 속에 뿌려
진 것을 낚아채 간다.
16-17 또 어떤 사람은 자갈밭에 떨어진
씨와 같다. 그는 처음 말씀을 들을 때
는 아주 뜨겁게 반응한다. 하지만 성품
의 토양이 얕다 보니, 감정이 식거나
어려움이 닥치면 아무 쓸모없게 되고
만다.
18-19 잡초밭에 떨어진 씨는, 천국 소
식을 듣기는 듣지만 해야 할 온갖 일
과 갖고 싶은 것에 대한 염려로 짓눌려
있는 사람을 가리킨다. 스트레스에 숨
이 막혀서 들은 것조차도 아무 소득이
없다.
20 그러나 좋은 땅에 뿌려진 씨는, 말
씀을 듣고 품어서 생각지도 못한 큰 결
실을 맺는 사람을 가리킨다."

받는 것보다 주는 것이 더 낫다

21-22 예수께서 계속해서 말씀하셨다. "집
에 등잔을 가져와서 통 속이나 침대 밑
에 두는 사람이 있느냐? 탁자나 선반 위
에 두지 않느냐? 우리는 비밀을 감추
어 두지 않고, 오히려 말할 것이다. 숨
기지 않고, 오히려 밝히 드러낼 것이다.
23 너희는 듣고 있느냐? 정말로 듣고
있느냐?
24-25 내가 하는 말을 잘 들어라. 세상
에서 너희 힘으로 잘될 수 있다는 약삭
빠른 충고를 조심하여라. 받는 것보다
주는 것이 더 낫다. 베풂은 베풂을 낳
는다. 인색하면 가난해진다."

시편 37:12-29

12-13 나쁜 자들은 착한 이들이 싫어
그들을 해코지하는 데 골몰하지만,
하나님은 조금도 신경 쓰지 않으신다.
그분께 그들은 싱거운 농담거리에 불
과하다.

14-15 불량배들이 칼을 휘두르고
허세 부리며 활을 당기는구나.
순진한 이들을 괴롭히고,
개와 산책하는 선량한 사람을 강탈하

려 드는구나.
저들, 바나나 껍질에 미끄러져 그대로 거꾸러지니
연극 속의 우스꽝스런 악역 꼴이다.

16-17 때로는 많은 것이 적고, 적은 것이 많은 법.
의인 한 사람이 악인 쉰 명보다 낫다.
악인은 도덕적으로 구제불능이지만,
의인은 **하나님**께서 붙드시기 때문이다.

18-19 **하나님**은 선량한 이들을 기억하시니,
그들이 하는 일을 쉬 잊지 않으신다.
그들은 불경기에도 고개 숙이지 않고
냉장고가 텅 비어도 배부르리라.

20 하나님을 얕보는 자들은 결딴나리라.
하나님의 원수들은 끝장나리라.
수확철의 포도원처럼 털리고
연기처럼 아무도 모르게 사라지리라.

21-22 악인은 꾸기만 하고 갚지 않으나,
의인은 베풀고 또 베푼다.
후히 베푸는 이는 마지막에 모든 것을 얻고,
인색한 자는 도중에 다 빼앗긴다.

23-24 신실한 사람은 **하나님**과 보조를 맞추며 걷는다.
하나님께서 그 길을 환히 비추시니, 그는 행복하다.
그는 넘어져도 오래 주저앉지 않으니,
하나님께서 그의 손을 잡아 주시기 때문이다.

25-26 한때 젊었다가 이제 백발이 되었지만,
나는 여태까지 신자가 버림받거나
그 자녀가 길거리를 떠도는 것을 보지 못했다.
그는 날마다 베풀고 꾸어 주며
자손들은 그의 자랑이 된다.

27-28 악을 버리고
선한 일에 힘쓰되, 꾸준히 그리하여라.
하나님은 선한 일을 사랑하시고
자기 벗들을 외면하지 않으신다.

28-29 이와 같이 살아라. 그러면 성공할 것이다.
그러나 악한 자들은 버림을 받으리라.
선한 이들은 좋은 땅에 심기고
튼튼히 뿌리를 내린다.

잠언 10:6

6 선하고 정직하게 사는 자는 복을 부르지만
악인의 입은 독설이 가득한 어두운 동굴이다.

20

레위기 9:7 – 10:20

7 모세가 아론에게 지시했다. "제단으
로 가까이 가서, 형님의 속죄 제물과
번제물을 드리십시오. 형님 자신과 백
성을 위해 속죄하십시오. **하나님**께서
명령하신 대로, 백성을 위한 제물을 드
려 그들을 위해 속죄하십시오."
8-11 아론은 제단으로 가까이 가서 자
신을 위한 속죄 제물로 송아지를 잡았
다. 아론의 아들들이 그 피를 그에게
가져오자, 아론은 손가락에 그 피를 찍
어 제단 뿔들에 발랐다. 나머지 피는
제단 밑에 쏟았다. 아론은 속죄 제물에
서 떼어 낸 지방과, 콩팥과, 간을 덮은
껍질을 제단 위에서 불살랐다. 모세는
하나님께서 명령하신 대로 행했다. 고
기와 가죽은 진 밖에서 불살랐다.
12-14 그 다음에 아론은 번제물을 잡았
다. 아론의 아들들이 그에게 그 피를
건네자, 아론은 그 피를 제단 사면에
뿌렸다. 아론의 아들들이 그에게 각을
뜬 여러 부위와 머리를 건네자, 아론은
그것들을 제단 위에서 불살랐다. 그는
내장과 다리를 씻어 제단 위에 있는 번
제물 위에 놓고 불살랐다.
15-21 이어서 아론은 백성의 제물을 드
렸다. 아론은 백성을 위한 속죄 제물로
숫염소를 가져다가 잡고, 먼저 드린 제
물과 마찬가지로 그것을 속죄 제물로

드렸다. 같은 절차에 따라 번제물도 드렸다. 이어서 곡식 제물을 한 움큼 가져다가 아침 번제물과 함께 제단 위에서 불살랐다. 그리고 백성을 위한 화목 제물로 수소와 숫양을 잡았다. 아론의 아들들이 그에게 그 피를 건네자, 아론은 그 피를 제단 사면에 뿌렸다. 그들이 수소와 숫양에게서 떼어 낸 여러 부위의 지방, 곧 기름진 꼬리와, 콩팥을 덮은 지방과, 간을 덮은 껍질을 두 짐승의 가슴 위에 놓자, 아론은 그것을 제단 위에서 불살랐다. 아론은 두 짐승의 가슴과 오른쪽 넓적다리를 흔들어 바치는 제물로 **하나님** 앞에 흔들어 드렸다. 모세는 **하나님**께서 명령하신 대로 행했다.

22-24 아론이 백성을 향해 두 손을 들어 그들을 축복했다. 아론은 속죄 제물과 번제물과 화목 제물을 다 드리고 나서 제단에서 내려왔다. 모세와 아론은 회막 안으로 들어갔다. 그들이 회막에서 나와 백성을 축복하자, **하나님**의 영광이 온 백성에게 나타났다. **하나님**께로부터 불이 나와서, 제단 위에 있는 번제물과 지방을 불살라 버렸다. 온 백성이 그 일어난 일을 보고, 큰소리로 환호하며 땅에 엎드려 경배했다.

나답과 아비후의 죽음

10 1-2 바로 그날에 아론의 아들들인 나답과 아비후가 각기 자기 향로를 가져와서, 거기에 타오르는 숯불을 담고 향을 피워 '알 수 없는' 불을 **하나님**께 드렸다. 그러나 그 불은 **하나님**께서 명령하신 불이 아니었다. **하나님**께로부터 불이 나와서 그들을 불살라 버리니, 그들이 **하나님** 앞에서 죽고 말았다.

3 모세가 아론에게 말했다. "**하나님**께서 다음과 같이 말씀하신 것은 이 일을 두고 하신 것입니다.

> 나를 가까이하는 사람에게
> 내가 나의 거룩함을 보일 것이다.
> 온 백성 앞에서
> 내가 나의 영광을 나타낼 것이다."

아론은 아무 말도 하지 못했다.

4-5 모세가 아론의 삼촌 웃시엘의 두 아들 미사엘과 엘사반을 불러서 그들에게 말했다. "가서, 너희의 죽은 조카들을 성소에서 진 밖으로 옮겨라." 그들은 모세가 지시한 대로 가서 조카들을 진 밖으로 옮겼다.

6-7 모세가 아론과 그의 남은 아들 엘르아살과 이다말에게 말했다. "머리를 풀거나 옷을 찢어 애도해서는 안됩니다. 그렇게 하다가는 여러분마저 죽고, **하나님**께서 온 회중에게 진노하실 것입니다. **하나님**께서 불로 없애신 자들의 죽음은 여러분의 동족인 이스라엘 온 백성이 애도할 것입니다. 여러분은 회막 문을 떠나지 마십시오. 떠나면, 여러분은 죽습니다. 여러분은 **하나님**께서 기름부어 거룩하게 구별하신 사람들이기 때문입니다."
그들은 모세가 말한 대로 행했다.

8-11 **하나님**께서 아론에게 지시하셨다.
"너나 네 아들들이 회막에 들어갈 때는, 포도주나 독한 술을 마시지 마라. 마시면, 너희는 죽는다. 이것은 대대로 지켜야 할 영원한 규례다. 거룩한 것과 속된 것을 구별하고, 정결한 것과 부정한 것을 구별하여라. **하나님**이 모세를 통해 말한 모든 규례를 이스라엘 백성에게 가르쳐라."
12-15 모세가 아론과 살아남은 그의 두
아들 엘르아살과 이다말에게 말했다. "**하나님**께 불살라 바치는 제물을 드리고 남은 곡식 제물은 여러분이 가져가십시오. 누룩을 넣지 않고 만든 그 제물은 지극히 거룩한 것이니, 여러분은 그것을 제단 옆에서 먹으십시오. **하나님**께 불살라 바치는 제물 가운데서 그것은 형님과 형님 아들들의 몫이니, 거룩한 곳에서 먹어야 합니다. **하나님**께서 내게 그렇게 명령하셨습니다. 또한 형님과 형님의 아들딸들은 흔들어 바치는 제물의 가슴과 높이 들어 바치는 제물의 넓적다리를 정결한 곳에서 먹어야 합니다. 그것들은 이스라엘 백성이 바친 화목 제물 가운데서 형님과 형님 자녀들의 몫으로 주신 것입니다. 높이 들어 바치는 제물의 넓적다리와, 흔들어 바치는 제물의 가슴과, 불살라 바치는 제물에서 떼어 낸 지방을 가져다가, 흔들어 바치는 제물로 올려 드리십시오. 이것은 **하나님**께서 명령하신 대로, 영원히 형님과 형님 자녀들의 몫이 될 것입니다."
16-18 모세는 속죄 제물로 드린 염소가
어떻게 되었는지 알아보았다. 그런데 그것은 이미 다 타 버린 상태였다. 모세가 아론의 남은 아들 엘르아살과 이다말에게 화를 내며 물었다. "속죄 제물은 지극히 거룩한 것인데, 어찌하여 너희는 그것을 거룩한 곳에서 먹지 않았느냐? 그 제물을 너희에게 주신 것은, 공동체의 죄를 없애고 **하나님** 앞에서 그들을 위해 속죄하게 하려는 것이다. 그 피를 거룩한 곳으로 가지고 들어가지 않았으니, 너희는 내가 명령한 대로 성소에서 그 염소를 먹었어야 했다."
19 아론이 모세에게 대답했다. "보십시
오. 오늘 그들이 **하나님** 앞에 속죄 제물과 번제물을 드렸습니다. 그리고 내게 무슨 일이 있었는지 당신도 보지 않았습니까? 나는 두 아들을 잃었습니다. 오늘 내가 그 속죄 제물을 먹었다고 한들, **하나님**께서 기뻐하셨겠습니까?"
20 이 말을 듣고 모세도 수긍했다.

마가복음 4:26 – 5:20

많은 이야기로 말씀하시다

26-29 예수께서 또 말씀하셨다. "하나님
나라는 어떤 사람이 밭에 씨를 뿌리고는 잊어버린 채 잠자리에 든 것과 같다. 씨는 싹이 터서 자라나는데, 그는 어떻게 된 일인지 모른다. 그의 도움 없이 땅이 다 알아서 한다. 처음에는

푸른 줄기를 내고, 다음에는 꽃봉오리
를 내고, 그 다음에는 익은 곡식이다.
곡식이 완전히 영글면 거둔다. 추수할
때가 된 것이다!
30-32 하나님 나라를 어떻게 묘사할 수
있을까? 어떤 이야기가 좋을까? 하
나님 나라는 솔씨 하나와 같다. 솔씨
는 땅에 떨어질 때 씨로서는 아주 작지
만, 일단 심으면 가지가 무성한 큰 나
무로 자란다. 독수리들이 그 안에 둥지
를 틀 정도다."
33-34 예수께서는 이처럼 많은 이야기
로 메시지를 전해 주시면서, 그들의 경
험과 성숙도에 맞게 이야기를 들려주
셨다. 예수께서 이야기 없이는 말씀하
지 않으셨다. 그리고 제자들과 따로 있
을 때에 모든 것을 다시 설명해 주셨
다. 혼란스러운 것을 정리하시고, 얽
힌 것은 풀어 주셨다.

바람과 바다를 잠잠케 하시다

35-38 그날 늦게 예수께서 제자들에게
말씀하셨다. "저편으로 건너가자." 제
자들은 그분을 배에 계신 그대로 모시
고 갔다. 다른 배들도 따라갔다. 그때
에 큰 풍랑이 일어났다. 파도가 배 안
으로 들이쳐서, 배가 가라앉으려고 했
다. 예수께서는 배 뒤쪽에서 베개를
베고 주무시고 계셨다! 제자들이 그
분을 깨우며 말했다. "선생님, 우리가
빠져 죽게 되었는데 아무렇지도 않습
니까?"
39-40 잠에서 깬 예수께서 바람에게 조
용하라고 하시고, 바다에게 "고요하
여라! 잠잠하여라!" 하고 말씀하셨다.
바람이 숨을 멎고, 바다는 호수처럼
고요해졌다. 예수께서 제자들을 꾸짖
으셨다. "어째서 너희는 이토록 겁이
많으냐? 그렇게도 믿음이 없느냐?"
41 그들은 놀라고 두려워서, 어쩔 줄을
몰라했다. "도대체 이분은 누구신가?
바람과 바다도 마음대로 부리시다니!"

거라사의 귀신 들린 사람

5 1-5 그들은 바다 건너편 거라사 사람
들의 지방에 이르렀다. 예수께서 배에
서 내리시자, 묘지에서 어떤 미친 사람
이 그분께 나아왔다. 그는 거기 무덤
사이에서 살았다. 아무도 그를 잡아 둘
수 없었다. 사슬을 채울 수도, 결박할
수도 없었다. 사람들이 여러 번 사슬
과 밧줄로 묶었지만, 그때마다 그는 사
슬을 부서뜨리고 밧줄을 끊어 버렸다.
아무리 힘센 사람도 그를 꺾을 수 없었
다. 그는 밤낮으로 무덤과 산을 어슬렁
거리면서, 고함을 지르고 뾰족한 돌로
제 몸을 마구 상하게 했다.
6-8 그가 멀찍이서 예수를 보고 달려
와, 그분 앞에 경배하며 엎드렸다. 그
러고는 고함지르며 따졌다. "지극히
높으신 하나님의 아들 예수여, 무슨 일
로 내게 간섭합니까? 제발, 나를 괴롭
게 하지 마십시오!" (예수께서 이미 그
악한 귀신에게 "나오너라! 그 사람에게서
나오너라!" 하고 명령하신 뒤였다.)
9-10 예수께서 그에게 물으셨다. "네 이
름이 무엇이냐?"
그가 대답했다. "내 이름은 패거리입

니다. 난동을 부리는 패거리입니다."
그는 자기를 그 지방에서 내쫓지 말아 달
라고 예수께 애원했다.
11-13 마침 근처 언덕에서 큰 돼지 떼
가 땅을 파헤치며 먹을 것을 찾고 있었
다. 귀신들이 예수께 애걸했다. "우리
를 돼지에게 보내셔서 그 속에서 살게
해주십시오." 예수께서 그렇게 하라고
말씀하셨다. 그러나 돼지 떼의 형편은
그 사람의 형편보다 더 나빠졌다. 돼지
들이 미쳐서 벼랑으로 우르르 몰려가
더니, 바다에 빠져 죽은 것이다.
14-15 돼지를 치던 사람들이 혼비백산하
여 도망쳐서, 시내와 마을에 그 이야기
를 전했다. 다들 어찌 된 일인지 보고
싶어 했다. 사람들이 예수께 다가와서
보니, 미친 사람이 단정한 옷차림과 멀
쩡한 정신으로 앉아 있었다. 그는 더 이
상 걸어 다니는 정신병원이 아니었다.
16-17 그 일을 처음부터 목격한 사람들
이 귀신 들린 사람과 돼지 떼에게 벌어
진 일을 그들에게 말해 주었다. 그들은
처음에는 두려워하다가 나중에는 언
짢아했다. 돼지들이 익사한 것 때문에
기분이 상했던 것이다. 그들은 예수께
그곳을 떠나 다시는 오지 말라고 당부
했다.
18-20 예수께서 배에 오르실 때에, 귀신
한테서 놓인 그 사람이 자기도 함께 가
게 해달라고 간청했으나 그분은 허락
하지 않으셨다. 예수께서 말씀하셨다.
"네 집, 네 가족한테 가거라. 주께서 무
엇을 하셨고, 어떻게 너를 불쌍히 여
기셨는지 그들에게 이야기하여라." 그
사람은 돌아가서, 예수께서 자기에게
행하신 일을 '데가볼리'(열 성읍) 근방에
전하기 시작했다. 그는 동네의 화젯거
리였다.

시편 37:30-40

30-31 개가 뼈다귀를 핥고 또 핥듯, 의
인은 지혜를 곱씹고
아름다운 덕을 음미한다.
피를 돌리듯, 그의 심장은 하나님 말씀
을 온몸에 돌게 하고
그의 발걸음은 고양이처럼 흔들림이
없다.

32-33 악인은 의인을 엿보며
그를 죽이려 하지만,
하나님께서 경계를 늦추지 않고 의인
을 지켜보시니,
악인은 의인의 머리카락 한 올 해치지
못하리라.

34 **하나님**을 간절히 기다려라.
그 길을 떠나지 마라.
그분께서 뭇사람이 보는 앞에서 네게
자리를 주시리니,
악인이 자리를 잃는 것을, 너는 보게
되리라.

35-36 나는 악인들이 두꺼비처럼
거만하게 뽐내며 허튼소리 하는 것을
보았다.
그러나 다음 순간,
그들의 모습은 온데간데없었다.

구멍 난 풍선, 바람 빠져 늘어진 거죽
만 보일 뿐이다.

37-38 온전한 사람을 잘 들여다보고
올곧은 삶을 눈여겨보아라.
힘써 온전함을 이루는 것에
장래가 있다.
고집쟁이는 조만간 버림을 받고
거만한 자들은 막다른 길에 이르리라.

39-40 드넓고 자유로운 삶은 **하나님**이 주
시는 것.
하나님께서 그 삶을 보호하시고 안전
히 지키신다.
하나님의 도우심으로 우리가 악에서
해방되었으니,
그분께 피하면, 친히 우리를 구원하
신다.

잠언 10:7

7 선하고 정직하게 살면 칭찬을 받고
기억되지만
사악하게 살면 썩은 내만 남는다.

21

레위기 11:1 – 12:8

먹을 수 있는 짐승과 먹을 수 없는 짐승

11 1-2 **하나님**께서 모세와 아론에게 말씀하셨다. "이스라엘 백성에게 전하여라. 그들에게 이렇게 일러 주어라. 땅 위에 있는 모든 짐승 가운데 네가 먹을 수 있는 짐승은 이러하다.

3-8 굽이 둘로 갈라지고 새김질을 하는 짐승은 어느 것이든 먹어도 된다. 새김질은 하지만 굽이 갈라지지 않았거나, 굽은 갈라졌으나 새김질을 하지 않는 짐승은 먹어서는 안된다. 예를 들어, 낙타는 새김질은 하지만 굽이 갈라지지 않았으니 부정한 것이다. 오소리도 새김질은 하지만 굽이 갈라지지 않았으니 부정한 것이다. 토끼도 새김질은 하지만 굽이 갈라지지 않았으니 부정한 것이다. 돼지는 굽이 둘로 갈라졌지만 새김질을 하지 않으니 부정한 것이다. 너희는 이런 짐승의 고기를 먹어서는 안되며 그 주검을 만져서도 안된다. 그것들은 너희에게 부정한 것이다.

9-12 바다나 강에 사는 동물 가운데서 지느러미와 비늘이 있는 것은 무엇이든 먹어도 된다. 그러나 바다에 사는 것이든 강에 사는 것이든, 얕은 곳에 사는 작은 것이든 깊은 곳에 사는 큰

것이든, 지느러미와 비늘이 없는 것은 무엇이나 혐오스러운 것이다. 이런 것은 혐오스러운 것으로 여겨라. 그 고기를 먹지 말고 그 주검도 혐오스러운 것으로 여겨라. 물에 사는 것 가운데서 지느러미와 비늘이 없는 것은 무엇이든 너희에게 혐오스러운 것이다.

13-19 다음은 너희가 혐오해야 할 새들이니, 이것들은 먹지 마라. 독수리, 참수리, 물수리, 솔개, 각종 수리, 각종 까마귀, 타조, 쏙독새, 갈매기, 각종 매, 올빼미, 가마우지, 따오기, 뜸부기, 사다새, 대머리수리, 황새, 각종 왜가리, 오디새, 박쥐. 이 새들은 혐오스러운 것이다.

20-23 네 발로 기어 다니는 날벌레는 모두 너희에게 혐오스러운 것이다. 그러나 이것들 가운데서 몇 가지는 먹어도 된다. 이를테면, 다리가 달려서 땅에서 뛸 수 있는 것은 먹을 수 있다. 각종 메뚜기와 여치와 귀뚜라미와 방아깨비는 먹어도 된다. 그러나 그 밖에 다리가 네 개 달린 날벌레는 모두 혐오스러운 것이다.

24-25 그런 것들의 주검에 몸이 닿은 사람은 저녁때까지 부정하다. 그 주검들 가운데 하나라도 들어 옮기는 사람은 반드시 자기 옷을 빨아야 한다. 그는 저녁때까지 부정하다.

26 굽이 갈라졌어도 완전히 갈라지지 않았거나 새김질을 하지 않는 짐승은 모두 너희에게 부정한 것이다. 그것들 가운데 어느 하나의 주검에 몸이 닿은 사람은 부정하게 된다.

27-28 네 발로 걷는 짐승 가운데 발바닥으로 걷는 짐승은 모두 너희에게 부정한 것이다. 그 주검에 몸이 닿은 사람은 저녁때까지 부정하다. 그 주검을 들어 옮기는 사람은 반드시 자기 옷을 빨아야 한다. 그는 저녁때까지 부정하다. 그것들은 너희에게 부정한 것이다.

29-38 땅에 기어 다니는 동물 가운데서 너희에게 부정한 것은 이러하다. 족제비, 쥐, 각종 도마뱀, 도마뱀붙이, 왕도마뱀, 벽도마뱀, 사막도마뱀, 카멜레온. 기어 다니는 동물 가운데 이런 것들은 너희에게 부정한 것이다. 이것들이 죽었을 때 그 주검을 만지는 사람은 저녁때까지 부정하다. 이것들 가운데 하나가 죽어서 어떤 물건 위에 떨어진 경우, 나무든 천이든 가죽이든 삼베든, 그 물건이 무엇으로 만들어졌든, 또 그 물건의 용도가 무엇이든 관계없이 그 물건은 부정하게 되니, 그 물건을 물에 담가라. 그것은 저녁때까지 부정하고, 그 후에는 정결하다. 그 주검이 질그릇에 떨어지면, 그 안에 있는 것은 무엇이든 부정하게 된다. 너희는 그 그릇을 깨뜨려야 한다. 먹을 수 있는 음식이더라도 그 그릇에 담긴 물에 닿으면, 부정하게 된다. 그 그릇에 담긴 마실 것도 무엇이든 부정하게 된다. 이런 것들의 주검이 어떤 물건에 떨어지면, 그 물건은 무엇이든 부정하게 된다. 화덕이든 냄비든 모두 깨뜨려야 한다. 그것들은 부정한 것이니, 너희는 그것들을 부정한 것으로 여겨야

한다. 샘이나 물이 고인 웅덩이는 정결
한 것으로 남지만, 이 주검들 가운데
어느 하나라도 너희 몸에 닿으면, 너희
는 부정하게 된다. 파종할 씨 위에 주
검이 떨어져도, 그 씨는 여전히 정결하
다. 그러나 그 씨가 물에 젖어 있을 때
주검이 그 위에 떨어지면, 너희는 그
씨를 부정한 것으로 여겨야 한다.
39-40 먹어도 되는 짐승이 죽었을 경우,
그 주검에 몸이 닿은 사람은 누구나 저
녁때까지 부정하다. 죽은 고기를 먹은
사람은 자기 옷을 빨아야 하며, 저녁때
까지 부정하다. 그 주검을 들어 옮기는
사람도 자기 옷을 빨아야 하며, 저녁때
까지 부정하다.
41-43 땅에 기어 다니는 동물은 혐오스
러운 것이니 먹어서는 안된다. 배로 기
어 다니든 네 발로 기어 다니든 여러
발로 기어 다니든, 땅에 기어 다니는
동물은 먹지 마라. 그것들은 혐오스러
운 것이다. 너희는 그것들로 너희 자신
을 부정하게 하거나 더럽히는 일이 없
게 하여라. 나는 너희 **하나님**이다.
44-45 내가 거룩하니, 너희도 자신을 거
룩하게 하여라. 땅에 기어 다니는 어
떤 것으로도 너희 자신을 부정하게 해
서는 안된다. 나는 너희를 이집트 땅에
서 이끌어 낸 **하나님**이다. 내가 거룩하
니, 너희도 거룩하여라."

46-47 "이것은 짐승과 새와 물고기와 땅
에 기어 다니는 동물에 관한 규례다.
너희는 부정한 것과 정결한 것, 먹을
수 있는 동물과 먹을 수 없는 동물을
구별해야 한다."

산모를 정결하게 하는 규례

12 1-5 **하나님**께서 모세에게 말씀하셨
다. "이스라엘 백성에게 이렇게 일러
주어라. 임신하여 사내아이를 낳은 여
자는 칠 일 동안 부정하다. 그녀는 월
경할 때와 마찬가지로 부정하다. 너희
는 팔 일째 되는 날에 그 아이에게 할
례를 행하여라. 산모는 출혈 상태에서
정결하게 될 때까지 삼십삼 일 동안 집
안에 머물러 있어야 한다. 정결하게 되
는 기간이 다 찰 때까지, 산모는 거룩
하게 구별된 것을 만지거나 성소에 들
어가서는 안된다. 여자아이를 낳은 여
자는 십사 일 동안 부정하다. 그녀는
월경할 때와 마찬가지로 부정하다. 산
모는 출혈 상태에서 정결하게 될 때까
지 육십육 일 동안 집 안에 머물러 있
어야 한다.
6-7 사내아이를 낳았든 여자아이를 낳
았든, 정결하게 되는 기간이 다 차면,
산모는 번제물로 바칠 일 년 된 어린양
한 마리와 속죄 제물로 바칠 집비둘기
나 산비둘기 한 마리를 회막 입구로 가
져와서 제사장에게 건네야 한다. 제사
장은 그것을 받아 **하나님**에게 바쳐서
그녀를 위해 속죄해야 한다. 그러면 그
녀는 출혈 상태로부터 정결하게 된다.
이것은 사내아이나 여자아이를 낳은
산모에게 주는 규례다.
8 그녀가 어린양 한 마리를 마련할 형
편이 못되면, 산비둘기 두 마리나 집비
둘기 두 마리를 가져다가 하나는 번제

물로, 다른 하나는 속죄 제물로 바쳐
도 된다. 제사장이 그녀를 위해 속죄하
면, 그녀는 정결하게 된다."

마가복음 5:21-43

손가락 하나만 대어도

21-24 예수께서 배를 타고 건너가시자,
큰 무리가 바닷가에서 그분을 맞이했
다. 회당 지도자 가운데 야이로라는 사
람이 왔다. 그는 예수를 보고는, 무릎
을 꿇고 정신없이 애원했다. "제 사랑
하는 딸이 죽음의 문턱에 있습니다. 병
이 나아서 살 수 있도록, 오셔서 손을
얹어 주십시오." 예수께서 그와 함께
가시는데, 온 무리가 따라가며 그분을
밀고 당겼다.
25-29 십이 년 동안 혈루증으로 고생한
한 여자가 예수의 소문을 들었다. 여자
는 많은 의사들에게 치료를 받았으나,
형편없는 치료로 돈만 날리고 상태가
이전보다 더 나빠졌다. 여자는 뒤에서
슬그머니 다가가 예수의 옷을 만졌다.
'이분의 옷에 손가락 하나만 대어도 내
가 낫겠다'고 생각한 것이다. 여자가
손을 대는 순간에 흐르던 피가 멈추었
다. 여자는 변화를 느낄 수 있었고, 자
신의 병이 깨끗이 나은 것을 알았다.
30 그 순간, 예수께서 자신에게서 기운
이 나간 것을 아시고, 무리에게 돌아서
서 물으셨다. "누가 내 옷에 손을 대었
느냐?"
31 제자들이 말했다. "무슨 말씀이신지
요? 무리가 이렇게 밀고 당기는데 '누
가 내게 손을 대었느냐?'고 물으시다
니요. 손을 댄 사람이 수십 명은 될 것
입니다!"
32-33 그러나 예수께서는 누가 그렇게
했는지 보려고 계속 둘러보며 물으셨
다. 자기가 한 일을 알고 있던 그 여자
는, 두려워 떨며 앞으로 나아갔다. 여
자는 그분 앞에 무릎을 꿇고 자초지종
을 이야기했다.
34 예수께서 여자에게 말씀하셨다. "딸
아, 너는 믿음의 모험을 했고 이제 온
전해졌다. 잘 살아라. 병이 나았으니
복되게 살아라!"

35 예수께서 아직 말씀하시는 중에, 회
당장의 집에서 사람들이 와서 회당장
에게 말했다. "따님이 죽었습니다. 선
생님을 더 괴롭게 해드릴 일이 있겠습
니까?"
36 예수께서 그들이 하는 말을 들으시
고 그 회당장에게 말씀하셨다. "그들
의 말을 듣지 말고, 나만 신뢰하여라."
37-40 예수께서는 베드로, 야고보, 요한
외에는 아무도 따라오지 못하게 하셨
다. 회당장의 집에 들어선 그들은, 이
야깃거리를 찾는 입방아꾼들과 음식
을 나르는 이웃 사이를 헤치고 지나갔
다. 예수께서 불쑥 말씀하셨다. "어째
서 이렇게 너도나도 울고불고 말이 많
으냐? 이 아이는 죽은 것이 아니라 자
고 있다." 사람들은 저가 알지도 못하
면서 저런 말을 한다고 비웃었다.
40-43 예수께서 그들을 다 내보내신 뒤

에, 아이 부모와 자기 동료들만 데리고 아이 방으로 들어가셨다. 예수께서 소녀의 손을 꼭 잡고 말씀하셨다. "달리다 굼." 이는 '소녀야, 일어나라'라는 뜻이다. 그러자 소녀가 일어나서 걸어 다녔다! 소녀의 나이는 열두 살이었다. 그들은 모두 기뻐서 어쩔 줄 몰라했다. 예수께서는 그 방에서 일어난 일을 아무에게도 알리지 말라고 그들에게 엄히 명하셨다. 그리고 "아이에게 먹을 것을 주어라" 하고 말씀하셨다.

시편 38:1 – 22

다윗의 시

38 1-2 **하나님**, 숨 한번 크게 쉬시고,
마음 가라앉히소서.
주님, 회초리를 성급히 들지 마소서.
화살처럼 날카로운 주님의 질책이 내 마음 할퀴고,
주께 얻어맞은 엉덩이가 몹시도 쓰라립니다.

3-4 지난 몇 달 사이 주님의 책망으로
내 얼굴 반쪽이 되었습니다.
내 죄 때문에
뼈는 바싹 마른 잔가지처럼 부스러지기 직전이고,
내 악행이 나를 뒤덮어
무거운 죄책감이 쌀포대처럼 어깨를 짓누릅니다.

5-8 내가 잘못 살았으므로
몸의 상처에서 악취가 나고 구더기까지 우글거립니다.
나, 꼴사납게 엎드러져 아침부터 밤까지 나로 인해 슬퍼합니다.
내 속에 있는 모든 장기가 불타는
듯하고 몸은 만신창이가 되었습니다.
기진하여 결딴난 신세,
내 삶은 신음만 토해 냅니다.

9-16 주님, 내 간절한 바람은 속이 훤히 보이고, 나의 신음은 주께서 다 아는 흔한 이야기입니다.
나는 완전히 지쳐서 금방이라도 심장이 멎을 것만 같습니다.
백내장으로 하나님과 선한 이들을 알아보지 못하니, 오랜 벗들이 나를 전염병 대하듯 피합니다.
내 친척들은 나를 찾지 않고
이웃들은 뒤에서 나를 헐뜯습니다.
경쟁자들이 내게 누명을 씌우고
나의 파멸을 간절히 바랍니다.
그러나 나는 귀머거리, 벙어리 신세,
귀도 닫히고 입마저 닫혔습니다.
그들의 말 한 마디 듣지 못하고
대꾸도 못합니다.
하나님, 내가 하는 일이라고는 그저 주님을 기다리는 것,
나의 주, 나의 하나님을 기다리는 것뿐이니, 응답해 주소서!
간절히 기도합니다. 저들이 나를 비웃지 못하게 하소서.
내가 비틀거릴 때 저들이 으스대며 활보하지 못하게 하소서.

17-20 내가 미칠 지경이 되고,
타는 듯한 고통이 내 속에서 나를 짓누릅니다.
내 잘못을 털어놓을 각오가 되어 있으니, 죄짓고도 의기양양해하는 일은 더 이상 없을 것입니다.
원수들은 기세등등하게 팔을 걷어붙였고, 폭력배들은 내 목을 노립니다.
내가 선을 베풀어도, 하나님을 싫어하는 자들은 악으로 되갚습니다.
저들은 하나님을 사랑하는 사람을 보면 참지 못합니다.

21-22 **하나님**, 나를 버리지 마소서.
하나님, 나를 하염없이 기다리게 하지 마소서.
내 인생에 넓고 탁 트인 공간이 필요하니, 어서 나를 도우소서.

잠언 10:8 – 9

8 마음이 지혜로운 이는 명령을
따르지만 머리가 텅 빈 자는 어려움을 겪는다.

9 정직하면 당당하고 근심 없이
살지만 구린 짓은 언젠가 드러나기 마련이다.

22

레위기 13:1 – 59

악성 피부병에 관한 규례

13 1-3 **하나님**께서 모세와 아론에게
말씀하셨다. "어떤 사람의 피부에 부
스럼이나 물집이나 번들거리는 얼룩
이 생겨서 그 몸에 악성 피부병 증상이
보이면, 그 사람을 제사장 아론이나 그
의 아들들 가운데 한 제사장에게 데려
가야 한다. 제사장은 그 피부의 상처를
살펴보아야 한다. 상처 부위의 털이 희
어지고 그 부위가 피부보다 들어가 보
이면, 그것은 전염성이 있는 악성 피
부병이다. 제사장은 그 상처를 살펴본
뒤에 그 사람을 부정하다고 선언해야
한다.

4-8 피부에 생긴 번들거리는 얼룩이 희
기는 한데 피부에만 있는 것처럼 보이
고 그 부위의 털이 희어지지 않았으
면, 제사장은 그 사람을 칠 일 동안 격
리시켜야 한다. 칠 일째 되는 날에 상
처를 다시 살펴보아 상처가 더 퍼지지
않았다고 판단되면, 제사장은 그를 다
시 칠 일 동안 격리시켜야 한다. 칠 일
째 되는 날에 다시 살펴보아 상처가 옅
어지고 더 퍼지지 않았으면, 제사장은
그 사람을 정결하다고 선언해야 한다.
그것은 해롭지 않은 뾰루지다. 그 사람
이 집에 가서 자기 옷을 빨아 입으면,

그는 정결하다. 그러나 제사장에게 몸
을 보여서 정결하다고 선언을 받은 뒤
에 상처가 더 퍼졌으면, 그는 다시 제
사장에게 돌아가야 한다. 제사장은 그
를 살펴보아 상처가 퍼졌으면, 그 사람
을 부정하다고 선언해야 한다. 그것은
전염성이 있는 악성 피부병이다.
9-17 어떤 사람이 전염성이 있는 악성
피부병에 걸렸으면, 반드시 그를 제사
장에게 데려가야 하고, 제사장은 그를
살펴보아야 한다. 피부에 흰 부스럼이
생겼는데 그 부위의 털이 희어지고 부
스럼이 곪아 터졌으면, 그것은 만성 피
부병이다. 제사장은 그를 부정하다고
선언해야 한다. 그러나 그가 이미 부정
하다는 진단을 받았으므로, 그를 격리
시키지 않아도 된다. 제사장이 보기에
악성 피부병이 그 사람의 머리끝에서
발끝까지 피부 전체를 덮었으면, 제사
장은 철저히 살펴보아야 한다. 피부병
이 그 사람의 몸 전체를 덮었으면, 제
사장은 그 사람을 정결하다고 선언해
야 한다. 상처 부위가 온통 희어졌으므
로, 그 사람은 정결하다. 그러나 상처
부위가 곪아 터져 고름이 흘러나오면,
그 사람은 부정하다. 제사장은 곪아 터
진 부위를 살펴보고 그 사람을 부정하
다고 선언해야 한다. 곪아 터진 부위는
악성 피부병의 증거이므로 부정하다.
그러나 곪아 터진 부위가 아물어 희어
졌으면, 그 사람은 제사장에게 돌아가
야 하고, 제사장은 그를 다시 살펴보아
야 한다. 상처 부위가 희어졌으면, 제
사장은 그 사람을 정결하다고 선언해
야 한다. 그는 정결하다.
18-23 어떤 사람이 피부에 종기가 생겼
다가 나았는데 종기가 있던 자리에 흰
부스럼이나 번들거리는 희붉은 얼룩
이 생겼으면, 그는 제사장에게 가서 자
기 몸을 보여야 한다. 상처가 깊어지
고 상처 부위의 털이 희어졌으면, 제사
장은 그를 부정하다고 선언해야 한다.
그것은 종기에서 발생한 악성 피부병
이다. 그러나 제사장이 살펴보아 상처
부위의 털이 희지 않고 상처도 깊지 않
고 수그러들었으면, 제사장은 그를 칠
일 동안 격리시켜야 한다. 그러고도 상
처가 피부에 넓게 퍼졌으면, 제사장은
그를 부정하다고 진단해야 한다. 그것
은 전염성이 있는 병이다. 그러나 번들
거리는 얼룩이 더 퍼지지 않고 그대로
이면, 그것은 종기로 인해 생긴 흉터일
뿐이다. 제사장은 그를 정결하다고 선
언해야 한다.
24-28 어떤 사람이 피부에 화상을 입었
는데, 덴 자리에 희붉은 얼룩이나 번들
거리는 흰 얼룩이 생겼으면, 제사장은
그것을 살펴보아야 한다. 얼룩 부위에
난 털이 희어지고 그 부위가 피부보다
들어가 보이면, 화상 부위에 악성 피부
병이 생긴 것이다. 제사장은 그를 부정
하다고 선언해야 한다. 그것은 전염성
이 있는 악성 피부병이다. 그러나 제사
장이 살펴보아 얼룩 부위의 털이 희지
않고 그 부위가 피부보다 들어가 보이
지 않고 옅어졌으면, 제사장은 그를 칠
일 동안 격리시켜야 한다. 칠 일째 되
는 날에 제사장은 그를 다시 살펴보아

야 한다. 그때까지 얼룩이 피부에 퍼졌으면, 제사장은 그를 부정하다고 진단해야 한다. 그것은 전염성이 있는 악성 피부병이다. 그러나 그때까지 얼룩이 같은 부위에 머물러 더 퍼지지 않고 수그러들었으면, 그것은 화상으로 부풀어 오른 것일 뿐이다. 그것은 화상으로 생긴 흉터이니, 제사장은 그를 정결하다고 선언해야 한다.

29-37 남자든 여자든 머리나 턱에 피부병이 생기면, 제사장은 병의 상태를 진단해야 한다. 상처 부위가 피부보다 들어가 보이고 그 부위의 털이 누렇고 가늘면, 제사장은 그 사람을 부정하다고 선언해야 한다. 그것은 전염성이 있는 피부병인 백선이다. 그러나 제사장이 백선이 난 자리를 살펴보아 상처 부위가 피부보다 들어가 보이지 않고 그 부위의 털이 검지 않으면, 제사장은 그 사람을 칠 일 동안 격리시켜야 한다. 칠 일째 되는 날에 제사장은 상처 부위를 다시 살펴보아, 백선이 퍼지지 않았고 백선 부위의 털이 누렇지 않으며 그 부위가 피부보다 들어가 보이지 않으면, 그는 백선이 난 자리만 제외하고 털을 모두 밀어야 한다. 제사장은 그를 다시 칠 일 동안 격리시켜야 한다. 백선이 퍼지지 않았고 백선 부위가 피부보다 들어가 보이지 않으면, 제사장은 그를 정결하다고 선언해야 한다. 그 사람이 집에 가서 자기 옷을 빨아 입으면, 그는 정결하다. 그러나 그 사람이 정결하다고 선언받은 뒤에 다시 백선이 퍼지면, 제사장은 그 부위를 다시 살펴보아야 한다. 백선이 피부에 퍼졌으면, 누런 털을 찾아볼 필요도 없이 그 사람은 부정하다. 그러나 제사장이 보기에 백선이 더 진행되지 않았고 그 부위에 검은 털이 자라기 시작했으면, 백선이 나은 것이다. 그 사람은 정결하니, 제사장은 그를 정결하다고 선언해야 한다.

38-39 남자든 여자든 피부에 번들거리는 얼룩이나 번들거리는 흰 얼룩이 생기면, 제사장은 그것을 살펴보아야 한다. 얼룩이 희끗하면, 그것은 피부에 생긴 뾰루지일 뿐이니, 그 사람은 정결하다.

40-44 어떤 사람이 머리카락이 빠져 대머리가 되어도, 그는 정결하다. 앞머리카락이 빠지면, 그저 대머리일 뿐 그는 정결하다. 그러나 두피나 이마에 희붉은 상처가 생기면, 그것은 악성 피부병에 걸렸다는 뜻이다. 제사장은 그 상처를 살펴보아야 한다. 두피나 이마에 생긴 상처가 악성 피부병에 걸린 상처처럼 희붉게 보이면, 그는 악성 피부병에 걸린 것이므로 부정하다. 제사장은 그의 머리에 생긴 상처로 인해 그를 부정하다고 선언해야 한다.

45-46 악성 피부병에 걸린 사람은 누구든지 찢어진 옷을 입고, 머리를 풀되 빗질을 하지 말아야 한다. 또한 그는 윗입술을 가리고, "부정하다! 부정하다!" 하고 외쳐야 한다. 그 상처가 없어지지 않는 한, 그는 계속해서 부정할 것이다. 그 사람은 진 밖에서 따로 살아야 한다."

47-58 "털옷이나 모시옷이나, 모시나 털
로 짠 직물이나 편물이나, 가죽이나 가
죽 제품에 악성 곰팡이가 피어 반점
이 생기면, 또는 옷이나 가죽이나 직물
이나 편물이나 가죽으로 만든 어떤 것
에 푸르스름하거나 불그스름한 반점
이 생기면, 그것은 악성 곰팡이가 피었
다는 표시다. 그것을 제사장에게 보여
야 한다. 제사장은 그 반점을 살펴보고
곰팡이가 핀 물건을 칠 일 동안 압류
해 두어야 한다. 칠 일째 되는 날에 제
사장은 그 반점을 다시 살펴보아야 한
다. 직물이나 편물이나 가죽 소재의 옷
에 반점이 퍼졌으면, 그것은 쉽게 없어
지지 않는 악성 곰팡이의 반점이니, 그
천이나 가죽은 부정하다. 제사장은 그
옷을 불살라야 한다. 그것은 쉽게 없어
지지 않는 악성 곰팡이니, 불에 태워
버려야 한다. 그러나 제사장이 살펴보
아 반점이 옷에 퍼지지 않았으면, 제사
장은 그 옷의 주인에게 반점이 있는 옷
을 빨게 하고, 그것을 다시 칠 일 동안
압류해 두어야 한다. 옷을 빤 뒤에, 제
사장은 다시 살펴보아야 한다. 반점이
퍼지지 않았더라도 반점의 모양이 바
뀌지 않았으면, 그 옷은 여전히 부정하
다. 곰팡이가 옷 안쪽에 피었든 바깥쪽
에 피었든, 그 옷은 불에 태워 버려야
한다. 그 옷을 빤 뒤에 반점이 수그러
들었으면, 제사장은 반점이 있는 부분
을 잘라 내야 한다. 하지만 그렇게 하
고도 반점이 다시 나타나면 그것은 새
로 생겨난 것이니, 반점이 생긴 것은
모두 불에 던져 버려라. 그러나 한 번
빨아서 옷에서 반점이 완전히 사라졌
으면, 한 번 더 빨아야 한다. 그러면 정
결하게 된다.
59 이것은 털옷이나 모시옷이나 직물
이나 편물이나 온갖 가죽 제품에 악성
곰팡이 반점이 생겼을 때, 그것이 정
결한지 부정한지를 결정하기 위한 규
례다."

마가복음 6:1–29

고향에서 배척받으시다

6 1-2 예수께서 그곳을 떠나 자기 고향
으로 돌아가셨다. 제자들도 함께 갔
다. 안식일에 예수께서 회당에서 설교
하셨다. 예수께서는 모든 사람의 감탄
을 자아낼 정도로 대단하셨다. 사람들
이 말했다. "이 사람이 이렇게 훌륭한
사람인지 미처 몰랐다! 어떻게 이렇게
갑자기 지혜로워지고, 이런 능력을 갖
게 되었을까?"
3 그러나 한편으로 그들은 언제 그랬
느냐는 듯이, 어느새 그분을 깎아내리
고 있었다. "이 사람은 목수요 마리아
의 아들에 불과하다. 우리는 그를 어려
서부터 알았다. 그의 동생 야고보와 요
셉과 유다와 시몬 그리고 그의 누이들
도 우리가 안다. 도대체 그는 자기가
누구라고 저러는 것인가?" 그들은 예
수에 대해 조금 아는 것에 걸려 넘어졌
던 것이다. 그들은 거기서 더 이상 나
아가지 못했다.

4-6 예수께서 그들에게 말씀하셨다.
"예언자는 자기 고향, 자기 친척, 자기
가 어려서 놀던 길목에서는 별로 존경
을 받지 못하는 법이다." 예수께서는
거기서 많은 일을 행하실 수 없었다.
몇몇 병자들에게 손을 얹어 고쳐 주신
것이 전부였다. 그들의 완고함을 예수
께서도 어찌할 수 없었다. 그래서 예수
께서는 그곳을 떠나, 다른 마을을 다니
시며 가르치셨다.

열두 제자를 파송하시다

7-8 예수께서 열두 제자를 부르셔서,
둘씩 짝을 지어 내보내시며, 그들에게
악한 세력을 물리치는 권세와 능력을
주셨다. 예수께서는 그들을 보내시며
이런 지침을 주셨다.
8-9 "이 일에 별도의 준비가 필요하다
고 생각하지 마라. 먼저 너희 자신을
준비하여라. 특별히 돈을 모금할 것도
없다. 간소하게 하여라.
10 고급 여관도 안된다. 적당한 곳을
찾아가 떠날 때까지 그곳으로 만족하
여라.
11 사람들이 너희를 맞아들이지 않고 너
희 말을 듣지 않거든, 조용히 나오너라.
소란 피울 것 없다. 무시해 버리고 너희
의 길을 가면 된다."
12-13 곧 제자들은 길을 나섰다. 그들은
삶이 근본적으로 달라질 수 있음을 기
쁜 마음으로 긴박하게 전했다. 가는 곳
마다 귀신을 쫓아냈다. 병자들의 몸에
기름을 발라 건강을 되찾게 해주고, 그
들의 심령을 고쳐 주었다.

요한의 죽음

14 예수의 이름이 만인의 입에 오르내
리고 있을 그 즈음에, 헤롯 왕도 그 모
든 소식을 들었다. 그가 말했다. "죽은
세례자 요한이 다시 살아난 것이 틀림
없다. 그래서 그 사람이 능히 기적을
행하는 것이다!"
15 다른 사람들이 말했다. "아닙니다.
그는 엘리야입니다."
또 다른 사람들이 말했다. "그는 예언
자입니다. 옛 예언자들 가운데 한 사람
과 같습니다."
16 그러나 헤롯은 굽히지 않았다. "틀
림없이 요한이다. 내가 그의 목을 베었
는데, 이제 그가 다시 살아난 것이다."
17-20 헤롯은 자기 동생 빌립의 아내였
던 헤로디아의 잔소리에 못 이겨, 요한
의 체포를 명하고, 그에게 사슬을 채워
감옥에 가두었던 자다. 요한은 헤롯과
헤로디아의 관계가 "불륜"이라고 말해
헤롯을 자극했다. 헤로디아는 증오에
사무쳐서 요한을 죽이고 싶었으나, 헤
롯이 요한을 두려워하여 감히 그렇게
하지 못했다. 요한이 거룩한 사람이라
고 굳게 믿고 있던 헤롯은, 그를 특별
대우했다. 헤롯은 요한의 말을 들을 때
마다 양심에 가책을 받아 괴로워하면
서도, 그를 멀리할 수 없었다. 요한에
게는 헤롯을 계속 잡아끄는 어떤 힘이
있었다.
21-22 그러나 끝내 불길한 날이 왔다.
헤롯이 갈릴리의 모든 고관과 귀족들
을 초대해 생일잔치를 벌인 날이었다.
헤로디아의 딸이 연회장에 들어와서

손님들을 위해 춤을 추었다. 헤롯과 손
님들은 감탄했다.
22-23 왕이 소녀에게 말했다. "내게 무
엇이든 청하거라. 네가 원하는 것이면
무엇이든 주마." 그는 흥분하여 계속
했다. "맹세하는데, 네가 말만 하면 내
나라를 너와 반반씩이라도 나누겠다!"
24 그 딸은 어머니에게 돌아가서 말했
다. "무엇을 청할까요?"
"세례자 요한의 머리를 달라고 하
거라."
25 딸은 급히 왕에게 달려가서 말했다.
"지금 당장, 세례자 요한의 머리를 쟁
반에 담아 주십시오!"
26-29 왕은 한순간 정신이 번쩍 들었다.
그러나 그는 손님들에게 체면을 잃고
싶지 않아서, 잠자코 소녀의 소원을 들
어주었다. 왕은 사형 집행관을 감옥으
로 보내 요한의 머리를 가져오라고 명
했다. 그가 가서 요한의 목을 베어 쟁
반에 담아 와서 소녀에게 주었고, 소녀
는 그것을 다시 자기 어머니에게 주었
다. 요한의 제자들이 이 일을 듣고 와
서, 그 시신을 거두어다가 무덤에 안장
했다.

시편 39:1-13

다윗의 시

39 1-3 나, 굳게 다짐했다.
발걸음 조심하고 혀를 조심하여,
곤경에 처하는 일이 없게 하리라.
악인과 한 방에 있을 때는 입을 다물
리라.
"아무 말 하지 말자" 다짐하며 잠자코
있었다.
그러나 침묵이 길어질수록 심사가 뒤
틀리고, 속에서 화가 치밀었다.
생각하면 할수록 울화가 치밀어 올라
기어이 털어놓고야 말았다.

4-6 "**하나님**, 무슨 일인지 알려 주소서.
나의 살 날이 얼마나 남았는지 알려
주소서.
죽을 날이 언제인지 알려 주소서!
주께서 내 수명을 짧게 하셨으니,
내 목숨 줄, 건질 것 없을 만큼 짧습
니다.
아! 우리는 한낱 입김.
아! 우리는 모닥불 속 그림자.
아! 우리는 허공으로 내뱉는 침.
기껏 모아 놓고는 그대로 두고 갈 뿐
입니다.

7-11 주님, 이제 내가 사는 날 동안 할
일이 무엇이겠습니까?
내가 할 일은 그저 희망을 품는 것뿐
입니다.
내게 씌워진 반역자의 굴레를 주께서 벗
기시고 바보들의 경멸에서 나를 건져
주소서.
주님, 이 모든 일의 배후에 주님이 계
시니 나는 더 이상 말하지 않고 입을 다
물겠습니다.
그러나 얼마나 오래 버틸 수 있을지 모르
겠습니다.
주께서 우리 죄를 씻기시려고 우리를
불 가운데 세우실 때,

우리가 애지중지하던 우상들이 연기
처럼 사라집니다.
우리 역시 한낱 연기가 아니고 무엇이겠
습니까?

12-13 아, **하나님**, 내 기도를 들으소서.
내 울부짖음에 귀를 열어 주소서.
흐르는 내 눈물 보시고 싸늘히 대하지
마소서.
나는 한낱 나그네일 뿐, 내 길을 알지
못합니다.
온 가족과 함께 그저 떠돌 뿐입니다.
너무 늦기 전에, 내가 이 세상 떠나기
전에 숨 돌릴 틈 주시고, 내 사정을 살
펴 주소서."

잠언 10:10

10 시선을 피하는 것은 문제가 생길 조
짐이다.
마음을 열고 얼굴을 마주 보아야 평화
가 찾아온다.

23

레위기 14:1 – 57

14 [1-9] **하나님**께서 모세에게 말씀하셨
다. "악성 피부병에 걸린 사람을 정결
하게 하는 날에 지켜야 할 규례는 이러
하다. 먼저, 그 사람을 제사장에게 데
려가면, 제사장은 그를 진 밖으로 데리
고 나가서 살펴보아야 한다. 악성 피부
병에 걸린 사람이 병에서 나았으면, 제
사장은 정결하게 되려는 그 사람을 위
해 살아 있는 정결한 새 두 마리와 백
향목 가지와 주홍색 실과 우슬초를 가
져오도록 사람들에게 지시해야 한다.
제사장은 병에서 나은 사람에게 지시
하여 그 두 마리 새 가운데 한 마리를
맑은 물이 담긴 질그릇 위에서 잡게 해
야 한다. 그런 다음 살아 있는 새와 백
향목 가지와 주홍색 실과 우슬초를 가
져다가, 맑은 물 위에서 죽은 새의 피
를 찍어 악성 피부병이 나아 정결하게
된 사람에게 일곱 번 뿌리고, 그를 정
결하다고 선언해야 한다. 마지막으로,
살아 있는 새는 넓은 들로 날려 보내야
한다. 정결하게 된 그 사람은 자기 옷
을 빨고 자기 몸의 털을 모두 밀고 물
로 씻으면 정결하게 된다. 그 후에 그

는 진으로 들어가도 되지만, 자기 장막
밖에서 칠 일 동안 생활해야 한다. 칠
일째 되는 날, 그는 자기 몸의 털을 밀
되, 머리털과 수염과 눈썹까지 모두 밀
어야 한다. 그런 다음 자기 옷을 빨고
물로 온몸을 씻어야 한다. 그러면 그
사람은 정결하게 된다.
10-18 다음날 곧 팔 일째 되는 날에, 그
는 흠 없는 어린양 두 마리와 일 년 된
흠 없는 암양 한 마리를, 기름 섞은 고
운 곡식 가루 6리터와 함께 가져와야
한다. 그 사람을 정결하다고 선언할 제
사장은, 그와 그가 바친 제물을 회막
입구 **하나님** 앞에 두어야 한다. 제사
장은 어린양 두 마리 가운데 한 마리
를 끌어다가 기름 0.3리터와 함께 보
상 제물로 바치되, **하나님** 앞에 흔들어
바치는 제물로 올려 바쳐야 한다. 속죄
제물과 번제물 잡는 곳, 곧 거룩한 곳
에서 그 어린양을 잡아야 한다. 보상
제물은 속죄 제물과 마찬가지로 제사
장의 몫이다. 그것은 지극히 거룩한 것
이다. 제사장은 보상 제물의 피 얼마를
받아다가, 정결하게 되려는 사람의 오
른쪽 귓불과 오른손 엄지손가락과 오
른발 엄지발가락에 발라야 한다. 그런
다음 기름을 가져다가 자기 왼손 손바
닥에 붓고, 오른손 손가락으로 그 기
름을 찍어 **하나님** 앞에 일곱 번 뿌려야
한다. 제사장은 그 남은 기름을 정결하
게 되려는 사람의 오른쪽 귓불과 오른
손 엄지손가락과 오른발 엄지발가락,
곧 보상 제물의 피를 바른 부위에 덧발
라야 한다. 나머지 기름은 정결하게 되
려는 사람의 머리에 바르고, **하나님** 앞
에서 그를 위해 속죄해야 한다.
19-20 마지막으로, 제사장은 부정한 상
태에서 벗어나 정결하게 되려는 사람
을 위해 속죄 제물을 바치고 그를 위해
속죄한 뒤에, 번제물을 잡아 제단 위에
서 곡식 제물과 함께 바쳐야 한다. 이
와 같이 제사장이 그 사람을 위해 속죄
하면, 그 사람은 정결하게 된다."

21-22 "가난하여 이러한 제물을 바칠 형
편이 못되는 사람은, 어린 숫양 한 마
리를 보상 제물로 가져와서 자신을 위
해 속죄할 흔들어 바치는 제물로 바치
고, 기름 섞은 고운 곡식 가루 2리터와
기름 0.3리터를 곡식 제물로 바쳐야
한다. 형편이 닿는 대로 산비둘기 두
마리나 집비둘기 두 마리를 바치되, 한
마리는 속죄 제물로 다른 한 마리는 번
제물로 바쳐야 한다.
23-29 팔 일째 되는 날에 그는 그것들을
제사장에게로, 곧 회막 입구 **하나님** 앞
으로 가져와야 한다. 제사장은 보상 제
물로 바친 어린양을 기름 0.3리터와
함께 가져다가, 흔들어 바치는 제물로
하나님 앞에 흔들어 바쳐야 한다. 그런
다음 보상 제물로 바친 어린양을 잡고
그 피 얼마를 가져다가, 정결하게 되려
는 이의 오른쪽 귓불과 오른손 엄지손
가락과 오른발 엄지발가락에 발라야
한다. 제사장은 자신의 왼손 손바닥에
기름을 붓고, 오른손 손가락으로 그 기
름을 찍어 **하나님** 앞에 일곱 번 뿌려야
한다. 또한 자기 손바닥에 있는 기름을

찍어 보상 제물의 피를 바른 부위, 곧 정결하게 되려는 이의 오른쪽 귓불과 오른손 엄지손가락과 오른발 엄지발가락에 덧발라야 한다. 그리고 손바닥에 남아 있는 기름을 가져다가, 정결하게 되려는 사람의 머리에 바르고 **하나님** 앞에서 그를 위해 속죄해야 한다.
30-31 마지막으로, 그 사람은 힘이 닿는 대로 마련한 산비둘기나 집비둘기를, 하나는 속죄 제물로 다른 하나는 번제물로 바치되, 곡식 제물과 함께 바쳐야 한다. 이런 절차에 따라, 제사장은 **하나님** 앞에서 정결하게 되려는 사람을 위해 속죄해야 한다."
32 이것은 악성 피부병에 걸렸으나 자신을 정결하게 하기 위해 바치는 제물을 마련할 형편이 못되는 사람이 따라야 할 규례다.

집에 악성 곰팡이가 핀 경우

33-42 **하나님**께서 모세와 아론에게 말씀하셨다. "내가 너희에게 주어 소유하게 할 가나안 땅에 너희가 들어가서, 너희 소유가 된 그 땅의 어느 한 집에 내가 내린 악성 곰팡이가 피거든, 그 집의 주인은 제사장에게 가서 '집에 곰팡이가 피었습니다' 하고 알려야 한다. 제사장은 그 곰팡이를 살펴보러 가기 전에 그 집을 비우도록 지시해야 한다. 이는 그 집에 있는 물건이 하나라도 부정하다고 선언되는 일이 없게 하려는 것이다. 제사장이 그 집에 가서 살펴보아, 그 집 벽에 핀 곰팡이가 푸르스름하거나 불그스름하게 돋아나 있고 벽면보다 더 깊이 스며들었으면, 제사장은 그 집 문밖으로 나와서 그 집을 칠 일 동안 폐쇄해야 한다. 칠 일째 되는 날에 다시 가서 살펴보아 곰팡이가 그 집 벽에 두루 퍼졌으면, 제사장은 곰팡이가 핀 돌들을 빼내어 성 밖의 쓰레기 더미에 버리도록 지시해야 한다. 반드시 그 집 내벽 전체를 긁어내고, 긁어낸 벽토는 성 밖의 쓰레기 더미에 버려야 한다. 그러고 나서 돌들이 빠진 자리에 새로운 돌들을 끼우고, 그 집 내벽에 벽토를 다시 발라야 한다.
43-47 돌들을 빼내고 집 내벽을 긁어내어 벽토를 다시 바른 뒤에도 곰팡이가 피면, 제사장이 가서 살펴봐야 한다. 만일 곰팡이가 퍼졌으면, 그것은 악성 곰팡이다. 그 집은 부정하니, 그 집을 헐고 돌들과 목재와 벽토를 성 밖의 쓰레기 더미에 내다 버려야 한다. 그 집을 폐쇄한 기간에 그 집에 들어가는 사람은 누구든지 저녁때까지 부정하고, 그 집에서 잠을 자거나 음식을 먹은 사람은 누구든지 자기 옷을 빨아야 한다.
48-53 그러나 제사장이 가서 살펴보아, 내벽에 벽토를 다시 바른 뒤에 그 집에 곰팡이가 퍼지지 않았으면, 곰팡이가 제거된 것이다. 제사장은 그 집이 정결하다고 선언해야 한다. 그런 다음 새 두 마리와 백향목 가지와 주홍색 실과 우슬초를 가져다가 그 집을 정결하게 해야 한다. 제사장은 맑은 물이 담긴 질그릇 위에서 새 한 마리를 잡아야 한다. 그런 다음 백향목 가지와 우

슬초와 주홍색 실과 살아 있는 새를 가
져다가, 죽은 새의 피와 맑은 물에 담
갔다가 그 집에 일곱 번 뿌려야 한다.
이렇게 새의 피와 맑은 물과 살아 있는
새와 백향목 가지와 우슬초와 주홍색
실로 그 집을 정결하게 해야 한다. 마
지막으로, 살아 있는 새는 성 밖의 넓
은 들에 놓아주어야 한다. 제사장이 그
집을 위해 속죄했으니, 그 집은 정결
하다.
54-57 이것은 각종 악성 피부병과 백선,
옷과 집에 피는 노균과 곰팡이, 그리고
부스럼과 물집과 번들거리는 얼룩과
관련해서 따라야 할 절차로, 언제 부정
하게 되고 언제 정결하게 되는지를 판
정하기 위한 것이다. 이것은 전염성 있
는 피부병과 노균과 곰팡이와 관련된
절차다."

마가복음 6:30-56

너희가 먹을 것을 주어라

30-31 사도들이 다시 예수께 모여서, 그
동안 자기들이 행하고 가르친 일을 모
두 보고했다. 예수께서 말씀하셨다.
"따로 어디 가서 잠깐 쉬도록 하자."
그만큼 오가는 사람들의 발길이 끊이
지 않았고, 그들은 음식 먹을 겨를조차
없었다.
32-34 그래서 그들은 배를 타고 따로 한
적한 곳으로 떠났다. 그들이 가는 것
을 본 사람이 있어서 금세 소문이 퍼졌
다. 인근 마을에서 사람들이 도보로 달
려와서, 그들보다 먼저 그곳에 도착했
다. 예수께서 도착해 큰 무리를 보셨
다. 목자 없는 양 같은 그들을 보시니,
그분 마음이 찢어지는 것 같았다. 예수
께서는 곧바로 그들을 가르치기 시작
하셨다.
35-36 어느새 저녁이 되었다. 시간이 많
이 흘렀다고 생각한 제자들이 말씀 사
이에 끼어들었다. "여기는 허허벌판이
고 시간도 많이 늦었습니다. 이제 기도
하시고 사람들을 보내어 저녁이라도
먹게 해야겠습니다."
37 예수께서 말씀하셨다. "너희가 이들
의 저녁을 마련하여라."
그들이 대답했다. "진심이십니까? 가
서 이들의 저녁거리에 큰돈을 쓰라는
말씀이신지요?"
38 그러나 그분의 말씀은 진심이었다.
"너희에게 빵이 몇 개나 있는지 알아
보아라."
오래 걸릴 것도 없었다. "다섯 개입니
다." 그들이 말했다. "그리고 물고기가
두 마리 있습니다."
39-44 예수께서 그들 모두를 오십 명,
백 명씩 무리 지어 앉게 하셨다. 그 모
습이 마치 푸른 초장에 펼쳐진, 들꽃으
로 엮은 조각보 이불 같았다! 예수께
서 빵 다섯 개와 물고기 두 마리를 손
에 들고, 고개 들어 하늘을 우러러 감
사기도를 드리시고 축복하신 다음, 빵
을 떼어 제자들에게 주셨고, 제자들
은 다시 그것을 사람들에게 나눠 주었
다. 예수께서는 물고기를 가지고 똑같
이 하셨다. 사람들 모두가 배불리 먹었
다. 제자들이 남은 것을 거두니 열두

바구니나 되었다. 저녁을 먹은 사람들
이 오천 명이 넘었다.

바다 위를 걸어오시다

45-46 식사가 끝나자, 예수께서 제자들
을 재촉하여 배를 타고 먼저 건너편 벳
새다로 가게 하시고, 그동안에 무리를
돌려보내셨다. 사람들을 보내신 뒤에,
예수께서는 산에 올라가 기도하셨다.
47-49 밤늦게 배는 이미 바다 멀리까지
나갔는데, 예수께서는 아직 뭍에 혼자
계셨다. 맞바람을 맞아 노를 젓느라 고
생하는 제자들의 모습이 보였다. 새벽
네 시쯤에, 예수께서 바다 위를 걸어
그들 쪽으로 가셨다. 예수께서 바로 그
들 옆을 지나려고 하셨다. 그러나 제자
들은 바다 위를 걸어오시는 예수를 보
고서 유령인 줄 알고, 무서워 꼼짝도
못한 채 비명을 질렀다.
50-52 예수께서 얼른 그들을 안심시키
셨다. "안심하여라! 나다. 두려워 마
라." 예수께서 배에 오르자마자, 바람이
가라앉았다. 제자들은 너무 놀라서, 이
게 무슨 일인가 싶어 고개를 저었다. 그
들은 예수께서 저녁식사 때 하신 일을
미처 깨닫지 못하고 있었다. 그 무엇도
아직 그들의 마음속까지 파고들지 못했
던 것이다.
53-56 그들은 게네사렛에 배를 댔다. 그
들이 배에서 내리자, 순식간에 소문이
퍼졌다. 사람들이 이리저리 내달리며,
들것에 병자들을 메고 예수가 계시는
곳으로 데려왔다. 마을이나 시내나 촌
네거리마다 그분이 가시는 곳이면 어
디든지, 사람들이 병자들을 데리고 나
와서 그분의 옷자락을 만지게 해달라
고 간청했다. 그것이 전부였다. 그분
을 만진 사람은 누구나 병이 나았다.

시편 40:1 – 10

다윗의 시

40 1-3 나, **하나님**을 기다리고 또 기다
렸더니,
마침내 굽어보시고,
내 부르짖음 들어주셨다.
나를 시궁창에서 들어 올리시고
진흙탕에서 끌어내셨다.
단단한 반석 위에 나를 세우시고
미끄러지지 않게 하셨다.
주께서 새로운 노래, 우리 하나님께
드릴 찬양을 가르쳐 주셨다.
이를 보고 점점 더 많은 사람들이
그 신비 속으로 들어가,
하나님께 자신을 맡긴다.

4-5 **하나님**께 자기를 내어 드리는
그대,
세상 사람들의 "확실한 것"을 등지고
세상 사람들이 숭배하는 것을 무시하
는 그대는 복이 있다.
세상은 **하나님**의 기적과
하나님의 생각으로 가득 쌓인 곳.
그 무엇도, 그 누구도
주께 견줄 수 없습니다!
주님에 대해 내가 아는 것을 말하려
해도 금세 말문이 막히고 마니,
지극히 크신 주님을 숫자나 말로는

다 담아낼 수 없습니다.

6 주님을 위해 일하고 주께 그 무엇을
드리려 해도 주께서는 그런 것 바라지
않으십니다.
종교적인 모습, 경건한 모양새, 주께
서는 그런 것도 요구하지 않으십니다.
다만, 내가 들을 수 있도록 내 귀를
열어 주셨습니다.

7-8 그래서 내가 대답했습니다.
"내가 왔습니다.
주께서 나에 대해 쓰신 기록을 읽고
서, 나를 위해 베푸신 잔치에 왔습
니다."
그때, 하나님의 말씀이 내 인생에
들어와 내 존재의 일부가 되었습니다.

9-10 **하나님**, 나는 온 회중에게 주님을 선
포하고 아무것도 숨기지 않았습니다.
주께서도 아시는 일입니다.
주님의 길을 비밀로 하지 않았고
나 혼자 간직하지도 않았습니다.
주께서 얼마나 믿을 만한 분이신지,
얼마나 철두철미한 분이신지 다 말했
습니다.
주님의 사랑과 진리를 나 혼자만 알고
있지 않았습니다.
모든 내용을 다 말하여 온 회중이 알게
했습니다.

잠언 10:11 – 12

11 선한 사람의 입은 생명을 주는 깊은
우물이지만
악한 사람의 입은 독설이 가득한 어두
운 동굴이다.

12 미움은 싸움을 일으키지만
사랑은 다툼을 덮어 준다.

24

레위기 15:1 – 16:28

남자나 여자가 부정하게 되었을 때의 규례

15 1-3 **하나님**께서 모세와 아론에게
말씀하셨다. "이스라엘 백성에게 전하
여라. 그들에게 이렇게 일러 주어라.
어떤 남자의 성기에서 고름이 흘러나
오면, 그 고름은 부정한 것이다. 고름
이 계속 흘러나오든 흘러나오지 않고
고여 있든, 그는 부정하다. 고름이 몸
에서 계속 흘러나오거나 고름이 몸 안
에 고여 있는 모든 날 동안, 그는 부정
하다.
4-7 그가 누운 자리는 모두 부정하고,
그가 깔고 앉은 물건도 모두 부정하
다. 고름을 흘리는 남자의 잠자리에 몸
이 닿았거나, 그가 깔고 앉은 물건에
앉았거나, 그와 몸이 닿은 사람은 누구
든지 자기 옷을 빨고 물로 몸을 씻어야
한다. 그는 저녁때까지 부정하다.
8-11 고름을 흘리는 남자가 정결한 사
람에게 침을 뱉으면, 그 정결한 사람
은 자기 옷을 빨고 물로 몸을 씻어야
한다. 그는 저녁때까지 부정하다. 고
름을 흘리는 남자가 타고 다니는 안장
도 모두 부정하다. 그가 깔고 앉은 물
건에 몸이 닿은 사람은 누구나 저녁때
까지 부정하다. 그러한 물건을 옮긴 사
람도 자기 옷을 빨고 물로 몸을 씻어야

한다. 그는 저녁때까지 부정하다. 고
름을 흘리는 남자가 물로 두 손을 씻지
않은 채 어떤 사람을 만졌으면, 그에게
닿은 사람도 자기 옷을 빨고 물로 몸
을 씻어야 한다. 그는 저녁때까지 부정
하다.
12 고름을 흘리는 남자가 만진 질그릇
은 깨뜨려 버려야 한다. 나무그릇은 물
로 씻어야 한다.
13-15 고름을 흘리던 남자가 나아서 깨
끗하게 되면, 그는 정결해지기 위해 칠
일 동안 기다렸다가 옷을 빨고 흐르는
물에 몸을 씻어야 한다. 그런 다음에야
그는 정결하게 된다. 팔 일째 되는 날
에 그는 산비둘기 두 마리나 집비둘기
두 마리를 가지고 회막 입구 **하나님** 앞
으로 와서, 제사장에게 주어야 한다.
그러면 제사장은 한 마리는 속죄 제물
로, 다른 한 마리는 번제물로 바쳐서,
고름을 흘리는 그 사람을 위해 **하나님**
앞에서 속죄해야 한다.
16-18 어떤 남자가 정액을 흘리면, 그는
물로 온몸을 씻어야 한다. 그는 저녁때
까지 부정하다. 옷이든 가죽으로 만든
물건이든, 정액이 묻은 것은 모두 물로
빨아야 한다. 그것은 저녁때까지 부정
하다. 남자가 여자와 잠자리를 같이하
여 정액을 흘리면, 둘 다 물로 씻어야
한다. 그들은 저녁때까지 부정하다.
19-23 어떤 여자가 몸에서 피를 흘리는
데 그것이 월경이면, 그 여자는 칠 일
동안 부정하다. 그 여자의 몸에 닿은
사람은 모두 저녁때까지 부정하다. 그
여자가 월경중에 눕거나 앉은 자리는
모두 부정하다. 그 여자의 잠자리에 몸
이 닿거나 그 여자가 깔고 앉은 물건에
몸이 닿은 사람은, 자기 옷을 빨고 물
로 몸을 씻어야 한다. 그는 저녁때까지
부정하다.
24 어떤 남자가 그 여자와 잠자리를 같
이하다가 그 여자가 흘린 피에 몸이 닿
으면, 그는 칠 일 동안 부정하고 그가
누운 잠자리도 모두 부정하다.
25-27 어떤 여자가 월경 기간이 아닌데
여러 날 동안 출혈을 하거나 월경 기간
이 지났는데도 계속 출혈을 하면, 그
여자는 월경할 때와 마찬가지로 부정
하다. 출혈을 하는 동안 그 여자가 누
운 잠자리와 그 여자가 앉은 자리는 모
두 월경할 때와 마찬가지로 부정하다.
이러한 것들에 몸이 닿은 사람은 모두
부정하다. 그는 자기 옷을 빨고 물로
몸을 씻어야 한다. 그는 저녁때까지 부
정하다.
28-30 출혈이 멎어 깨끗하게 되면, 그
여자는 칠 일을 기다려야 한다. 그런
다음에야 정결하게 된다. 팔 일째 되는
날에 그 여자는 산비둘기 두 마리나 집
비둘기 두 마리를 가져와 회막 입구에
서 제사장에게 주어야 한다. 그러면 제
사장은 한 마리는 속죄 제물로, 다른
한 마리는 번제물로 바친다. 제사장은
출혈로 인해 부정해진 그 여자를 위해
하나님 앞에서 속죄해야 한다.
31 너희는 부정하게 하는 것으로부터
이스라엘 백성을 떼어 놓아야 한다. 그
러지 않으면, 그들 가운데 있는 나의
성막을 더럽혀 그들이 부정한 상태로

죽게 될 것이다.

32-33 이것은 고름이나 정액을 흘려 자신을 부정하게 한 남자와 월경중인 여자가 따라야 할 절차로, 몸에서 무언가 흘러나오는 남자나 여자뿐 아니라 부정한 여자와 잠자리를 같이한 남자도 이 절차를 따라야 한다."

속죄의 날

16 1-2 아론의 두 아들이 알 수 없는 불을 가지고 **하나님** 앞으로 나아갔다가 죽은 일이 있었다. 그 후에 **하나님**께서 모세에게 말씀하셨다. "네 형 아론에게 일러 주어라. 휘장 안쪽의 지성소, 곧 궤를 덮고 있는 속죄판 앞에 아무 때나 들어오다가는 죽을 것이다. 내가 구름 속에서 속죄판 위에 임하기 때문이다.

3-5 아론이 성소에 들어갈 때에 따라야 할 절차는 이러하다. 아론은 속죄 제물로 바칠 수송아지 한 마리와 번제물로 바칠 숫양 한 마리를 가져와야 한다. 거룩한 모시 속옷과 모시 속바지를 입고, 모시로 만든 띠를 두르고, 모시로 만든 두건을 써야 한다. 이것들은 거룩한 옷이니, 먼저 물로 몸을 씻고 나서 입어야 한다. 그런 다음 그는 이스라엘 공동체로부터 속죄 제물과 번제물로 바칠 숫염소 두 마리를 받아 가져와야 한다.

6-10 아론은 자신을 위한 속죄 제물로 수송아지를 바쳐서, 자기 자신과 자기 가족을 위해 속죄해야 한다. 또한 그는 숫염소 두 마리를 회막 입구 **하나님** 앞에 두고 제비를 뽑아서, 하나는 **하나님**을 위한 것으로, 다른 하나는 아사셀을 위한 것으로 정해야 한다. **하나님**의 몫으로 정해진 염소는 속죄 제물로 바치고, 아사셀의 몫으로 정해진 염소는 속죄를 위해 광야에 있는 아사셀에게 보내야 한다.

11-14 아론은 자신을 위한 제물로 수송아지를 바쳐서, 자기 자신과 자기 가족을 위해 속죄해야 한다. 그는 속죄 제물로 수송아지를 잡아야 한다. **하나님** 앞 제단에 타오르는 숯불을 향로에 가득 담고 곱게 간 향기로운 향을 두 손 가득 떠서 휘장 안으로 가지고 들어가, **하나님** 앞에서 그 향을 태워 향의 연기가 증거궤 위의 속죄판을 덮게 해야 한다. 그래야 그가 죽지 않을 것이다. 그런 다음 수송아지의 피 얼마를 가져다가 손가락에 찍어 속죄판 위에 뿌리고, 속죄판 앞에 일곱 번 뿌려야 한다.

15-17 이어서 아론은 백성을 위한 속죄 제물로 지목된 염소를 잡고, 그 피를 가지고—휘장 안으로 들어가서, 수송아지의 피를 뿌릴 때와 마찬가지로 염소의 피를 제단 위와 앞에 뿌려야 한다. 이와 같이 아론은 지성소를 위해 속죄해야 한다. 이는 이스라엘 자손의 부정과 그들의 반역과 그들의 다른 모든 죄 때문이다. 아론은 부정한 백성 가운데 있는 회막을 위해서도 그와 같이 해야 한다. 아론이 속죄하기 위해 지성소에 들어가서, 자신과 자기 가족과 이스라엘 온 공동체를 위해 속죄하

기를 마치고 성소에서 나오기까지, 아
무도 회막 안에 있어서는 안된다.
18-19 그 후에 아론은 **하나님** 앞 제단으
로 가서, 제단을 위해 속죄해야 한다.
그는 수송아지의 피와 염소의 피 얼마
를 가져다가 제단의 네 뿔에 바르고,
그 피를 손가락에 찍어 제단 위에 일곱
번 뿌려서, 이스라엘 자손의 부정으로
부터 제단을 정결하게 하고 거룩하게
구별해야 한다.
20-22 지성소와 회막과 제단을 위해 속
죄하기를 마친 뒤에, 아론은 살아 있는
염소를 가져와서 그 머리에 두 손을 얹
고, 이스라엘 백성의 모든 부정과 모든
반역과 모든 죄를 고백해야 한다. 그리
고 그 모든 죄를 그 염소의 머리에 씌
워서 대기하고 있던 사람에게 맡겨 광
야로 내보내야 한다. 그 염소가 이스라
엘 백성의 온갖 부정을 짊어지고 광야
로 나가면, 그는 그 염소를 광야에 풀
어 주어야 한다.
23-25 마지막으로, 아론은 회막 안으로
들어가, 지성소에 들어가기 위해 입었
던 모시옷을 벗어서 거기 놓아두어야
한다. 그는 거룩한 곳에서 물로 몸을
씻고, 제사장 옷을 입고, 자신을 위한
번제물과 백성을 위한 번제물을 바쳐
자신과 백성을 위해 속죄한 다음, 속죄
제물의 지방을 제단 위에서 불살라야
한다.
26-28 염소를 끌고 나가서 광야의 아사
셀에게 놓아 보낸 사람은, 자기 옷을
빨고 물로 몸을 씻어야 한다. 그런 다
음에야 그는 진 안으로 들어올 수 있
다. 속죄 제물로 바친 수송아지와 속죄
제물로 바친 염소의 피를 지성소 안으
로 가지고 들어가 속죄한 다음에는, 그
것들을 진 밖으로 가지고 나가서 그 가
죽과 고기와 내장 전체를 불살라야 한
다. 지명을 받아 그것들을 불사른 사람
은, 자기 옷을 빨고 물로 몸을 씻어야
한다. 그런 다음에야 그는 진 안으로
들어올 수 있다."

마가복음 7:1 – 23

참으로 너희를 더럽히는 것

7 1-4 바리새인들이 예루살렘에서 온
몇몇 종교 학자들과 함께 예수의 주위
에 모였다. 그들은 예수의 제자 몇이
식사 전에 씻는 정결예식을 소홀히 하
는 것을 보았다. 바리새인을 비롯한 유
대인들은 의식상 손 씻는 시늉을 하지
않고는 절대 식사를 하지 않았다. 시장
에서 돌아왔을 때에는 특히 더욱 문질
러 씻었다(컵과 냄비와 접시를 닦는 것은
말할 것도 없었다).
5 바리새인과 종교 학자들이 물었다.
"어째서 당신의 제자들은 규정을 우습
게 알고, 손도 씻지 않고 식탁에 앉는
겁니까?"
6-8 예수께서 대답하셨다. "너희 같은
사기꾼들에 대해 이사야가 정곡을 찔
러서 말했다.

이 백성이 입바른 말을 거창하게 떠벌
리지만,
그들의 마음은 딴 데 있다.

겉으로는 나를 경배하는 듯해도,
진심은 그렇지 않다.
무엇이든 자기네 구미에 맞는 가르침을 위해
내 이름을 팔고 있을 뿐이다.
하나님의 계명은 버린 채
최신 유행을 좇기에 바쁘다."

9-13 예수께서 계속해서 말씀하셨다.
"그래, 잘도 하는구나. 너희는 종교의
유행을 따르는 데 거추장스럽지 않도
록 하나님의 계명을 저버리고 있다!
모세는 '너희 부모를 공경하라'고 했
고 또 '누구든지 부모를 욕하는 사람
은 반드시 죽여야 한다'고 했다. 그러
나 너희는 부모에게 드려야 할 것이 있
어도 부모 대신에 '하나님께 예물로 바
쳤습니다' 말하면서, 그 계명을 회피하
고 있다. 아버지나 어머니에 대한 의무
를 그렇게 모면하고 있는 것이다. 너
희는 하나님의 말씀을 지워 버리고 그
자리에 아무것이나 원하는 대로 써 넣
는다. 너희는 이 같은 일을 다반사로
한다."
14-15 예수께서 다시 무리를 불러 놓고
말씀하셨다. "잘 듣고 마음에 새겨 두
어라. 너희 삶을 더럽히는 것은 너희가
입으로 삼키는 것이 아니라, 너희 입에
서 토해 내는 것이다. 그것이야말로 정
말 더러운 것이다."
17 예수께서 무리와 헤어져 집에 돌아
오셨을 때에 제자들이 말했다. "잘 모
르겠습니다. 쉽게 말씀해 주십시오."
18-19 예수께서 말씀하셨다. "너희가 우
둔해지기로 작정이라도 한 것이냐?
너희가 입으로 삼키는 것이 너희를 더
럽힐 수 없다는 것을 모르느냐? 그것
은 너희 마음으로 들어가지 않고 위로
들어가서 장을 지나 결국 변기의 물과
함께 내려간다." (이것으로 음식에 대한
논란은 무의미해졌다. 예수께서는 모든
음식을 먹어도 좋다고 하신 것이다.)
20-23 예수께서 계속해서 말씀하셨다.
"사람 속에서 나오는 것이 사람을 더
럽히는 법이다. 음란, 정욕, 도둑질, 살
인, 간음, 탐욕, 부정부패, 속임수, 방
탕, 비열한 눈빛, 중상모략, 교만, 미련
함. 이 모두가 마음에서 토해 내는 것
이다. 너희를 더럽히는 근원은 바로 거
기다."

시편 40:11 – 17

11-12 그러니 **하나님**, 내게 숨기지 마시고
주님의 뜨거운 마음을 감추지 마소서.
나를 온전케 하는 것은
주님의 사랑과 진리뿐입니다.
시련이 한꺼번에 덮치고
무수한 죄악이 몰려와 나를 습격하니,
내가 죄책에 사로잡혀
내 길을 제대로 볼 수 없습니다.
내 마음속 죄악이 내 머리카락보다
많고 그 죄가 어찌나 무거운지,
내 마음이 지치고 말았습니다.

13-15 **하나님**, 너그럽게 보시고 몸소 나서 주소서.

어서 나를 도우소서.
그러면 내 영혼을 낚아채려는 자들이
당황하여, 고개를 떨구게 될 것입
니다.
재미 삼아 나를 괴롭히는 자들이
조롱과 창피를 당하고,
내가 망하기를 바라는 자들이
가차 없이 야유와 조소를 받을 것입
니다.

16-17 그러나 주님을 찾아 헤매는 이들,
오, 그들은 노래하며 기뻐하게 하
소서.
주님의 진면목을 아는 이들이
주님의 위대하심을 쉬지 않고 세상에
알리게 하소서.
나는 엉망진창입니다.
보잘것없고 가진 것도 없습니다.
나를 의미 있는 존재로 만들어 주
소서.
주께서는 그리하실 수 있고,
그만한 능력도 가지고 계십니다.
하나님, 지체하지 마소서.

잠언 10:13 – 14

13 통찰력 있는 사람의 입술에는 지혜가
있지만 시야가 좁은 사람은 따귀를 맞
아야 정신을 차린다.

14 지혜로운 사람이 쌓은 지식은 참된
보물이지만
다 아는 체하는 사람의 말은 쓰레기일
뿐이다.

25

레위기 16:29 – 18:30

29-31 “이것은 너희가 지켜야 할 기준이
며, 영원히 지켜야 할 규례다. 일곱째
달 십 일에, 너희는 본국인이든 너희와
함께 사는 외국인이든, 엄격한 금식을
시작하고 아무 일도 해서는 안된다. 이
날은 너희를 위해 속죄하는 날, 너희가
정결하게 되는 날이기 때문이다. 너희
의 모든 죄가 **하나님** 앞에서 말끔히 씻
겨질 것이다. 이날은 모든 안식일 중의
안식일이다. 너희는 금식해야 한다.
이것은 너희가 영원히 지켜야 할 규
례다.
32 아버지의 뒤를 이어 기름부음을 받
고 위임받은 제사장은 다음과 같은 절
차에 따라 속죄해야 한다.
33 그는 거룩한 모시옷을 입어야 한다.
그는 속죄하여 지성소를 정결하게 해
야 한다.
그는 속죄하여 회막과 제단을 정결하
게 해야 한다.
그는 제사장들과 온 회중을 위해 속죄
해야 한다.
34 이것은 너희가 영원히 지켜야 할 규
례다. 너희는 이스라엘 백성의 모든
죄를 위해 일 년에 한 차례 속죄해야
한다.”
아론은 **하나님**께서 모세에게 명령하
신 대로 행했다.

제물과 피에 관한 규례

17 1-7 **하나님**께서 모세에게 말씀하셨다. "아론과 그의 아들들과 온 이스라엘 자손에게 전하여라. 그들에게 이렇게 일러 주어라. 이것은 **하나님**이 명령한 것이다. 소나 어린양이나 염소를 회막 입구로 끌고 와서 **하나님**의 성막 앞에서 **하나님**에게 바치지 않고 진 안이나 밖에서 잡는 사람은 누구든지 피 흘리는 죄를 범한 자로 여길 것이다. 그는 피를 흘렸으므로 자기 백성 가운데서 끊어져야 한다. 이것은 이스라엘 자손이 습관을 따라 들에서 잡던 제물을 **하나님**에게로 가져오게 하려는 것이다. 그들은 그 제물을 **하나님**에게로 가져와야 한다. 그 제물을 회막 입구에 있는 제사장에게 가져와서, 화목 제물로 **하나님**에게 바쳐야 한다. 제사장은 그 피를 회막 입구에서 **하나님**의 제단에 뿌리고, 그 지방을 **하나님**을 기쁘게 하는 향기로 불살라야 한다. 그들은 전에 음란하게 섬기던 숫염소 귀신들에게 더 이상 제물을 바쳐서는 안된다. 이것은 그들이 대대로 지켜야 할 영원한 규례다.

8-9 너는 또 그들에게 이렇게 일러 주어라. 이스라엘 자손이든 그들과 함께 사는 외국인이든, 번제물이나 화목 제물을 바치되 그것을 회막 입구로 가져와서 **하나님**에게 바치지 않는 사람은 자기 백성 가운데서 끊어질 것이다.

10-12 이스라엘 자손이든 그들과 함께 사는 외국인이든, 피를 먹는 사람이 있으면 나는 그와 관계를 끊고 그를 백성 가운데서 끊어 버리겠다. 이는 생물의 생명이 그 피 속에 있기 때문이다. 피는 너희의 생명을 위해 속죄할 때 제단 위에 바치라고 내가 준 것이다. 피 곧 생명이 죄를 속한다. 그래서 내가 이스라엘 백성에게 피를 먹지 말라고 한 것이다. 너희와 함께 사는 외국인에게도 피를 먹지 말라는 명령이 적용된다.

13-14 이스라엘 자손이든 그들과 함께 사는 외국인이든, 먹을 수 있는 짐승이나 새를 사냥해 잡은 사람은, 누구든지 그 피를 땅에 쏟고 흙으로 덮어야 한다. 모든 생물의 생명은 피와 다름없고, 피는 곧 그 생물의 생명이기 때문이다. 그래서 내가 이스라엘 자손에게 '어떤 생물의 피도 먹지 마라. 피는 곧 모든 생물의 생명이기 때문이다. 피를 먹는 자는 누구든지 끊어져야 한다'고 말한 것이다.

15-16 죽은 채 발견된 짐승이나 찢겨 죽은 짐승을 먹은 사람은, 본국인이든 외국인이든 자기 옷을 빨고 물로 몸을 씻어야 한다. 그는 저녁때까지 부정하다가 저녁이 지나면 정결하게 된다. 옷을 빨지 않거나 몸을 씻지 않으면, 그는 자신의 행위에 책임을 져야 한다."

성관계에 관한 규례

18 1-5 **하나님**께서 모세에게 말씀하셨다. "이스라엘 백성에게 전하여라. 그들에게 이렇게 일러 주어라. 나는 **하나님** 너희 하나님이다. 너희는 전에 너희가 살던 이집트 땅의 사람들처럼 살지 마라. 내가 너희를 이끌고 갈 가나안

땅의 사람들처럼 살아서도 안된다. 너
희는 그들이 하는 대로 하지 마라. 너
희는 나의 법도를 따라 살고, 나의 규
례를 지키며 살아라. 나는 너희 **하나님**
이다. 너희는 나의 규례와 법도를 지켜
라. 이것을 지키는 사람은 그로 인해
살 것이다. 나는 **하나님**이다.
6 가까운 친족과 동침하지 마라. 나는
하나님이다.
7 네 어머니와 동침하여 네 아버지를
욕되게 하지 마라. 그녀는 네 어머니이
니, 그녀와 동침해서는 안된다.
8 네 아버지의 아내와 동침하지 마라.
그것은 네 아버지를 욕되게 하는 짓
이다.
9 네 아버지의 딸이든 네 어머니의 딸
이든, 한 집에서 태어났든 다른 곳에서
데려왔든, 네 누이와 동침하지 마라.
10 네 아들의 딸이나 네 딸의 딸과 동
침하지 마라. 그것은 네 몸을 욕되게
하는 짓이다.
11 네 아버지의 아내가 낳은 네 아버지
의 딸과 동침하지 마라. 그녀는 네 누
이다.
12 네 아버지의 누이와 동침하지 마라.
그녀는 네 고모이며 네 아버지의 가까
운 친족이다.
13 네 어머니의 자매와 동침하지 마라.
그녀는 네 이모이며 네 어머니의 가까
운 친족이다.
14 네 숙부의 아내와 동침하여 네 아버
지의 형제, 곧 네 숙부를 욕되게 하지
마라. 그녀는 네 숙모다.
15 네 며느리와 동침하지 마라. 그녀는
네 아들의 아내이니 그녀와 동침하지
마라.
16 네 형제의 아내와 동침하지 마라.
그것은 네 형제를 욕되게 하는 짓
이다.
17 한 여자와 그 여자의 딸과 아울러
동침하지 마라. 그녀의 손녀들과도 동
침하지 마라. 그들은 그녀의 가까운 친
족이다. 그것은 사악한 짓이다.
18 네 아내가 살아 있는 동안에 그녀의
자매를 첩으로 맞아 동침하는 일이 없
게 하여라.
19 월경중이라 부정한 상태인 여자와
동침하지 마라.
20 네 이웃의 아내와 동침하지 마라.
그녀 때문에 네 자신을 욕되게 하지
마라.
21 네 자녀를 몰렉 신에게 희생 제물로
불살라 바치지 마라. 그것은 분명 네
하나님을 모독하는 짓이다. 나는 **하나
님**이다.
22 여자하고 하듯이 남자와 동침하지
마라. 그것은 역겨운 짓이다.
23 짐승과 교접하지 마라. 짐승으로 네
자신을 욕되게 하지 마라.
여자도 짐승과 교접해서는 안된다. 그
것은 사악한 짓이다.
24-28 이 모든 일 가운데 어느 것으로도
너희 자신을 더럽히지 마라. 내가 너희
앞에 있는 땅에서 쫓아낼 민족들이 그
와 같은 일을 하다가 더러워졌고, 그
땅도 더러워졌다. 나는 그 죄악으로 인
해 그 땅을 벌했고, 그 땅은 거기에 살
던 사람들을 토해 냈다. 너희는 본국

인이든 외국인이든, 나의 규례와 법도
를 지켜야 한다. 너희는 이 역겨운 짓
들 가운데 어느 하나라도 행해서는 안
된다. 너희가 오기 전에 그 땅에 살던
사람들이 그 모든 짓을 행하여 그 땅
을 더럽혔다. 너희마저 그 땅을 더럽
히면, 그 땅이 너희 앞서 살았던 민족
들을 토해 냈듯이 너희도 토해 낼 것
이다.
29-30 이 역겨운 짓들 가운데 어느 하나
라도 행하는 자는 자기 백성 가운데서
끊어질 것이다. 너희는 내 명령을 지켜
라. 너희가 오기 전에 행해졌던 역겨운
짓들 가운데 어느 하나라도 행하지 마
라. 그런 짓으로 너희 자신을 더럽히지
마라. 나는 **하나님** 너희 하나님이다."

마가복음 7:24 – 8:10

24-26 예수께서 거기에서 두로 지방으
로 떠나셨다. 그분은 아무도 못 본 줄
알고 그곳의 한 집에 들어가셨으나, 사
람들의 이목을 피할 수 없었다. 예수께
서 안에 들기가 무섭게, 고통당하는 딸
을 둔 한 여자가 그분이 그곳에 계시다
는 말을 듣고 찾아왔다. 여자는 예수의
발 앞에 무릎을 꿇고는 도와 달라고 애
원했다. 그 여자는 수로보니게 출신의
그리스 사람이었다. 여자는 예수께 자
기 딸을 고쳐 달라고 간청했다.
27 예수께서 말씀하셨다. "줄을 서서
차례를 기다려라. 자녀들을 먼저 먹이
는 법이다. 그리고 남는 것이 있으면
개들의 차지다."
28 여자가 말했다. "지당하신 말씀입
니다, 주님. 하지만 상 밑의 개들도 자
녀들이 흘리는 부스러기는 먹지 않습
니까?"
29-30 예수께서 감동하셨다. "네 말이
맞다! 가거라! 네 딸이 더 이상 고통당
하지 않게 되었다. 괴롭히던 귀신이 떠
나갔다." 여자가 집에 가 보니, 딸이 침
대에 편히 누웠고 고통이 아주 사라져
버렸다.
31-35 예수께서 다시 두로 지방을 떠나
서, 시돈을 지나 갈릴리 호수로 돌아
와서 데가볼리 지방으로 건너가셨다.
어떤 사람들이 듣지도 말하지도 못하
는 사람을 예수께 데려와, 손을 얹어
고쳐 주시기를 청했다. 예수께서 그
사람을 따로 데리고 저만치 가셔서,
그의 귀에 손가락을 넣고 그의 혀에
침을 묻히셨다. 그러고는 하늘을 우러
러 기도하시고 깊이 탄식하며 명하셨
다. "에바다! 열려라!" 그러자 그대로
되었다. 그 사람의 귀는 이제 똑똑히
들렸고 말도 분명해졌다. 순식간의 일
이었다.
36-37 예수께서 그들에게 입단속을 시
켰으나, 그럴수록 그들은 흥분하여 더
욱 퍼뜨리고 다녔다. "전부 그분이 하
신 일인데, 대단한 일이다. 그분은 듣
지 못하는 사람도 듣게 하시고, 말하지
못하는 사람도 말하게 하신다."

사천 명을 배불리 먹이시다

8 1-3 그 즈음에 예수께서 배고픈 무리
앞에 다시 서게 되셨다. 예수께서 제자
들을 불러 말씀하셨다. "이 무리를 보
니 내 마음이 몹시 아프구나. 이들이
사흘이나 나와 함께 있었는데, 이제 먹
을 것이 없다. 배고픈 채로 돌려보내면
가다가 지쳐 쓰러질 것이다. 이 가운데
는 멀리서 온 사람들도 있다."
4 제자들이 대답했다. "저희가 어떻게
하면 좋겠습니까? 여기 광야에서 어
떻게 음식을 살 수 있겠습니까?"
5 예수께서 물으셨다. "너희에게 빵이
얼마나 있느냐?"
"일곱 개입니다." 그들이 말했다.
6-10 그러자 예수께서 무리를 바닥에
앉게 하셨다. 예수께서 감사를 드리신
후에, 빵 일곱 개를 조금씩 떼어 제자
들에게 주셨고, 제자들은 그것을 무리
에게 나누어 주었다. 마침 거기에 물고
기도 몇 마리 있었다. 또 예수께서 물
고기를 가지고 감사를 드리신 후에, 제
자들을 시켜 사람들에게 나누어 주게
하셨다. 사람들은 배불리 먹었다. 남
은 것을 거두니 일곱 자루였다. 식사한
사람이 족히 사천 명이 넘었다. 그때에
야 예수께서 사람들을 집으로 보내셨
다. 예수 자신은 제자들과 함께 곧바로
배로 가서 달마누다로 떠나셨다.

시편 41:1–13

다윗의 시

41 1-3 불행한 이들의 존엄을 지켜 주
어라. 기분이 좋아지리라.
그것이 바로 **하나님**의 일.
하나님께서 우리 모두를 보살피시고
튼튼하고 생기 있게 하신다.
원수 걱정 안 해도 되니,
이 땅에 사는 것이 복되다.
병들어 자리에 누워 있을 때에도
하나님이 우리의 간호사 되셔서,
건강을 회복하도록 돌보신다.

4-7 내가 아뢰었습니다.
"**하나님**, 은혜를 베푸소서!
나를 다시 온전케 하소서.
내 죄가 나를 갈기갈기 찢었습니다."
원수들은 내가 고꾸라지기를 바라며,
내 죽을 날을 놓고 내기를 합니다.
누군가 나를 만나러 오면
내용 없는 뻔한 말만 늘어놓습니다.
나에 관한 험담거리를 모아서
길모퉁이 군중을 즐겁게 하는 저들입
니다.
나를 미워하는 이 "친구들"이
동네방네 다니며 나를 비방하고,
위원회를 꾸려 나를 괴롭힐 계획을 꾸
밉니다.

8-9 마침내 소문이 나돕니다. "저 자 좀
봐. 몹쓸 병에 걸려 다 죽어 간다지?
의사들도 포기했다지 뭐야."
허물없이 지내던 가장 가까운 벗마저,
집에서 늘 함께 식탁을 나누던 벗마
저, 내 손을 물어뜯었습니다.

10 **하나님**, 은혜를 베푸소서. 나를 일

으켜 저들에게 본때를 보이게 하소서.

11-12 원수 진영에서 승리의 함성 아직
들리지 않으니,
분명 주께서는 내 편이십니다!
주님은 나를 속속들이 아시고
나를 붙드시는 분.
나를 주님 앞에 우뚝 세우셔서
주님의 얼굴을 바라보게 하십니다.

13 **하나님**, 이스라엘의 하나님은 찬양
받으실 분.
언제까지나 영원히.
그렇습니다. 정말 그렇습니다.

잠언 10:15–16

절제된 삶은 생명에 이르는 길이다

15 부자의 재산은 그의 견고한 성이지
만 궁핍한 자의 가난은 그를 망하게
한다.

16 선한 사람은 활기 넘치는 삶을 보상
으로 받지만
악한 사람에게 남는 것은 죄뿐이다.

26

레위기 19:1 – 20:21

내가 거룩하니, 너희도 거룩하여라

19 1-2 **하나님**께서 모세에게 말씀하셨
다. "너는 이스라엘 회중에게 전하여
라. 그들에게 이렇게 일러 주어라. **하
나님** 너희 하나님인 내가 거룩하니, 너
희도 거룩하여라.
3 너희는 저마다 자기 부모를 공경해
야 한다.
안식일을 지켜라. 나는 **하나님** 너희 하
나님이다.
4 신이라고 할 수 없는 우상들에 관심
을 갖지 마라. 쇠를 녹여 우상들을 만
들지 마라. 나는 **하나님** 너희 하나님
이다.
5-8 **하나님**에게 화목 제물을 바칠 때
는, 너희가 배운 대로 받아들여질 만
하게 바쳐야 한다. 제물은 너희가 바친
그날과 그 다음날까지 먹고, 셋째 날
까지 남은 것은 무엇이든 불살라 버려
야 한다. 셋째 날까지 남은 제물을 먹
으면, 그 고기는 더럽혀졌으므로 받아
들여지지 않을 것이다. 누구든지 그것
을 먹는 자는 **하나님**에게 거룩한 것을
더럽힌 것이므로 책임을 져야 할 것이
다. 그 사람은 자기 백성 가운데서 끊
어질 것이다.
9-10 땅에서 곡식을 거두어들일 때는,

밭 가장자리까지 거두지 말고 떨어진
이삭을 다 줍지 마라. 너희 포도밭의
포도를 남김없이 거두지 말고, 밭으로
되돌아가 떨어진 포도알갱이를 줍지
도 마라. 가난한 사람과 외국인을 위해
그것들을 남겨 두어라. 나는 **하나님** 너
희 하나님이다.
11 도둑질하지 마라.
거짓말하지 마라.
속이지 마라.
12 내 이름으로 거짓 맹세하여 너희 하
나님의 이름을 욕되게 하지 마라. 나는
하나님이다.
13 네 친구를 이용해 먹거나 그의 것을
빼앗지 마라.
품꾼이 받을 삯을 주지 않은 채 다음날
까지 가지고 있지 마라.
14 듣지 못하는 사람을 저주하지 말고,
눈먼 사람 앞에 장애물을 놓지 마라.
너희 하나님을 두려워하여라. 나는 **하
나님**이다.
15 정의를 왜곡하지 마라. 가난한 사람
이라고 해서 편들지 말고, 세력 있는
사람이라고 해서 봐주지 마라. 옳은 것
에 기초해서 재판하여라.
16 험담과 소문을 퍼뜨리지 마라.
네 이웃의 목숨이 위태로운데 팔짱을
끼고 바라보기만 해서는 안된다. 나는
하나님이다.
17 마음속으로 네 이웃을 미워하지 마
라. 그에게 잘못이 있으면, 그것을 밝
히 드러내라. 그러지 않으면, 너도 그
잘못의 공범자가 된다.
18 네 동족에게 복수할 기회를 노리거
나 원한을 품지 마라.
네 이웃을 네 자신처럼 사랑하여라. 나
는 **하나님**이다.
19 너희는 내 규례를 지켜라.
종류가 다른 두 동물을 서로 교배시키
지 마라.
너희 밭에 두 종류의 씨를 함께 뿌리지
마라.
두 종류의 재료로 짠 옷을 입지 마라.
20-22 한 남자가 여종하고 동침했는데,
그 여종에게 결혼하기로 한 남자가 있
고 그가 아직 그녀의 몸값을 치르지 않
았거나 그녀가 자유의 몸이 아니라면,
두 사람은 조사를 받아야 한다. 하지만
여자가 자유의 몸이 아니기 때문에 그
두 사람이 사형을 당하지는 않는다. 남
자는 **하나님**에게 바칠 보상 제물을 회
막 입구로 가져와야 한다. 이때 보상
제물은 숫양이어야 한다. 제사장은 남
자가 저지른 죄 때문에 바친 보상 제물
인 숫양을 가지고, 그를 위해 **하나님**
앞에서 속죄해야 한다. 그러면 남자는
자신이 저지른 죄를 용서받게 된다.
23-25 너희가 그 땅에 들어가 각종 과
일나무를 심을 때, 처음 삼 년 동안은
그 나무의 열매를 먹지 마라. 그 열매
는 먹을 수 없는 것으로 여겨라. 사 년
째 되는 해에는 그 열매가 거룩하게 되
어, **하나님**에게 바치는 찬양의 제물이
된다. 오 년째 되는 해부터 너희는 그
열매를 먹을 수 있다. 이렇게 하면 너
희는 더 풍성한 수확물을 얻게 될 것이
다. 나는 **하나님** 너희 하나님이다.
26 너희는 고기를 피째 먹지 마라.

점을 치거나 마술을 쓰지 마라.
27 머리 양옆에 난 머리카락을 자르지
말고, 수염을 다듬지 마라.
28 죽은 사람을 위한다고 너희 몸에 상
처를 내지 마라.
너희 몸에 문신을 새기지 마라. 나는
하나님이다.
29 너희 딸을 창녀가 되게 하여 그녀를
욕되게 하지 마라. 그러면 온 땅이 조
만간 지저분한 섹스로 가득 차 매음굴
이 될 것이다.
30 나의 안식일을 지키고, 나의 성소를
귀하게 여겨라. 나는 **하나님**이다.
31 주술에 빠지지 말고, 영매들을 가까
이하지 마라. 그런 일로 너희 영혼을
더럽히지 마라. 나는 하나님 너희 하나
님이다.
32 노인을 공경하고, 나이 든 어른에게
존경을 표하여라. 너희 하나님을 경외
하여라. 나는 **하나님**이다.
33-34 외국인이 너희 땅에서 생활할 때
에 그를 착취하지 마라. 외국인과 본국
인을 동등하게 대하여라. 그를 네 가
족처럼 사랑하여라. 너희도 전에는 이
집트 땅에서 외국인이었다는 것을 기
억하여라. 나는 **하나님** 너희 하나님
이다.
35-36 길이나 무게나 양을 잴 때 속이지
마라. 바른 저울과 바른 추와 바른 자
를 사용하여라. 나는 **하나님** 너희 하나
님이다. 내가 너희를 이집트에서 이끌
어 냈다.
37 너희는 나의 모든 규례와 나의 모
든 법도를 지켜라. 그대로 지켜 행하여
라. 나는 **하나님**이다."

반드시 죽여야 하는 죄

20 1-5 **하나님**께서 모세에게 말씀하셨
다. "너는 이스라엘 자손에게 이렇게
일러 주어라. 이스라엘 자손이든 이스
라엘에 사는 외국인이든, 자기 자녀를
몰렉 신에게 바치는 사람은 모두 사형
에 처해야 한다. 공동체가 그를 돌로
쳐서 죽여야 한다. 나도 그를 단호하
게 내쫓아 자기 백성 가운데서 끊어 버
리겠다. 자기 자녀를 몰렉 신에게 바친
사람은 나의 성소를 더럽히고 나의 거
룩한 이름을 모독한 것이다. 그 사람이
자기 자녀를 몰렉 신에게 바치는데도
그 땅 사람들이 아무 일 없다는 듯이
못 본 척하며 그를 죽이지 않으면, 내
가 그와 그의 가족을 가차 없이 내쫓을
것이다. 그는 물론이고 그와 함께 몰렉
신의 의식에 참여하여 음란한 행위를
한 자들을 모조리 자기 백성 가운데서
끊어 버리겠다.
6 나는 주술에 빠지거나 영매들과 가
까이하면서 그들의 의식에 참여해 음
란한 짓을 일삼는 자들을 가차 없이 내
쫓을 것이다. 그들을 자기 백성 가운데
서 끊어 버리겠다.
7-8 너희 자신을 구별하여 거룩하게 살
아라. 나는 **하나님** 너희 하나님이니,
너희는 거룩한 삶을 살아라. 너희는 내
가 일러 주는 대로 행하고, 내가 일러
주는 대로 살아라. 나는 너희를 거룩하
게 하는 **하나님**이다.
9 자기 부모를 저주하는 자는 모두 사

형에 처해야 한다. 자기 부모를 저주
했으니, 그는 자기 죄값으로 죽을 것
이다.
10 어떤 남자가 다른 남자의 아내, 이
를테면 이웃의 아내와 간음하면, 간음
한 남자와 여자 둘 다 사형에 처해야
한다.
11 어떤 남자가 자기 아버지의 아내와
동침하면, 자기 아버지를 욕되게 한 것
이다. 그 남자와 여자는 반드시 사형에
처해야 한다. 그들은 자기 죄값으로 죽
을 것이다.
12 어떤 남자가 자기 며느리와 동침하
면, 둘 다 사형에 처해야 한다. 그들이
저지른 짓은 사악하므로, 그들은 자기
죄값으로 죽을 것이다.
13 어떤 남자가 여자와 하듯이 남자하
고 동침하면, 그 둘은 역겨운 짓을 한
것이므로 사형에 처해야 한다. 그들은
자기 죄값으로 죽을 것이다.
14 어떤 남자가 한 여자뿐 아니라 그
여자의 어머니와도 결혼하면, 그것은
사악한 짓이다. 그들 셋을 모두 화형에
처해서, 공동체로부터 사악한 짓을 제
거해야 한다.
15 어떤 남자가 짐승과 교접하면, 그는
사형에 처해야 한다. 너희는 그 짐승도
죽여야 한다.
16 어떤 여자가 짐승과 교접하면, 너희
는 그 여자와 짐승을 모두 죽여야 한
다. 그들은 사형에 처해야 한다. 그들
은 자기 죄값으로 죽을 것이다.
17 어떤 남자가 자기 누이, 곧 자기 아
버지의 딸이나 자기 어머니의 딸과 결
혼하여 동침하면, 그것은 수치스러운
일이다. 그들은 공개적으로 자기 백성
가운데서 끊어져야 한다. 그가 자기 누
이를 욕되게 했으니, 그 죄값을 치러야
한다.
18 어떤 남자가 월경중인 여자와 잠자
리를 같이하여 성관계를 가지면, 그는
그 여자의 샘을 드러낸 것이고 그 여자
는 자신의 샘을 드러낸 것이니, 둘 다
자기 백성 가운데서 끊어져야 한다.
19 네 이모나 네 고모와 동침하지 마
라. 그것은 가까운 친족을 욕되게 하는
짓이다. 둘 다 그 죄값을 치러야 한다.
20 어떤 남자가 자기 숙모와 동침하면,
그것은 자기 숙부를 욕되게 한 것이
다. 둘 다 그 죄값을 치르고 자식 없이
죽을 것이다.
21 어떤 남자가 자기 형제의 아내와 결
혼하면, 그것은 더러운 짓이다. 그는
자기 형제를 모욕한 것이다. 그들은 자
식을 보지 못할 것이다.

마가복음 8:11-38

11-12 그들이 도착하자, 바리새인들이 나
와서 예수께 바짝 달라붙었다. 그러고는
자신을 입증해 보이라고 그분을 괴롭히
며 궁지로 몰아세웠다. 예수께서 노하여
말씀하셨다. "어찌하여 이 세대는 기적
과 같은 증거를 찾아서 난리들이냐?
내가 이것만 분명히 말해 두겠다. 너희
는 꿈에라도 증거를 받을 생각은 하지
마라."

더럽게 하는 누룩을 주의하여라

13-15 예수께서 그들을 떠나서 다시 배에 올라 건너편으로 향하셨다. 그런데 제자들이 점심 싸 오는 것을 잊어버렸다. 빵 한 덩이 외에는 배 안에 빵 부스러기 하나 없었다. 예수께서 경고하셨다. "단단히 조심하여라. 바리새인과 헤롯 당원의 더럽게 하는 누룩을 각별히 주의하여라."

16-19 그러자 제자들은 깜빡 잊고 빵을 가져오지 않은 것을 두고서 서로 책임을 따졌다. 예수께서 들으시고 말씀하셨다. "빵을 잊어버렸다고 이 소란이냐? 내 말뜻을 못 알아듣겠느냐? 그렇게도 모르겠느냐? 내가 빵 다섯 개를 떼어서 오천 명을 먹인 일을 잊었느냐? 남은 것을 너희가 몇 바구니나 거두었느냐?"

그들이 말했다. "열두 바구니입니다."

20 "빵 일곱 개로 사천 명을 먹이고 남은 것은 몇 자루나 되었더냐?"

"일곱 자루입니다."

21 예수께서 말씀하셨다. "아직도 모르겠느냐?"

22-23 그들이 벳새다에 도착했다. 어떤 사람들이 시력을 잃은 한 사람을 예수께 데려와서, 손을 대어 고쳐 주시기를 청했다. 예수께서 그의 손을 잡고 마을 밖으로 데리고 나가셨다. 그리고 그 사람의 눈에 침을 묻히고 그에게 손을 얹으시며 물으셨다. "무엇이 보이느냐?"

24-26 그가 고개를 들었다. "사람들이 보입니다. 마치 나무가 걸어가는 것 같습니다." 예수께서 그의 눈에 다시 손을 얹으셨다. 그 사람은 이리저리 보더니 시력이 완전히 회복된 것을 알았다. 모든 것이 2.0 시력으로, 밝히 보였던 것이다. 예수께서 그를 곧장 집으로 돌려보내시며 말씀하셨다. "마을로 들어가지 마라."

주님은 메시아이십니다

27 예수와 제자들이 빌립보의 가이사랴 근방에 있는 마을들로 향했다. 걸어가면서, 예수께서 물으셨다. "사람들이 나를 누구라고 하더냐?"

28 그들이 말했다. "세례자 요한이라고 하는 사람들도 있고, 엘리야라고 하는 사람들도 있고, 예언자 가운데 한 사람이라고 하는 사람들도 있습니다."

29 그러자 예수께서 물으셨다. "그러면 너희는 나를 누구라고 말하겠느냐? 내가 누구냐?"

베드로가 대답했다. "주님은 그리스도, 곧 메시아이십니다."

30-32 예수께서는 그것을 비밀로 하되, 아무에게도 입 밖에 내지 말라고 경계하셨다. 그러고는 그들에게 다음 일을 설명하기 시작하셨다. "이제부터 인자는 처참한 고난을 받고, 장로와 대제사장과 종교 학자들에게 재판에서 유죄를 선고받아 죽임을 당하고, 사흘 후에 다시 살아나야 한다." 예수께서는 이 말씀을 그들이 놓치지 않도록 쉽고 분명하게 말씀해 주셨다.

32-33 그러나 베드로가 예수를 붙들고 항의했다. 예수께서는 어떻게 받아들여야 할지 몰라서 머뭇거리고 있는 제

자들을 돌아보시고, 베드로를 꾸짖으셨다. "베드로야, 썩 비켜라! 사탄아, 물러가라! 너는 하나님이 어떻게 일하시는지 조금도 모른다."
34-37 예수께서 제자들과 함께 무리를
옆에 불러 놓고 말씀하셨다. "누구든지 나와 함께 가려면 내가 가는 길을 따라야 한다. 결정은 내가 한다. 너희가 하는 것이 아니다. 고난을 피해 달아나지 말고, 오히려 고난을 끌어안아라. 나를 따라오너라. 그러면 내가 방법을 일러 주겠다. 자기 스스로 세우려는 노력에는 아무 희망이 없다. 자기를 희생하는 것이야말로 너희 자신, 곧 너희의 참된 자아를 구원하는 길이며, 나의 길이다. 원하는 것을 다 얻고도 참된 자기 자신을 잃으면 무슨 유익이 있겠느냐? 너희 목숨을 무엇과 바꾸겠느냐?
38 너희 가운데 누구든지 변덕스럽고 중
심 없는 친구들과 사귀면서 나와 너희를 인도하는 내 방식을 부끄러워하면, 인자도 아버지 하나님의 모든 영광에 싸여 거룩한 천사들을 거느리고 올 때, 그를 더 부끄럽게 여길 줄로 알아라."

시편 42:1 – 11

고라 자손의 시

42 1-3 흰 꼬리 사슴이 시냇물을
마시듯, 나, 하나님을 깊이 들이켜고
싶습니다.
내가 살아 계신 하나님을 목말라합
니다.
"언제나 그런 날이 올까?
하나님 앞에 나아가 마음껏 그분을 누
리게 될 그날!"
아침에도 눈물, 저녁에도 눈물,
눈물이 나의 음식이 되었습니다.
종일토록 사람들이 내 집 문을 두드리
며 "네 하나님이 어디 계시냐?" 하고
비방합니다.

4 나, 인생의 호주머니를 비워 가며
거듭 되새겨 봅니다.
내가 늘 예배하러 가는 무리 맨 앞에
서 있던 일.
어서 가서 예배드리고 싶어 그들 모두
를 이끌던 일.
목청껏 찬양하고 감사의 노래를 부르
던 일.
너나없이 모두가 하나 되어 하나님의
축제에 참여하던 일!

5 내 영혼아, 네가 어찌하여 낙심하
느냐?
어찌하여 슬퍼하느냐?
너는 하나님을 바라보아라.
나, 이제 다시 찬송하게 되리라.
나를 웃음 짓게 하시는 분,
그분은 나의 하나님.

6-8 내 영혼이 낙심될 때,
나는 요단 강 밑바닥에서 헤르몬 산지
와 미살 산에 이르기까지
주님에 대해 아는 것을 하나하나 되짚어
봅니다.
포말을 일으키는 급류를 따라

혼돈이 혼돈을 부르며 이어지고,
부서지는 파도, 주님의 거센 파도가
우레처럼 밀려와 나를 휩쓸고 지나갑
니다.
그제야 **하나님**께서 "너를 종일토록 사
랑하리라, 밤새도록 노래 불러 주리라"
약속해 주십니다!
나의 삶은 하나님께 드리는 기도입
니다.

9-10 나, 이따금씩 하나님께, 바위처럼
든든한 하나님께 여쭤 봅니다.
"어찌하여 나를 못 본 체하십니까?
이 몸, 원수들에게 시달리고
눈물 마를 날 없으니,
어찌 된 일입니까?"
살기등등한 저들,
나를 괴롭히는 저들이 날마다 역겨운
말투로,
"네 하나님이 어디 있느냐?" 하고 빈정
댑니다.

11 내 영혼아,
네가 어찌하여 낙심하느냐?
어찌하여 슬퍼하느냐?
너는 하나님을 바라보아라.
나, 이제 다시 찬송하게 되리라.
나를 웃음 짓게 하시는 분,
그분은 나의 하나님.

잠언 10:17

17 절제된 삶은 생명에 이르는 길이고
책망을 무시하면 영원히 길을 잃게 된다.

27

레위기 20:22 – 22:16

22-23 너희는 내가 일러 준 대로, 나의 모든 규례와 법도를 지켜 행하여라. 그렇게 살아야 내가 너희를 데리고 들어갈 그 땅이 너희를 토해 내지 않을 것이다. 내가 너희 앞에서 쫓아낼 민족들처럼 살아서는 안된다. 그들은 이 모든 짓을 행했고, 나는 그 일 하나하나를 끔찍이 싫어했다.
24-26 기억하여라. 내가 너희에게 말한 대로, 너희는 그들의 땅을 차지하게 될 것이다. 젖과 꿀이 흐르는 그 땅을 내가 너희에게 유산으로 주겠다. 나는 **하나님**, 곧 너희를 여러 민족들 가운데서 구별한 너희 하나님이다. 그러니 너희는 이렇게 살아라. 정결한 짐승과 부정한 짐승을 구별하고, 정결한 새와 부정한 새를 구별하여라. 짐승이든 새든 땅을 기어 다니는 것이든, 내가 너희를 위해 부정하다고 정해 준 것들로 너희 자신을 더럽히지 마라. 나 **하나님**이 거룩하니, 너희도 내 앞에서 거룩하게 살아라. 내가 너희를 여러 민족들 가운데서 구별하여 내 것이 되게 했다.
27 너희 가운데 영매나 마법사로 사는 자는 사형에 처해야 한다. 너희는 그들을 돌로 쳐서 죽여야 한다. 그들은 자기 죄값으로 죽을 것이다."

제사장이 지켜야 할 규례

21 1-4 **하나님**께서 모세에게 말씀하셨
다. "너는 아론의 아들들인 제사장들
에게 전하여라. 그들에게 이렇게 일러
주어라. 제사장은 주검을 만져 자신을
더럽혀서는 안된다. 다만 가까운 가족
인 어머니나 아버지나 아들이나 딸이
나 형제나 결혼하지 않아 남편 없이 그
를 의지하다가 죽은 누이의 주검은 예
외다. 이들 가족 때문에 제사장이 부정
하게 되는 것은 괜찮지만, 결혼해서 혈
연으로만 연결되어 있는 누이의 주검
과 접촉하여 자신을 더럽히고 욕되게
해서는 안된다.
5-6 제사장은 자기 머리털을 밀거나 수
염을 다듬거나 자기 몸에 상처를 내서
는 안된다. 그는 자기 하나님에게 거룩
해야 하고, 자기 하나님의 이름을 더럽
혀서는 안된다. **하나님**에게 제물을 바
치는 것, 곧 자기 하나님에게 음식을
바치는 것이 그의 일이니, 그는 거룩해
야 한다.
7-8 제사장은 하나님에게 거룩한 사람
이니, 창녀나 제의에서 몸을 판 여자나
이혼한 여자와 결혼해서는 안된다. 그
는 너희 하나님에게 음식을 바치는 사
람이니 거룩해야 한다. 너희는 그를 거
룩한 사람으로 대하여라. 너희를 거룩
하게 하는 나 **하나님**이 거룩하기 때문
이다.
9 제사장의 딸이 매춘으로 자기 몸을
더럽혔을 경우, 그녀는 자기 아버지를
수치스럽게 한 것이다. 그녀는 화형에
처해야 한다.

10-12 형제들 가운데서 대제사장이 된
사람은, 자기 머리에 거룩하게 구별하
는 기름부음을 받고 위임을 받아 제사
장 옷을 입었으니, 머리를 풀거나 엉
킨 채로 두거나 낡거나 찢어진 옷을 입
어서는 안된다. 그는 주검이 놓인 방
에 들어가서도 안된다. 자기 아버지나
어머니 때문이라고 해도 자신을 더럽
혀서는 안된다. 그는 거룩하게 구별하
는 기름부음을 받고 드려졌으므로, 하
나님의 성소를 버려두고 나가거나 성
소를 더럽혀서는 안된다. 나는 **하나님**
이다.
13-15 그는 젊은 처녀와 결혼해야 한다.
과부나 이혼한 여자나 제의에서 몸을
판 여자와 결혼해서는 안된다. 그는 자
기 백성 가운데서 고른 처녀하고만 결
혼해야 한다. 그는 자기 후손이 그 백
성 가운데서 더러워지지 않게 해야 한
다. 나는 그를 거룩하게 하는 **하나님**이
기 때문이다."

16-23 **하나님**께서 모세에게 말씀하셨
다. "너는 아론에게 이렇게 일러 주어
라. 대대로 너의 후손 가운데서 흠이
있는 사람은 자기 하나님에게 음식을
바칠 수 없다. 흠이 있는 사람은 눈이
먼 사람, 다리를 저는 사람, 몸이 일그
러졌거나 기형인 사람, 손이나 발이 불
구인 사람, 등이 굽은 사람, 난쟁이, 눈
에 부정한 것이 낀 사람, 고름을 흘리
는 사람, 고환이 상한 사람을 가리킨
다. 제사장 아론의 후손 가운데서 흠이
있는 사람은 **하나님**에게 제물을 바칠

수 없다. 그는 흠이 있으므로 자기 하나님에게 음식을 바쳐서는 안된다. 그는 자기 하나님의 음식, 곧 지극히 거룩한 제물과 거룩한 제물을 모두 먹을 수는 있지만, 자기에게 흠이 있으니 휘장 가까이 가거나 제단에 다가가서는 안된다. 그럴 경우 나의 성소를 더럽히고 말 것이다. 나는 그들을 거룩하게 하는 **하나님**이다."

24 모세는 이 말씀을 아론과 그의 아들들과 이스라엘 온 백성에게 전했다.

22 1-2 **하나님**께서 모세에게 말씀하셨다. "너는 아론과 그의 아들들에게 말하여, 이스라엘 자손이 나에게 바치는 거룩한 제물을 경건하게 다루어서, 나의 거룩한 이름을 모독하는 일이 없게 하여라. 나는 **하나님**이다.

3 너는 그들에게 이렇게 일러 주어라. 이제부터 너희 후손 가운데 누구든지, 이스라엘 자손이 **하나님**에게 구별해 바친 거룩한 제물에 부정한 상태로 다가가면, 그는 내 앞에서 끊어질 것이다. 나는 **하나님**이다.

4-8 아론의 후손 가운데서 전염성이 있는 피부병에 걸렸거나 고름을 흘리는 사람은, 정결하게 될 때까지 거룩한 제물을 먹어서는 안된다. 또한 주검 때문에 더러워진 것을 만졌거나, 정액을 흘렸거나, 기어 다니는 것과 접촉해 더러워졌거나, 어떤 이유로든 부정하게 된 사람의 몸에 닿은 사람, 곧 그런 부정한 것과 접촉한 사람은 저녁때까지 부정하며, 물로 자기 몸을 깨끗이 씻지 않으면 거룩한 제물을 먹을 수 없다. 그는 해가 진 뒤에야 정결하게 되어 거룩한 제물을 먹을 수 있다. 그것이 그의 음식이기 때문이다. 그는 죽은 채 발견되었거나 맹수에게 찢겨 죽은 것을 먹어 자신을 더럽혀서는 안된다. 나는 **하나님**이다.

9 제사장들은 나의 지시를 따라야 한다. 그러지 않고 제물을 함부로 다루면, 그들은 죄를 짓고 죽게 될 것이다. 나는 그들을 거룩하게 하는 **하나님**이다.

10-13 일반인은 그 누구도 거룩하게 구별된 음식을 먹어서는 안된다. 제사장의 손님이나 제사장의 품꾼도 거룩한 음식을 먹어서는 안된다. 그러나 제사장이 돈을 주고 산 종은 그 음식을 먹을 수 있다. 제사장의 집에서 태어난 종도 제사장의 음식을 먹을 수 있다. 그러나 제사장의 딸이 일반인과 결혼한 경우, 거룩하게 바쳐진 음식을 더 이상 먹어서는 안된다. 그 딸이 과부가 되었거나 자식 없이 이혼하여 자기 아버지 집으로 돌아와 예전처럼 살 때는, 아버지의 음식을 먹을 수 있다. 그러나 일반인은 그 누구도 거룩한 음식을 먹어서는 안된다.

14 누가 모르고 거룩한 제물을 먹었으면, 그는 그 거룩한 제물 값에 오분의 일을 더해서 제사장에게 갚아야 한다.

15-16 제사장들은 이스라엘 자손이 **하나님**에게 바친 거룩한 제물을 함부로 다루어서는 안된다. 그들이 거룩한 제

물을 먹다가 부정하게 되어 스스로 죄
를 짓는 일이 없게 해야 한다. 나는 그
음식을 거룩하게 하는 **하나님**이다."

마가복음 9:1 – 29

9 1 예수께서 이렇게 쐐기를 박으셨
다. "이것은 믿을 수 없는 훗날의 이야
기가 아니다. 여기 서 있는 너희 가운
데 그렇게 되는 것을 볼 사람들도 있
다. 그들은 하나님 나라가 위엄 있게
임하는 것을 볼 것이다."

영광 가운데 계신 예수

2-4 엿새 후에, 그들 가운데 세 사람이
정말 그것을 보았다. 예수께서 베드로
와 야고보와 요한을 데리고 높은 산에
올라가셨다. 그리고 그들 눈앞에서 그
분의 모습이 완전히 변했다. 그분의 옷
은 아무리 표백해도 더 하얘질 수 없을
만큼 반짝반짝 빛났다. 엘리야와 모세
가 함께 나타나서, 예수와 깊은 대화를
나누고 있었다.
5-6 베드로가 끼어들었다. "랍비님, 지
금은 중대한 순간입니다! 기념비 셋을
세우는 것이 어떻겠습니까? 하나는
주님을 위해, 하나는 모세를 위해, 하
나는 엘리야를 위해서 말입니다." 일
행과 마찬가지로, 눈앞의 광경에 놀란
베드로가 무심코 내뱉은 말이었다.
7 바로 그때 빛처럼 환한 구름이 그들을
덮더니, 구름 속 깊은 데서 한 음성이
들려왔다. "이는 내가 사랑으로 구별한
내 아들이다. 그의 말을 들어라."
8 잠시 후에 제자들이 눈을 비비며 주
변을 둘러보니, 오직 예수밖에 보이지
않았다.
9-10 산을 내려오면서, 예수께서 그들
에게 비밀을 지킬 것을 엄히 명하셨
다. "너희가 본 것을 아무에게도 말하
지 마라. 그러나 인자가 죽은 자들 가
운데서 살아난 뒤에는 말해도 좋다."
그들은 "죽은 자들 가운데서 살아난
다"는 것이 도대체 무슨 말인지 몰라
고개를 갸우뚱거렸다.
11 중간에 제자들이 물었다. "종교 학
자들은 왜 엘리야가 먼저 와야 한다고
말합니까?"
12-13 예수께서 대답하셨다. "과연 엘리
야가 먼저 와서, 인자가 올 때를 위해
모든 것을 준비한다. 사람들이 이 엘리
야를 업신여겼고, 사람들이 인자도 똑
같이 업신여길 것이다. 인자는 성경에
기록된 대로, 심한 고난과 천대와 멸시
를 받을 것이다."

기도가 아니고는 할 수 없다

14-16 그들이 산을 내려와 다른 제자들
에게 돌아오니, 주위에 큰 무리가 보이
고 종교 학자들이 제자들에게 따져 묻
고 있었다. 예수를 보자마자, 무리 가
운데 반가운 기운이 일었다. 사람들이
달려와서 그분을 맞이했다. 예수께서
물으셨다. "무슨 일이냐? 왜 이렇게
소란스러우냐?"
17-18 무리 가운데 한 남자가 대답했다.
"선생님, 귀신 때문에 말을 못하는 제
아들을 선생님께 데려왔습니다. 귀신

이 사로잡을 때마다 아이가 바닥에 거
꾸러져, 입에 거품을 물고 이를 갈면서
막대기처럼 굳어집니다. 선생님의 제
자들에게 구해 주기를 바라고 말했지
만, 그들은 하지 못했습니다."
19-20 예수께서 말씀하셨다. "하나님을
모르는 이 세대여! 내가 같은 말을 몇
번이나 해야 하느냐? 얼마나 더 참아
야 하느냐? 아이를 이리 데려오너라."
그들이 아이를 데려왔다. 귀신이 예수
를 보고 아이에게 발작을 일으키게 하
니, 아이는 입에 거품을 물고 바닥에서
몸을 뒤틀었다.
21-22 예수께서 아이의 아버지에게 물
으셨다. "이렇게 된 지 얼마나 되었
느냐?"
"어려서부터 그랬습니다. 귀신이 아이
를 죽이려고 불 속이나 강물에 던진 것
이 몇 번인지 모릅니다. 만일 하실 수
있거든, 무엇이든 해주십시오. 불쌍히
여기셔서 저희를 도와주십시오!"
23 예수께서 말씀하셨다. "만일이라
니? 믿는 사람에게 만일이란 없다. 모
든 것이 가능하다."
24 그분의 입에서 말이 떨어지기가 무
섭게, 아이의 아버지가 부르짖었다.
"제가 믿습니다. 의심하지 않도록 도
와주십시오!"
25-27 무리가 속속 모여드는 것을 보시
고, 예수께서 악한 귀신에게 명령하
셨다. "벙어리에 귀머거리 귀신아, 내
가 네게 명한다. 아이에게서 나와 다
시는 얼씬거리지 마라!" 귀신은 고함
을 지르고 마구 몸부림치면서 나갔다.
아이는 송장처럼 핏기가 없어졌다. 그
러자 사람들이 "아이가 죽었다"고 말
하기 시작했다. 그러나 예수께서 아이
의 손을 잡아 일으키시자, 아이가 일어
섰다.
28 집에 돌아온 뒤에, 제자들이 예수를
붙들고 물었다. "왜 저희는 귀신을 쫓
아내지 못했습니까?"
29 예수께서 대답하셨다. "이런 귀신은
기도가 아니고는 쫓아낼 수 없다."

시편 43:1 – 5

43 1-2 하나님, 내 무고함을 밝혀 주
소서.
무정하고 부도덕한 자들에 맞서 나를
변호해 주소서.
이곳에서, 이 타락한 거짓말쟁이의 손
에서 나를 건져 내소서.
하나님, 내가 주님을 의지했건만
어찌하여 나를 떠나셨습니까?
어찌하여 저 포악한 자들 때문에 이 몸
두 손 쥐어짠 채, 방 안을 서성거려야
합니까?

3-4 주님의 손전등과 나침반을 내게 주
소서.
지도책도 주소서.
내가 거룩한 산, 주님 계신 그곳 이르는
길 찾을 수 있게 하소서.
예배당에 들어가, 나의 기쁨이신 하나
님을 뵙게 하소서.
위대하신 하나님, 나의 하나님,
내가 하프를 뜯으며 감사의 노래를 부

르게 하소서.

5 내 영혼아, 네가 어찌하여 낙심하
느냐?
어찌하여 슬퍼하느냐?
너는 하나님을 바라보아라.
나, 이제 다시 찬송하게 되리라.
나를 웃음 짓게 하시는 분,
그분은 나의 하나님.

잠언 10:18

18 거짓말쟁이들은 미움을 쌓고
미련한 자들은 대놓고 험담을 퍼뜨
린다.

28

레위기 22:17 – 23:44

17-25 **하나님**께서 모세에게 말씀하셨
다. "아론과 그의 아들들과 이스라엘
온 백성에게 이렇게 일러 주어라. 너희
가운데 본국인이든 외국인이든, 서원
한 것을 행하려고 **하나님**에게 번제물
을 바치거나 자원 제물을 바칠 때, 그
제물이 받아들여지려면 반드시 소나
양이나 염소 가운데서 흠 없는 수컷을
골라서 바쳐야 한다. 어떤 것이든 흠
있는 것을 바쳐서는 안된다. 그런 제물
은 받지 않을 것이다. 누구든지 서원한
것을 행하려고 소나 양 가운데서 **하나
님**에게 화목 제물을 바치거나 자원 제
물을 바칠 때, 그 제물이 받아들여지려
면 반드시 흠 없는 온전한 것을 바쳐야
한다. 눈먼 것이나 다리를 저는 것이
나 어떤 부위가 잘린 것이나 고름을 흘
리는 것이나 종기가 난 것이나 피부병
이 있는 것을 **하나님**에게 바쳐서는 안
된다. 그런 것들은 **하나님**에게 바치는
제물로 제단 위에 올려서는 안된다. 자
원 제물로는 한쪽 다리가 길거나 짧은
소와 양을 드려도 괜찮다. 그러나 서원
제물로는 받아들여지지 않을 것이다.

짐승 가운데 고환이 상했거나 으스러
졌거나 찢겼거나 잘려 나간 것은 **하나**
님에게 바치지 마라. 너희 땅에서 그와
같은 일을 하지 마라. 외국인에게서도
그런 짐승을 받아 너희 **하나님**에게 음
식으로 바치는 일이 없게 하여라. 그런
것들은 보기 흉하고 결함이 있으므로
받지 않을 것이다."

26-30 **하나님**께서 모세에게 말씀하셨
다. "송아지나 어린양이나 염소가 태
어나면 칠 일 동안은 그 어미와 함께
있게 해야 한다. 팔 일째 되는 날부터
는, 그것을 **하나님**에게 제물로 바쳐도
받아들여질 것이다. 암소나 암양을 그
새끼와 같은 날에 잡지 마라. **하나님**에
게 감사 제물을 바칠 때는 받아들여지
도록 바르게 바쳐야 한다. 제물은 바친
그날에 다 먹고, 다음날 아침까지 남겨
두지 마라. 나는 **하나님**이다.
31 너희는 내가 명령한 것을 행하고,
내가 일러 준 대로 살아라. 나는 **하나**
님이다.
32-33 나의 거룩한 이름을 더럽히지 마
라. 나는 이스라엘 백성 가운데서 거룩
하게 높임을 받기 원한다. 나는 너희
를 거룩하게 하는 **하나님**이다. 나는 너
희 하나님이 되려고 너희를 이집트에
서 이끌어 낸 **하나님**이다. 나는 **하나님**
이다."

하나님의 절기

23 1-2 **하나님**께서 모세에게 말씀하셨
다. "너는 이스라엘 백성에게 이렇게
일러 주어라. 너희가 거룩한 모임으로
선언해야 하는 **하나님**의 절기, 내가 정
한 절기는 이러하다.
3 육 일 동안 일하여라. 일곱째 날은
안식일이다. 완전하고 온전한 안식의
날, 거룩한 모임의 날이다. 이날에는
아무 일도 하지 마라. 너희가 어디서
살든지, 이날은 **하나님**의 안식일이다.
4 **하나님**이 정한 절기, 곧 너희가 정해
진 때에 선포해야 할 거룩한 모임은 이
러하다.
5 첫째 달 십사 일 해가 질 무렵부터 **하**
나님의 유월절이다.
6-8 같은 달 십오 일은 **하나님**의 무교절
이다. 너희는 칠 일 동안 누룩을 넣지
않은 빵을 먹어야 한다. 첫째 날에 거
룩한 모임을 열고, 평소에 하던 일은
아무것도 하지 마라. 너희는 칠 일 동
안 **하나님**에게 불살라 바치는 제물을
바쳐야 한다. 칠 일째 되는 날에도 거
룩한 모임을 열고, 평소에 하던 일은
아무것도 하지 마라."
9-14 **하나님**께서 모세에게 말씀하셨다.
"이스라엘 백성에게 이렇게 일러 주어
라. 내가 주는 땅에 들어가 곡식을 거
두어들일 때, 너희가 수확한 첫 곡식단
을 제사장에게 가져오너라. 그러면 제
사장은 너희를 위해 그 곡식단이 받아
들여지도록 그것을 **하나님** 앞에 흔들
어 바칠 것이다. 제사장은 그것을 안
식일 다음날 아침에 흔들어 바쳐야 한
다. 곡식단을 흔들어 바치는 날, 너희
는 일 년 된 흠 없는 어린 숫양을 **하나**
님에게 번제물로 바쳐라. 그와 함께 기

름 섞은 고운 곡식 가루 4리터를 곡식 제물로 바쳐라. 이것은 **하나님**에게 불살라 바치는 제물이며, **하나님**을 기쁘게 하는 향기다. 또한 포도주 1리터를 부어 드리는 제물로 바쳐야 한다. 너희가 이렇게 제물을 너희 하나님에게 바치는 날까지는, 빵이나 볶은 곡식이나 날곡식을 먹지 마라. 이것은 너희가 어디서 살든지, 대대로 지켜야 할 영원한 규례다."

15-21 "안식일 다음날 아침, 곧 너희가 곡식단을 흔들어 바친 날부터 일곱 번째 안식일 다음날 아침까지 일곱 주를 꽉 채워 오십 일을 세어라. 그날에 너희는 새로운 곡식 제물을 **하나님**에게 바쳐라. 너희가 살고 있는 곳에서, 고운 곡식 가루 4리터에 누룩을 넣어 구운 빵 두 덩이를 가져오너라. 이것은 첫 수확물로 **하나님**에게 흔들어 바치는 제물이다. 이 빵과 함께, 일 년 된 흠 없는 어린 숫양 일곱 마리와 수송아지 한 마리와 숫양 두 마리를 바쳐야 한다. 이것들을 곡식 제물과 부어 드리는 제물과 함께 **하나님**에게 번제물로 바쳐야 한다. 이것은 불살라 바치는 제물이며, **하나님**을 기쁘게 하는 향기다. 너희는 또 숫염소 한 마리를 속죄 제물로 바치고 일 년 된 어린양 두 마리를 화목 제물로 바쳐라. 제사장은 첫 수확물로 만든 빵과 함께 그 어린양 두 마리를 흔들어 바치는 제물로 **하나님** 앞에 흔들어 바쳐야 한다. 그것들은 **하나님**에게 바쳐진 거룩한 제물로, 제사장의 몫이다. 그날에 너희는 거룩한 모임을 선포해야 한다. 평소에 하던 일은 아무것도 하지 마라. 이것은 너희가 어디서 살든지, 대대로 지켜야 할 영원한 규례다.

22 너희가 땅에서 곡식을 거두어들일 때는 밭의 가장자리까지 거두지 말고, 떨어진 이삭을 다 줍지도 마라. 가난한 사람과 외국인을 위해 그것들을 남겨 두어라. 나는 **하나님** 너희 하나님이다."

23-25 **하나님**께서 모세에게 말씀하셨다. "너는 이스라엘 백성에게 이렇게 일러 주어라. 일곱째 달 첫째 날은 안식의 날, 거룩한 모임의 날로 구별하여라. 숫양의 뿔로 만든 나팔을 크게 울려 그날을 기념하여라. 평소에 하던 일은 아무것도 하지 말고, **하나님**에게 불살라 바치는 제물을 바쳐라."

26-32 **하나님**께서 모세에게 말씀하셨다. "일곱째 달 십 일은 속죄일이다. 너희는 거룩한 모임을 열고, 금식하며, **하나님**에게 불살라 바치는 제물을 바쳐라. 그날은 너희 **하나님** 앞에서 너희를 위해 속죄하는 속죄일이니, 그날에는 일하지 마라. 그날에 금식하지 않는 사람은 누구든지 자기 백성 가운데서 끊어져야 한다. 누구든지 그날에 일하는 사람은 내가 그 백성 가운데서 멸할 것이다. 그날에는 아무 일도 해서는 안 된다. 절대로 일하지 마라. 이것은 너희가 어디서 살든지, 대대로 지켜야 할

영원한 규례다. 그날은 안식일, 곧 온전하고 완전한 쉼의 날이며 금식의 날이다. 그달 구 일 저녁부터 다음날 저녁까지 너희는 안식일을 지켜라."

33-36 **하나님**께서 모세에게 말씀하셨다. "너는 이스라엘 백성에게 이렇게 일러 주어라. **하나님**의 초막절은 일곱째 달 십오 일에 시작되어 칠 일 동안 이어진다. 첫째 날은 거룩한 모임의 날이니, 평소에 하던 일은 아무것도 하지 마라. 칠 일 동안 **하나님**에게 불살라 바치는 제물을 바쳐라. 팔 일째 되는 날에 다시 거룩한 모임을 열고 **하나님**에게 제물을 바쳐라. 이것은 엄숙한 집회다. 평소에 하던 일은 아무것도 하지 마라.

37-38 이것들은 **하나님**이 정한 절기다. 그날에 너희는 거룩한 모임을 선포하고 **하나님**에게 불살라 바치는 제물을 바치되, 번제물과 곡식 제물과 희생 제물과 부어 드리는 제물을 각각 정해진 날에 바쳐야 한다. 이 제물들은 **하나님**의 안식일에 바치는 제물, 서원 제물, 자원 제물과는 별도로 너희가 **하나님**에게 바치는 것들이다.

39-43 밭에서 곡식을 거두고 난 다음, 너희는 일곱째 달 십오 일부터 칠 일 동안 **하나님**의 절기를 기념하여라. 첫째 날은 온전히 쉬는 날이고, 팔 일째 되는 날도 온전히 쉬는 날이다. 첫째 날에 가장 좋은 나무에서 열린 가장 좋은 열매를 따고, 종려나무 잎과 잎이 무성한 나뭇가지와 시냇가의 버드나무를 꺾어 들고, 너희 **하나님** 앞에서 칠 일 동안 즐거워하여라. 칠 일 내내 **하나님** 앞에서 그 절기를 경축하여라. 앞으로 매년 일곱째 달이 되면, 이 절기를 기념하여라. 너희는 칠 일 동안 초막에서 지내야 한다. 이스라엘의 모든 아들딸이 초막에 들어가야 한다. 이는 내가 이스라엘 백성을 이집트 땅에서 이끌어 낼 때 초막에서 살게 한 것을 너희 후손이 알게 하려는 것이다. 나는 **하나님** 너희 하나님이다."

44 모세는 이스라엘이 즐겁게 지켜야 할 절기, 곧 **하나님**께서 정해 주신 일 년 동안의 절기를 그들에게 공표했다.

마가복음 9:30 – 10:12

30-32 그들은 거기를 떠나서 갈릴리를 지나갔다. 예수께서는 제자들을 가르치고 싶으셔서, 아무에게도 일행의 행방을 알리지 않으셨다. 예수께서 그들에게 말씀하셨다. "인자는 하나님과 관계하기를 원치 않는 사람들한테 넘겨질 것이다. 그들이 인자를 죽일 것이다. 죽은 지 사흘 후에 인자는 다시 살아날 것이다." 제자들은 무슨 말씀인지 몰랐으나, 묻기도 두려웠다.

하나님 나라에서 가장 큰 사람

33 그들이 가버나움으로 갔다. 예수께서 집에 계실 때에 제자들에게 물으셨다. "너희가 길에서 토론하던 것이 무엇이냐?"

34 불안한 침묵만 흘렀다. 그들은 자기

들 가운데서 누가 가장 큰 사람인지를
두고 서로 입씨름을 벌였던 것이다.
35 예수께서 자리에 앉아 열두 제자에
게 말씀하셨다. "너희가 첫자리를 원
하느냐? 그렇다면 끝자리로 가거라. 모
든 사람의 종이 되어라."
36-37 예수께서 방 한가운데 어린아이
하나를 세우시고, 아이를 품에 안으며
말씀하셨다. "누구든지 이 어린아이들
가운데 하나를 나처럼 품으면 곧 나를
품는 것이고, 또 나를 훨씬 넘어서서 나
를 보내신 하나님을 품는 것이다."

38 요한이 입을 열었다. "선생님, 어떤
사람이 주님 이름으로 귀신을 쫓아내
는 것을 보고 우리가 막았습니다. 그가
우리에게 속한 사람이 아니어서 그렇
게 했습니다."
39-41 예수께서 기뻐하지 않으셨다. "그
를 막지 마라. 내 이름으로 선하고 능
력 있는 일을 하고서 바로 나를 깎아내
릴 사람은 없다. 그가 적이 아니라면,
곧 우리 편이다. 누구든지 내 이름으로
너희에게 물 한 잔만 주어도 그는 우리
편이다. 하나님이 반드시 알아주실 것
이다.
42 그러나 너희가 어린아이처럼 순진
하게 믿는 이들 중에 하나를 괴롭히고
못살게 굴거나 그들의 믿음을 이용하
면, 너희는 곧 후회하게 될 것이다. 차
라리 너희 목에 맷돌을 달고 호수 한복
판에 뛰어드는 편이 낫다.
43-48 네 손이나 발이 하나님께 방해가
되거든, 찍어 내버려라. 손이나 발이
없더라도 살아 있는 것이, 두 손과 두
발을 보란 듯이 가지고서 영원히 불타
는 용광로 속에 있는 것보다 낫다. 또
네 눈이 너를 하나님에게서 멀어지게
하거든, 뽑아 내버려라. 한 눈으로 살
아 있는 것이, 지옥불 속에서 2.0 시력
을 발휘하는 것보다 낫다.
49-50 머지않아 모든 사람이 제련의 불
속을 지나겠지만, 너희는 영원한 불꽃
으로부터 보호받고 보존될 것이다. 너
희는 스스로 보존하는 자가 되어라. 평
화를 지키는 자가 되어라."

이혼과 간음

10 1-2 예수께서 거기에서 떠나 요단
강 건너편 유대 지방으로 가셨다. 매
번 그러듯이 무리가 따라왔고, 예수께
서는 늘 하시던 대로 그들을 가르치셨
다. 바리새인들이 예수를 괴롭힐 요량
으로 다가와서 물었다. "남자가 아내
와 이혼하는 것이 율법에 맞습니까?"
3 예수께서 말씀하셨다. "모세가 뭐라
고 명령했느냐?"
4 그들이 대답했다. "모세는 이혼 증서
를 써 주고 아내와 이혼해도 된다고 허
락했습니다."
5-9 예수께서 말씀하셨다. "모세는 단
지 너희의 사악한 마음을 염려해서 그
명령을 기록한 것이다. 처음 창조 때부
터 하나님께서는 남자와 여자를 지어
함께 있게 하셨다. 그래서 남자는 부
모를 떠나 여자와 결혼하여 한 몸이 된
다. 더 이상 둘이 아니라, 새롭게 연합

하여 한 몸을 이루는 것이다. 남자와 여자의 이 유기적인 연합은 하나님께서 창조하신 것이다. 그러니 누구도 그들을 갈라놓아서 그분의 작품을 모독해서는 안된다."

10-12 집에 돌아와서, 제자들이 다시 그
이야기를 꺼냈다. 예수께서 그들에게 단도직입적으로 말씀하셨다. "다른 여자와 결혼하려고 자기 아내와 이혼하는 남자는 아내에게 간음하는 것이다. 또한 다른 남자와 결혼하려고 자기 남편과 이혼하는 여자도 남편에게 간음하는 것이다."

시편 44:1-8

고라 자손의 시

44 1-3 하나님, 우리가 평생토록 들었습니다.
우리 조상들이 조상들에게서 들은 이야기를 우리에게도 들려주었습니다.
주께서 사악한 자들을 밭에서 손수 뽑으시고 그 자리에 우리를 심으신 이야기.
주께서 그들을 쫓아내시고 우리에게
새 출발을 허락하신 이야기.
이 땅은 우리가 싸워서 얻었거나 노력해서 얻은 것이 아니라,
주님의 선물입니다!
주께서 주셨습니다. 환한 얼굴로
즐거워하시며 주셨습니다.

4-8 오 하나님, 주님은 나의 왕이시니
야곱의 승리를 명하소서!
주님의 도우심으로 우리가 적들을 쓸어 버리고 주님의 이름으로 저들을 산산이 짓밟아 버리겠습니다.
내가 의지하는 것은 무기가 아닙니다.
내 칼이 나를 구원하는 것도 아닙니다.
적의 손에서 우리를 구하시고,
우리를 미워하는 자들이 망신당하게
하신 분은 주님이십니다.
우리가 종일토록 활보하며 하나님을 찬양하고, 끊임없이 주님의 이름을 불러 감사를 드립니다.

잠언 10:19

19 말이 많을수록 진실은 적어진다.
지혜로운 사람은 말을 가려서 한다.